www.ingramcontent.com/pod-product-compliance
Lightning Source LLC
Chambersburg PA
CBHW081323120626
46546CB00011B/3195

بنام خداوند جان و خرد

گلچینی از پندهای شاهنامه

جلد اول

منیژه نوری مهر

KPH Group

پیشکش به پدر مهربانم که هر چه هستم اوست

روح پدرم شاد که فرمود به استاد

فرزند مرا عشق بیاموز و دگر هیچ

سریال کتاب: P۲۲۲۵۱۰۱۰۳

سرشناسه: NRM ۲۰۲۲

عنوان: گلچینی از پندهای شاهنامه

توضیحات : دو جلدی / جلد اول

پدید آورنده: منیـــژه نـــوری‌مـــهر

طراح جلد: محبوبه لعل‌پور

ISBN /شابک:9781990760334

موضوع:حمـــاسی ،فرهنگی ،شعر و ادبیات

مشخصات کتاب: Paperback

تعداد صفحات : ۳۹۴

تاریخ نشر در کانادا: سپتامبر ۲۰۲۲

Kidsocado Publishing House

خانه انتشارات کیدزوکادو

ونکوور، کانادا

تلفن: ۴۶۵۴ ۸ ۶۳۳ (۸۳۳) ۱+
واتس آپ: ۷۲۴۸ ۳۳۳ (۲۳۶) ۱+

ایمیل : info@kidsocado.com

وبسایت انتشارات: https://kidsocadopublishinghouse.com

وبسایت فروشگاه: https://kphclub.com

سلام هم زبان

دستیابی ایرانیان مقیم خارج از کشور به کتاب‌های بسیار متنوع و جدیدی که به تازگی در ایران نگاشته و چاپ می‌شوند، محدود است. ما قصد داریم این خدمت را به فارسی زبانان دنیا هدیه دهیم تا آنها بتوانند مانند شما با یک کلیک کتاب‌هایی در زمینه های مختلف را خریداری کنند و درب منزل تحویل بگیرند.

گروه KPH و یا خانه انتشارات کیدزوکادو تحت حمایت گروه کیدزوکادو این افتخار را دارد تا برای اولین بار کتاب‌های با ارزش تألیفی فارسی را در اختیار ایرانیان مقیم خارج از ایران قرار دهد.

از اینکه توانستیم کتابهای جدید و با ارزشی که به قلم عالی نویسندگان و نخبگان خوب ایرانی نگاشته شده است را در اختیار شما قرار دهیم و در هر چه بیشتر معرفی کردن ایران و ایرانیان و فارسی زبانان قدم برداریم، بسیار احساس رضایتمندی داریم.

این کتاب‌ها تحت اجازه مستقیم نویسنده و یا انتشارات کتاب صورت گرفته و سود حاصله بعد از کسر هزینه‌ها، به نویسنده پرداخته می شود.

خانه انتشارات کیدزوکادو در قبال مطالب داخل کتاب هیچگونه مسئولیتی ندارد و صرفاً به عنوان یک انتشار دهنده می‌باشد. شما خواننده عزیز، می‌توانید ما را با گذاشتن نظرات در وب سایتی که کتاب را تهیه کرده‌اید به این کار فرهنگی دلگرمتر کنید. از کامنتی که در برگیرنده نظرتان نسبت به کتاب است عکس بگیرید و برای ما به این ایمیل بفرستید. و یک کتاب بصورت هدیه از ما دریافت کنید.

ایمیل : info@kidsocado.com

سخنی چند از نویسنده

همه‌ی ما کم و بیش شاهنامه خوانده و از داستان‌ها و نوشته‌های آن شنیده‌ایم. از رستم و سهراب و هم از زال و رودابه. از جنگ‌ها و پهلوان‌های ایران و هم از افراسیاب. آیا به مفهوم شاهنامه، بزرگی و شکوه آن و چرائی این بلندپایگی پی برده‌ایم؟ آیا دانسته‌های ما برای راه یافتن به درون شاهنامه کافی بوده است؟

تا شاهنامه را ژرف نخوانیم و ندانیم، به ارزش آن پی نخواهیم برد. در این راستا بسیار اندیشیدم. چرا خود من کوششی دراین‌باره نکنم.

خواستم پندهای نهفته و آشکار شاهنامه را گردآوری کنم. نخست کار چندان دشواری به چشم نمی‌آمد.

با شورواشتیاق شاهنامه را باز و از صفحه‌ی نخست آغاز کردم. پیش رفتم. در کوچه باغ‌های تودرتوی سرودهای حکیم سخن، مست شدم و سرگشته. گزینش از میان کتابی سراسر پند و اندرز بسیار دشوارمی نمود.

چند روزی تنها اندیشیدم. اگر دریا دریا می‌نوشتم، تنها گوشه‌ای از اندرزهای این کتابخانه‌ی باشکوه «شاهنامه» را بیان کرده بودم. با اندیشه‌ی برشمردن گوشه‌هایی از این گنج بود که دست‌به‌قلم شدم و نوشتن را آغاز کردم.

درود بر روان پاک فردوسی بزرگوار که با سرودن «شاهنامه» شاه نامه‌ها، شاه کتاب‌ها، زبان و فرهنگ مردمی را از نابودی رهائی‌بخشید. اکنون پس از گذشتن بیش از هزار سال، می‌کوشیم تا از سروده‌ها و پندهایش بهره‌مند شویم. با نوشتن این کتاب، شاید گامی هرچند کوچک و کم‌بنیه در راستای آرمان آن بزرگوار برداشته باشم.

در این کتاب نخست گزینشی از سرودهای پندآمیز، سپس معنای آن‌ها به‌گونه‌ای بسیار ساده برای هرچه بیشتر فهمیده شدن و هم گفتگو درباره‌ی آن‌ها آورده شده است.

توضیح: شماره‌ی اندرزهایی که ستاره‌دار است، پند آشکار فردوسی بزرگ است. باقی سرودها شامل پندهای پنهان شاهنامه است. این کتاب از شاهنامه امیرکبیر و نگاره‌ها از شاهنامه‌های کهن برداشت شده است.

مهربانو زهرا فرج‌الله مؤثرترین شخص در زندگی من بوده و هستند. مهمتراز کتاب و رشته‌ی تحصیلی، معرفت، انسانیت و منش نیک ایشان همواره روشنائی‌بخش راه من بوده و هست.

فهرست مطالب

جلد اول

گفتار اندر ستایش خرد (صفحه‌ی ۲۲)

کسی کو خرد را ندارد ز پیش دلش گردد از کرده‌ی خویش ریش[۱]

کسی که خرد خود را به کار نگیرد، از این کار خود دلش به درد می‌آید.

- نتیجه‌ی بی‌خردی، تباه شدن زندگی انسان است. بدون نگرش به خرد و با نادیده گرفتن آن، باکارها و گزینش‌های بی‌خردانه زندگی خود و فرزندان و هم آیندگان را به تباهی می‌کشانیم. خود نیز از نتایج آن در امان نخواهیم بود.

همیشه خرد را تو دستور دار بدو جانت از ناسزا[۲] دور دار
به گفتار دانندگان راه جوی به گیتی بپوی و به هرکس بگوی
زهردانشی چون سخن بشنوی ز آموختن یک زمان نغنوی[۳]
چو دیدار یابی به شاخ سخن[۴] بدانی که دانش نیاید به بن[۵]

خرد را دستورکار خود قراربده و با آن جانت را از ناروا دورنگه‌دار. گفتار دانایان را بشنو، دور جهان بگرد و به گوش جهانیان برسان. اگر از هر دانشی بهره‌ای ببری، از آموختن یک دم آرام نخواهی بود. هنگامی که به شاخه‌ی سخن، فرهنگ دست می‌یابی، خواهی دانست که دانش انتها ندارد.

- انسان خرد پیشه، همواره از کارهای ناشایست و ناروا دور می‌ماند. او خردمندانه و با آگاهی سخنان دانایان را، به گوش جان می‌شنود و می‌پراکند. خردمندی که به فرهنگ خود دست می‌یابد، می‌داند که دانش و آگاهی پایان ندارد و بی‌انتهاست. او می‌داند که همیشه چیزی برای آموختن هست.

۱- ریش = زخم, جراحت
۲ - ناسزا = ناروا, ناشایست
۳ - نغنوی = آرام نگیری
٤ - شاخ سخن = فرهنگ
٥ - بن = ته , انتها

گفتار در آفرینش جهان و مردم (صفحه‌ی ۲۲)

نگه کن سرانجام خود را ببین — چو کاری بیابی بهی[1] برگزین
به رنج اندر آری تنت را رواست — که خود رنج بردن به دانش سزاست

به سرانجام خود بیندیش و از هر کاری که می‌خواهی انجام دهی بهترین را برگزین. برای به دست آوردن دانش، اگر تنت به رنج بیفتد سزاوار است.

- همیشه باید بهترین گزینش[2] را داشته باشیم، اگر خواهان سرانجامی نیک هستیم. شایسته است، رنج اندوختن دانش را به جان بخریم، سپس آگاهانه و خردمندانه از میان آن‌ها بهترین را برگزینیم.

گفتار در آفرینش آفتاب و ماه (صفحه‌ی ۲۳)

ایا آن که تو آفتابی همی — چه بودت که برمن نتابی همی
چراغی است مر تیره شب را بسیچ[3] — به بد تا توانی تو هرگز مپیچ

ای کسی که مانند آفتاب هستی چرا برمن نمی‌تابی؟ ماه، چراغی است که برای روشنی تیرگی شب آفریده‌شده. تا می‌توانی به بد روی نیاور.

- همچون آفتاب می‌توان درخشید و بر دیگران تابید. ماه، چراغ آسمان، بر تیرگی شب می‌تازد و می‌تابد و روشنی می‌بخشد. اگر نمی‌توانی مانند خورشید باشی و بر دیگران بتابی، دست کم چون ماه باش. بتاب و روشنی ببخش. هرگز به بدی روی نیاور.

---

۱ - بهی = بهتری , نیکوئی
۲ - گزینش = انتخاب , دست چین
۳ - بسیچ = بسیج , آماده بودن , اراده کردن

در ستایش پیغمبر و یارانش (صفحه‌ی ۲۳)

دلت گر به راه خطا مایل است تو را دشمن اندر جهان خود دل است

اگر دلت گرایش به بدی دارد، تنها دشمن تو در جهان همان دلت است.

- در سرودهای مربوط به ستایش پیامبر و یارانش، راز و رمزهای بسیاری وجود دارد که می‌توان در رازها و رمزهای شاهنامه به آن پی برد. تنها به این سرود در این بخش بسنده می‌کنم که به گمانم می‌تواند پند بزرگی برای ما باشد. اگر دلت به بدی گرایش دارد، تنها دشمن تو در جهان اوست. پس می‌توان گفت دلی که گرایش به‌درستی و راستی دارد، تنها دوست ماست. تنها راه نجات‌بخش انسان در جهان، راستی و درستی و خردورزی است. با خرد است که تفاوت راه درستی و راستی از کژی[1]ها، بر ما آشکار می‌شود.

---

۱ -کژی = ناراسی , دروغ

کیومرس

پادشاهی کیومرس، اول ملوک عجم سی سال بود (صفحه‌ی ۲۴)

چنین است آئین و رسم جهان   پدر را به فرزند باشد توان[۱]

رسم و آئین جهان این چنین است که نیرو و یارائی پدر از فرزندش است.

- پادشاهان ایران، هنگامی که فرزندشان توانائی اداره‌ی کشور را پیدا می‌کرد، به خواست خود و با دل خوشی فرزند را بر تخت می‌نشاندند. به همین دلیل فرزند خود را بسیار دوست می‌داشتند و برای پادشاهی پرورش می‌دادند. فردوسی بزرگ نیرو و یارائی پدر را از فرزند می‌داند و این را رسم و آئین جهان می‌نامد.

رفتن سیامک به جنگ دیو و کشته شدن او (صفحه‌ی ۲۵)

سیامک بیامد برهنه تنا   بر آویخت بر پور اهریمنا [۲]

سیامک بدون زره و خفتان به جنگ آمد و با پسر اهریمن به پیکار پرداخت.

- سیامک بدون زره و بدون رایزنی[۳] با پدر و بزرگان لشکر به جنگ دیو [۴] می‌رود و کشته می‌شود. در شاهنامه بسیار با واژه ی «رای[۵] » روبرو می‌شویم. در فرهنگ ما مشورت کردن بسیار مهم است. انسان ها یا صاحب رأ یند یا پیرو. دارندگان رأی بر سرنوشت خود حاکم‌اند.

---

۱ - توان = نیرو ,رمق
۲- اهریمن = ابلیس , دیو
۳ - رایزنی = مشورت, تدبیر
٤ - دیو = انسان بد ندیش
٥ - رای = اندیشه , اراده

رفتن هوشنگ و کیومرس به جنگ دیو و کشته شدن دیو و مردن کیومرس (صفحه‌ی ۲۵)

برفت و جهان مردری[۱] ماند از اوی — نگر تا که را نزد او آبروی
جهان سربه سر چون فسانه است و بس — نماند بد و نیک بر هیچ‌کس

کیومرس درگذشت و درجهان تنها میراث او باقی ماند، ببین که آبرودار نزد ایزد کیست. جهان سراسر افسانه است و بس. نه نیک برای کسی می‌ماند نه بد.

- از جهان می‌رویم، فراموش می‌شویم و تنها چیزی که از ما می‌ماند نتیجه‌ی کارهای ما در جهان است. همان آبروی ما نزد دادار[۲].

هوشنگ

بنیان نهادن جشن سده (صفحه‌ی ۲۶)

نه پیوست خواهد جهان با تو مهر — نه نیز آشکارا نمایدت چهر

جهان با تو بر سر مهر نخواهد ماند و نیز چهره‌اش را بر تو آشکار نخواهد کرد.

- جهان همواره بر سر مهر نیست. هرگز نخواهی فهمید کی و کجا با تو مهربان یا نامهربان است. نخواهی فهمید فردا چه بازی‌ای در خواهد آورد.

---

۱ - مردری = میراث , ماترک
۲- دادار = یزدان , آفریدگار

تهمورس

بند کردن تهمورس دیوان را و مردن او (صفحه‌ی ۲۷)

جهانا مپرور چو خواهی درود[۱] | چو می بدروی پروریدن چه سود
بر آری یکی را به چـرخ بلنـد | سپاریـش ناگاه به خـاک نژنـد[۲]

جهانا تو که سر آخر درو می‌کنی، پرورش دادنت برای چیست؟ کسی را به بالاترین جایگاه می‌رسانی و ناگاه به خاک تیره می‌سپاریش.

- ای جهان، پرورش دادن انسان برای تو چه سودی دارد، هنگامی که سر آخر او را از بین می‌بری. کسی را به اوج پیروزی می‌رسانی و در جایگاه برتر قرارش می‌دهی و ناگاه از اوج به زیر خاک تیره می‌کشانیش. جایگاه همه‌ی انسان‌هایی که روزی به این جهان می‌آیند، خاک تیره است. چنان گام برداریم که پس از مرگ‌آفرین گو داشته باشیم.

۱- درود = دروکرد ,برید
۲- نژند = افسرده , پژمرده

جمشید

پادشاهی جمشید هفتصد سال بود (صفحه‌ی ۲۷)

گروهی که کاتوزیان[۱] خوانیش — به رسم پرستندگان دانیش
جدا کردشان از میان گروه — پرستنده را آشیان کرد کوه
بدان تا پرستش بود کارشان — نوان[۲] پیش روشن جهاندارشان

جمشید شاه گروهی از مردم به نام کاتوزیان، همان دین مداران را از گروه جدا کرد. آن‌ها را به کوه فرستاد تا آنجا بمانند و به کار خود، پرستش بپردازند و نزد جهاندارشان ناله و زاری کنند.

- هزاران سال پیش جمشید شاه، کاتوزیان را از مردم جدا کرده و به کوه فرستاد تا مردم بتوانند آزاد باشند و آزاد بیندیشند. آنان نیز همان‌گونه که دوست دارند زندگی کنند. آیا این معنای سکولاریسم[۳] امروز نیست؟

چه گفت آن سخنگوی آزاده مرد[٤] — که آزاده را کاهلی[٥] بنده کرد

آن آزاده‌ی سخنگو، چنین گفت که کاهلی انسان آزاده را بنده می‌کند.

- کاهلی مرد آزاده را بنده و بسته می‌کند؛ زیرا کاهل چشم به دست دیگران دارد تا به او بخورانند و بیاشامانند. او تنها از دسترنج دیگران استفاده می‌کند بدون این‌که خود کوششی کند.

---

۱ - کاتوزیان = دین مداران
۲- نوان = نالان , لرزان
۳ - سکولاریسم = جدایی دین از سیاست
٤ - سخنگوی آزاده مرد = گوینده ی دانا و خردمند
٥ - کاهلی = تن پروری , تنبلی

بفرمــود دیــوان ناپــاک را / به آب انــدر آمیــختن خــاک را

به بداندیشان فرمان داد تا آب و خاک را با هم بیامیزند و گل درست کنند.

- جمشید شاه به‌جای کشتن دیوان ناپاک، همان بداندیشان، از آن‌ها بهره می‌گیرد. مدارا کردن در فرهنگ ایرانی، فرصتی برای برگشتن انسان‌ها به‌درستی و راستی؛ اما مدارا با کسانی که به اندیشه‌ی درست جامعه و مردم آسیب می‌رسانند و امیدی به برگشت آن‌ها از کژی و ناراستی نیست، هرگز. در داستان‌های شاهنامه مانند رستم و اسفندیار و پسران فریدون ایرج و سلم و تور، شاهد این مدارا و درنهایت پیروزی داد و درستی هستیم. پیوند و خویشی هم نمی‌تواند بازدارنده‌ی عدل و داد باشد. جمشید با از بین بردن بداندیشانی که از ناراستی دست نمی‌کشند و به‌کارگیری برگشتگان از راه نادرست، آئین خود را به نمایش می‌گذارد.

داستان مرداس پدر ضحاک (صفحه‌ی ۲۸)

سر مرد تـازی به دام آورید / چنان شـد که فرمان او برگـزید

ابلیس مرد تازی را فریفت، به‌گونه‌ای که به‌فرمان او در آمد.

- ضحاک، همان هنگام که به‌فرمان ابلیس درمی‌آید، گزینش کرده است. بدون خردورزی او را پذیرفته و این آغاز انتخاب‌های پی‌درپی اشتباه و ناراست اوست. ضحاک می‌خواهد بر پیمانی که با ابلیس بسته وفادار بماند. پیمانی که از اساس نادرست است، پایبندی به آن نادرست‌تر است. مراقب گزینش‌های خود باشیم.

تباه شدن روزگار جمشید به دست ضحاک (صفحه‌ی ۲۹)

چه باید همی زندگانی دراز
که گیتی نخواهد گشادنت راز

همی پروراندت با شهد و نوش
جز آواز نرمت نیامد به گوش

یکایک چو گوئی که گسترد مهر
نخواهد نمودن به بد نیز چهر

همه شاد باشی و شادی بدوی
همه راز دل برگشایی بدوی

یکی نغز[۱] بازی برون آورد
به دلت اندر از درد خون آورد

چه سود زندگی درازی داشته باشی، وقتی گیتی رازی را بر تو آشکار نخواهد کرد. با شهد و نوش تو را می‌پروراند و جز با مهربانی با تو سخن نمی‌گوید. هنگامی که می‌اندیشی که مهرش را بر تو گسترده و روی بدی به تو نشان نخواهد داد، هنگامی که در اوج خوشی و تندرستی و شادمانی هستی و راز دل خود را بر او می‌گشایی، ناگهان روزگار بازی شگفت‌انگیزی درمی‌آورد و دلت را از درد پر از خون می‌کند.

- درست هنگامی که در اوج خوشی و شادی هستی و فکر می‌کنی که این حال خوش ماندگار است، روزگار بازی دیگری را آغاز می‌کند که در پی آن دلت پر از درد و خون می‌شود. بدان که خوشی و ناخوشی روزگار ماندگار نیست. صحبت از فراز و نشیب‌های زندگی است. خوشی ماندگار نیست، به آن دل نبند. اندوه هم در گذر است، خود را آزار نده.

۱- نغز = نیکو، شگفت

ضحاک

پادشاهی ضحاک از هزار سال یک روز کم بود (صفحه‌ی ۲۹)

چنیـــن اســـت گیـــهان[1] ناپایدار — تـــو در آن به جز تخـــم نیکی مکار

جهان ناپایدار این‌گونه است، در آن تنها تخم نیکی بکار.

- جمشید، پادشاهی که جهان را آباد کرد و مردم را به آسایش و آرامش رساند، به دست ضحاک کشته شد. نامش تا جاودان نیک ماند. جهان این‌گونه است، ناپایدار. تنها یادگاری که از تو می‌ماند نیکی‌ها و آبادانی‌هایی است که از خود بر جای می‌گذاری. باشد که از ما ردپاهایی نیک برای آیندگان جا بماند.

دیدن ضحاک فریدون را در خواب (صفحه‌ی ۳۰)

اگـــر بـــاره[2]ی آهـــنینی به پـــای — سپـــهرت بسایـــد[3] نمانـــی به جای

اگر سوار بر اسب آهنین هم باشی، گردش آسمان تو را از جهان خواهد برد.

- هر که باشی مرگ همراه تو زاده شده است. نشانی از تو باقی نخواهد ماند مگر نام نیک یا بدنامی. گزینش با ماست که آفرین بهره‌ی ما باشد یا نفرین.

---

۱ - گیهان = دنیا , جهان

۲ - باره = اسب , دژ, در اینجا اسب

۳ - بساید = خرد کند , فرسوده کند

دلاور بدو گفت اگر بخردی　　　کسی بی بهانه نسازد بدی

زیرک دلاور به ضحاک گفت که اگر خردمند باشی می‌دانی، بی بهانه کسی به انسان بدی نمی‌کند.

- ضحاک می‌پرسد دشمنی فریدون با من برای چیست؟ پاسخ می‌شنود که بی‌گمان دلیلی دارد، دشمنی بی بهانه نمی‌شود. دشمنی فریدون با ضحاک، ستمی است که او بر آبتین پدر فریدون و مردم روا داشته است. گاهی دشمنی‌ها از روی آز[1] است و افزون‌خواهی؛ مانند رشک بردن دیوها بر جمشید و یا سلم و تور بر ایرج.

پرسیدن فریدون نژاد خود را از مادر (صفحه‌ی ۳۱)

بدو گفت مادر که این رأی نیست　　　تو را با جهان سربه سر پای نیست

جز این است آئین[2] پیوند[3] و کین[4]　　　جهان را به چشم جوانی مبین

مادر به او می‌گوید که این تصمیم درستی نیست، هنوز توانائی لازم برای رویارویی با جهان را نداری. آئین مهر و دوستی و روش کین خواهی و دادخواهی این‌گونه نیست. به جهان با چشم جوانی و غرور نگاه نکن.

- فریدون پس از آگاه شدن سرنوشت پدرش آبتین تصمیم می‌گیرد به نبرد با ضحاک برخیزد. فرانک مادر خردمندش به او اندرز می‌دهد. برای نبرد با دشمن باید همه سوی را سنجید. نباید با شتاب و از سر غرور به جنگ پرداخت. پیروزی در هر کاری، نیازمند زمان مناسب است. باید اندیشید و سنجیده و آگاهانه گام برداشت.

---

۱ - آز = حرص, افزون خواهی
۲- آئین = روش, رسم
۳- پیوند = بستگی, خویشی
٤ - کین = کینه, دشمنی

دربند کردن فریدون ضحاک را در دماوند کوه (صفحه‌ی ۳۴)

بیا تا جهان را به بد نسپریم[1] — به کوشش همه دست نیکی بریم
نباشد همی نیک و بد پایدار — همان به که نیکی بود یادگار
همان گنج و دیوار و کاخ بلند — نخواهد بدن مر تو را سودمند
سخن[2] ماند از تو همی یادگار — سخن را چنین خوار مایه[3] مدار

بیا تا جهان را به بدی نگذرانیم و همه کوشش خود را در راه نیکی به کار ببریم. حال که بدی و نیکی ناپایدارند، بهتر است از ما نیکی بماند. گنج و کاخ‌های پر زرق و برق برای تو سودمند نیست. تنها چیزی که از تو می‌ماند سخن و ادب است. بنیان و ارزش سخن را خوار نشمار.

- در این جهان که نیکی و بدی ناپایدار است، هنگامی که همه‌چیز رفتنی است پس نیکی به‌جای بگذار. تنها یادگاری که از تو می‌ماند فرهنگ و دانش است. ارزش فرهنگ و ادب را بدان و از خود نشانه‌های نیک باقی بگذار.

فریدون فرخ[4] فرشته نبود — ز مشک و ز عنبر سرشته نبود
به داد و دهش[5] یافت این نیکوئی — تو داد و دهش کن فریدون تویی

فریدون نامدار فرشته نبود، او انسان بود. سرشتش از مشک و عنبر نبود. داد و دهش به فریدون نیکوئی بخشید، هر کس داد و دهش کند فریدون است.

- گاهی انسان‌ها به دلیل کارهای خوبشان چنان بزرگ می‌شوند که ما فکر می‌کنیم افسانه هستند. خوب بودن و به درجه‌ی بالای نیکی و وارستگی رسیدن، دور از دسترس و دشوار نیست. اگر دادگر باشی و بخشش داشته باشی، به بزرگی و جایگاه بالای انسانیت دست می‌یابی. همان‌گونه که فریدون فرخ، رها کننده‌ی جهان از ستم‌های ضحاک به‌جایگاه سزاوارش دست یافت.

---

۱ - نسپریم = سپری نکنیم , نگذرانیم
۲ - سخن = کلام , فرهنگ و ادب
۳- خوارمایه = ناچیز , اندک مایه
٤- فرخ = خجسته , همایون
۵- داد و دهش = دادگری و بخشش

نگه کن کجا آفریدون گرد / که از پیر ضحاک شادی ببرد
برفت و جهان دیگری را سپرد / به جز حسرت از دهر چیزی نبرد
چنینیم یکسر که و مه[1] همه / تو خواهی شبان باش و خواهی رمه[2]

نگاه کن و ببین فریدون پهلوان و نامدار که شادی را از دل ضحاک ربود، خود رفت و جهان را به دیگری سپرد. به جز حسرت از گیتی بهره‌ای نبرد. مرگ، مهتر و زیردست نمی‌شناسد. چه شاه باشی چه از مردم عادی توفیر نمی‌کند، خواهی رفت.

- فریدون پادشاهی که توانست پس از هزار سال ضحاک را از بین ببرد، خود از جهان رخت بر بست. مرگ همه را شکار می‌کند، پیر و جوان، شاه و گدا، فقیر و پولدار فرقی نمی‌کند. آمدنی، رفتنی است. تنها به نشان‌هایی که برای جهان و آیندگان جا می‌گذاریم بیندیشیم.

---

۱ - که و مه = زیردست و زیردست, مهتر و کهتر
۲- شبان و رمه = در اینجا شبان شاه و رمه مردمند

فریدون

پادشاهی فریدون پانصد سال بود (صفحه‌ی ۳۵)

جهان چون بر او بر نماند ای پسر تو نیز آز مپسند و اندوه مخور
نمـاند چـنین دان جهـان بـر کسـی در او شـادمـانی نبیـنی بـسی

جهان برای فریدون نماند، پس تو نیز برای خود آز نپسند و اندوه نخور. این را بدان که جهان برای کسی نمی‌ماند. از گیتی چشمداشت شادمانی نداشته باش.

- فریدون گران‌مایه، دادگر و خردمند درگذشت. پند بگیر و بدان تو نیز رفتنی هستی. پس به دنبال افزون‌خواهی نباش و اندوه نخور. در این جهان شادمانی بسیار نخواهی دید و فرجام رفتن از این دنیای گذراست. پس از رفتن، یا شایسته‌ی آفرین هستیم و یا سزاوار نفرین. تا آئین و کیش ما چه بوده باشد و چه از خود به جاگذاشته باشیم. فریدونی بوده باشیم یا ضحاکی، انتخاب با ماست.

پاسخ دادن فریدون پسران را (صفحه‌ی ۳۹)

که چون آز گـردد ز دل‌ها تهـی — همان خاک و هم گنج شاهنشهی
کسی کو برادر فروشد به خاک — سزد گر نخوانندش از آب پاک[1]
جهان چون شما دید و بینـد بسی — نخواهد شدن رام با هر کسی
کنون هر چـه دانیـد از کـردگار — بود رستگاری به روز شـمار[2]
بجوئیـد و آن توشــه‌ی ره کنید — بکوشیـد تا رنـج کوتـه کنیـد

هنگامی که دل‌ها از آز تهی می‌شود، چه خاک و چه گنج شاهنشاهی. کسی که برادر خود را به خاک می‌فروشد، سزاوار است که او را از نژاد پاک ندانند. جهان مانند شما بسیار دیده و خواهد دید، دنیا رام هر کسی نمی‌شود. اکنون، هر کاری را که مورد پسند کردگار در رستاخیز می‌دانید و موجب رستگاری شما می‌شود، همان را بیابید و توشه‌ی راه خود کنید. کوشش کنید تا رنج کمتری ببرید.

- پسران فریدون دچار آز شده و به برادر کوچک‌ترشان ایرج رشک[3] می‌ورزند، پیام جنگ می‌فرستند. فریدون در پاسخ به آن‌ها گوشزد می‌کند که جهان مانند شما بسیار دیده و می‌بیند. نخستین کسانی نیستید که دچار افزون‌خواهی شده‌اید. آز که از در درآید خرد می‌رود. کاری را که مورد پسند دادار است انجام دهید. آز همراه خود درد و رنج می‌آورد.

---

۱ - آب پاک = کنایه از حلال زاده
۲- روز شمار =آن سرا , روز رستاخیز
۳ - رشک = بخل , حسادت

سخن گفتن فریدون با ایرج از کردار سلم و تور (صفحه‌ی ۳۹)

۲۵

چنین داد پاسخ که ای شهریار — نگه کن بدین گردش روزگار
که چون باد بر ما همی بگذرد — خردمند مردم چرا غم خورد
همی پژمراند رخ ارغوان[۱] — کند تیره دیدار[۲] روشن روان[۳]
به آغاز گنج است و فرجام رنج — پس از رنج رفتن ز جای سپنج[٤]
چو بستر ز خاک است و بالین ز خشت — درختی چرا باید امروز کشت
که هر چند چرخ از برش بگذرد — بنش[۵] خون خورد بار کین آورد
خداوند شمشیر و گاه و نگین[٦] — چو ما دید بسیار و بیند زمین
از آن تاجور شهریاران پیش — ندیدند کین اندر آئین خویش
چو دستور باشد مرا شهریار — همان نگذرانم به بد روزگار
نباید مرا تاج و تخت و کلاه — شوم پیش ایشان دوان بی سپاه

ایرج پاسخ فریدون را این چنین می‌دهد: گردش روزگار را ببین چگونه مانند باد بر ما می‌گذرد. هنگامی که رخ ارغوانی می‌پژمرد و دیده‌ی انسان نیک‌دل تیره‌وتار می‌شود، هنگامی که در آغاز کار گنج به دست می‌آوریم و در پایان رنج و پس از آن رفتن از این سرای ناپایدار، حال که بستر ما خاک است و بالینمان خشت، چرا باید درختی کاشت که ریشه‌اش با خون آبیاری شود و بارش کینه باشد. زمین، صاحبان شمشیر و تخت و تاج چون ما بسیار دیده و می‌بیند. تاج داران پیشین در آئینشان کینه نبوده است. اگر شهریار فرمان دهد، روزگار به بد نمی‌گذرانم. تاج‌وتخت و کلاه نمی‌خواهم و بی سپاه نزد ایشان می‌روم.

- فریدون، ایرج را از کینه‌توزی برادران آگاه می‌سازد. ایرج که خردمند و آگاه است و در وجودش نشانی از آز نیست، بر آن می‌شود که دل برادران را نرم سازد و از دشمنی دور کند. او این جهان را به‌خوبی می‌شناسد. از پدر می‌خواهد که با واگذاری تخت و تاج به برادران، از کاشتن درخت کینه که با خون آبیاری می‌شود و بار کینه می‌دهد جلوگیری

۱- رخ ارغوانی = چهره ی سرخ
۲ - دیدار = چهره , رخ
۳ - روشن روان = نیک سرشت , روشن ضمیر
٤ - سپنج = ناپایدار , گذرا
۵ - بنش = ریشه اش
٦ - نگین = انگشتری , مهر

کند. می‌اندیشد که با این کار برادرکشی در کشور باب نمی‌شود. نقش پادشاه دادگر و سزاوار تخت شاهی در جهان آبادانی، شادی آفرینی و آسایش رساندن به مردم است و بس. او به‌خوبی می‌داند آنچه ماندنی است نام نیک و گامهایی است که در راه راستی و درستی برمی‌دارد. تا دم آخر کوشش می‌کند دست برادران به خونش آلوده نشود و آن‌ها را از کشتن خود بازدارد؛ اما افسوس که تهی مغزی و بی‌خردی تور و رشک سلم، کژی و ناراستی به بار آورد.

کشته شدن ایرج به دست برادرانش (صفحه‌ی ۴۰)

۲۶

جهانا بپروردیش در کنار
وزان پس ندادی به جان زینهار[۱]

نهانی ندانم تو را دوست کیست
بدین آشکارت بباید گریست

تو نیز ای به خیره[۲] خرف[۳] گشته مرد
ز بهر جهان دل پر از داغ و درد

چو شاهان به کینه کشی خیره خیر[۴]
از این دو ستمکار اندازه گیر[۵]

ای جهان، گران‌مایه را پرورش دادی اما به جانش امان ندادی. نمی‌دانم دوست تو کیست اما به آنچه که آشکار می‌کنی باید گریست. ای انسانی که به بیهودگی نادان گشته‌ای و برای این جهان دلت پر از داغ و درد است، وقتی پادشاهان با بی‌شرمی و با کینه، ستم و کشتار می‌کنند، تو خود از این ماجرا پند گیر.

- ایرج به دست برادران افزون خواه و تهی‌مغز خود کشته می‌شود. دچار آز و رشک که بشوی، چشم خرد خود را کور کرده و با گزینش و انجام کارهای ناهنجار خود را به نابودی می‌کشانی. ضحاک هم با تهی‌مغزی و افزون‌خواهی به خود و جهانیان ستم کرد. سلم و تور با پند گرفتن از ضحاک و ضحاکیان، می‌توانستند سرنوشت خود را جور دیگری رقم بزنند. در پیرامون ما انسان‌هایی با ویژگی‌های سلم و تور و ایرج بسیارند. انسان‌هایی مانند سلم که دچار آز هستند اما خود پا پیش نمی‌گذارند و مردمی مانند تور را که تهی‌مغز هستند و از خود اراده‌ای ندارند و چرا گو نیستند، به خدمت می‌گیرند. مردمی که زود برانگیخته می‌شوند و فریب می‌خورند. انسان‌های شریف و خردمند و دادگری چون ایرج هم هستند، بدون ذره‌ای رشک و حسادت و آز. آسیب‌پذیرتر از تهی‌مغزان و آز پرستان. این گروه جهان را به‌خوبی می‌شناسند و از راه درست و راست منحرف نمی‌شوند. کار آن‌ها مهربانی، دادگری و آباد کردن جهان است.

---

۱ - زینهار = زنهار, امان
۲ - خیره = ابله, بیهوده
۳ - خرف = خرفت, کم هوش
٤ - خیره خیر = سرگردان, حیران
۵ - اندازه گیر = بسنج, ارزیابی کن

آوردن تابوت ایرج را نزد فریدون (صفحه‌ی ۴۰)

مـبر خود به مـهر زمانه گمـان ... نه نیکو بود راسـتی از کمان
بدین گونه گردد به ما بر سـپهر ... بخواهد ربودن چو بنمود چهـر
چو دشـمنش گیری نمایـدت مهر ... و گر دوست خوانـی نبینیش چهر
یکی پند گویم تو را من درست ... دل از مهر گیـتی ببایدت شـست

به مهر زمانه دل نبند. از کمان خمیده انتظار راستی نداشته باش. کار روزگار این‌گونه است هنگامی به تو چهره می‌نماید که زمان رخت بربستن است. زمانی که به او به چشم دشمن می‌نگری به تو مهر می‌ورزد و هنگامی که دوستش می‌پنداری از دوستی او نشانی نمی‌یابی. پندی راست می‌دهمت بشنو. باید دل از مهر گیتی شست.

- تابوت ایرج را نزد فریدون می‌آورند. فریدون، از بین برنده‌ی ضحاک. با تمام نیکی و دادگری، سر بریده‌ی فرزند را در آغوش می‌گیرد. تلخ‌تر از آن، کشنده‌های فرزند، دو پسر دیگرش هستند. اندرز با ارزش فردوسی بزرگ «دل از مهر گیتی ببایدت شست.» فریدون پادشاهی که خود ستم هزارساله‌ی ضحاک را سرنگون کرده و مردم را از درد و رنج رهانیده، اکنون پسرش را کشته و زار در آغوش گرفته و دو پسر دیگر، جانی و ستمگر و خون‌ریز برادرند. خواهیم دید که فر فریدون نمی‌گذارد حتی فرزندانش در جهان بدی کنند و به سزای کردارشان نرسند.

۲۸*

فلک را نـدانم چـه دارد گمان | که ندهد کسی را به جان خود امان
کسـی را اگـر سـال‌ها پـرورد | در او جـز به خوبـی دمی ننگرد
چو ایـمن کند مرد را یک زمان | از آن پـس بتـازد بر او بـی گمان
ز تخـت اندر آرد نشاند به خاک | از ایـن کار نـی ترس دارد نه باک
به مـهرش مدار ای برادر امیـد | اگر چه دهد بـی کـرانت نویـد[۱]

نمی‌دانم چگونه است که فلک، جان هیچ‌کس را امان نمی‌دهد. کسی را سال‌ها پرورش می‌دهد و همواره به‌خوبی به او می‌نگرد. درست هنگامی که احساس امنیت می‌کند، بی‌تردید به او می‌تازد. او را از تخت به زیر می‌کشاند و بر خاک می‌نشاند و از این کار هیچ ترس و باکی ندارد. ای برادر به مهرش امید نداشته باش اگر چه بی‌شمار نویدت بدهد.

- منوچهر نوه‌ی ایرج به خون‌خواهی نیا برخاسته و سر تور را برای فریدون می‌فرستد. تور پس از کشتن ایرج، سال‌ها زندگی می‌کند و از کینه‌ی چرخ در امان است. ناگهان دستی که خون برادر را ریخته از دنیا کوتاه می‌شود و به سزای خود می‌رسد. سپهر گردانی که بر ایرج، کسی که برای جلوگیری از بدی و ناراستی تخت و تاج خود را رها کرده تاخته بود، اکنون به تور می‌تازد. توری که خون ریز برادر است. تفاوت در نامی است که از آن‌ها بر جای مانده. تا همیشه ایرج، نامدار و تور، تهی‌مغز شناخته شدند. شناخته شدن یک چیز است و نشانه‌های به‌جامانده از آن‌ها چیز دیگری، بسیار مهمتر. رد پائی که‌ایرج نامدار برای جهانیان به جاگذاشته کجا و رد پائی که تور. سر آخر پند همیشگی فردوسی بزرگ: به مهر جهان گذرا، دل نباید بست.

۱- نوید = مژده , بشارت

گرفتن قارن دژ الانان را (صفحه‌ی ۴۵)

نگر تا سخنگوی دهقان[۱] چه گفت — که راز دل او دید کو دل نهفت[۲]
مرا و تو را بندگی پیشه باد — ابا پیشه‌مان نیز اندیشه باد
به نیک و به بد هر چه شاید بدن — ببـایـد همـی داسـتان‌هـا زدن
نگر تا یکی مهـتر تیز مغـز[۳] — پژوهش چو ننمـود در کار نـغز
ز نیرنگ دشمـن نکرد ایـچ[۴] یاد — حصاری بـدان گونه بر باد داد

بشنو سخنگوی دهقان چه گفت: «راز دل بر کسی آشکار می‌شود که دل می‌سپارد. همیشه بندگی کارما باد، اما همراه با اندیشه. به هر رویداد خوب و بدی که رخ می‌دهد باید فکر کرد و راه کاریافت. ببین که مهتری هوشیار، با پژوهش نکردن در کار و توجه نکردن به نیرنگ دشمن، چگونه دژی آن‌گونه را به باد داد.»

- پس از آن که دژبان قلعه‌ی الانان، مهر و انگشتری تور را می‌بیند، بدون پژوهش و هشیاری در دژ را می‌گشاید. درست است که مهر و انگشتری تور نشانه‌هایی گویاست، اما با اندکی اندیشیدن و چراگوئی می‌شد فهمید که نیرنگی در کار است. در انجام هر کاری باید بیندیشیم و هوشیار باشیم تا هم فریب نخوریم و هم خود اشتباه نکنیم.

---

۱ - سخنگوی دهقان = گوینده ی دانا و خردمند
۲ - نهفت = پوشیده, مستور, پنهان
۳ - تیز مغز = گستاخ, تندخو, در اینجا هوشیار
٤ - ایچ =هیچ

کشته شدن سلم (صفحه‌ی ۴۷)

درختی که پروردی آمد به بار — بیابی هم اکنون بـرش در کنار
گرش بار خار است خود کشـــته ای — و گر پرنیان است خود رشـته ای
چو در گور تنگ استوارت[1] کنند — همه نیک و بد در کنـارت کنند

درختی را که پرورش دادی اکنون به بار نشسته و زمان برداشت میوه‌ی آن است. اگر بار تو خاراست خودت پرورش داده‌ای واگر حریرو پرنیان است خود آن را رشته ای. هنگامی که در گور تنگ قرارت می‌دهند، نیکی‌ها و بدی‌هایت نیز در کنارت خواهند بود.

- منوچهر سلم را به دام می‌اندازد. سلم می‌خواهد بگریزد. منوچهر می‌گوید: «این درخت را خود کاشته‌ای و اکنون زمان برداشت بار آن است.» هنگام گزینش هر کاری، پیش از انجام به فرجامش بیندیشیم. هر کاری که انجام می‌دهیم نتیجه‌اش را خواهیم دید. سرانجام در گور، باکارهای نیک و بدمان تنها می‌مانیم.

۱- استوار = برقرار , در اینجا جای دادن

گفتار اندر مردن فریدون (صفحه‌ی ۴۷)

به نوحه درون هر زمانی به زار / چنین گفت با نامور شهریار
که برگشت و تاریک شد روز من / از این سه دل‌افروز دل سوزمن
به زاری چنین کشته در پیش من / به کینه به کام بداندیش من
هم از بدخوئی هم ز کردار بد / به روی جوانان چنین بد رسد
نبردند فرمان من لاجرم / جهان گشت بر هر سه برنا دژم[1]

فریدون روزگاری را به زاری گذراند و به منوچهر چنین گفت: «از داغ سه فرزند دلم در آتش است، روز من برگشته و تاریک شده. آن‌ها به کینه چنین زار در پیش من کشته افتاده‌اند، این خواسته‌ی بداندیشان من بود. از بدخوئی و کردار بد به جوانان بد می‌رسد. آن‌ها به‌فرمان من دل نسپردند و به ناچار جهان برهر سه جوان آشفته گشت.»

- فریدون شاه سه پسرش را کشته در بردارد. ایرج که بی‌گناه به دست برادران کشته شد و برادران دیگر که به‌فرمان خود فریدون، به خون‌خواهی ایرج جانشان را از دست دادند. دل پادشاه بزرگ، از بین برنده‌ی ضحاک، در آتش است برای هر سه فرزند؛ اما این دلیل نمی‌شود دست از دادگری بردارد و از خون ایرج بگذرد. می‌گوید: «آن‌ها به‌فرمان من دل نسپردند.» فرمان اوچه بود؟ دست برداشتن از آز و رشک و افزون‌خواهی و روی آوردن به مهر و دوستی و کارهای نیکی که مورد پسند دادار باشد.

۱- دژم = افسرده , اندوهگین

جهانا سراسر فسوسی و باد	به تو نیست مرد خردمند شاد
به کردارهای تو چون بنگرم	فسوس است و بازی نماید برم
یکایک همی پروریشان به ناز	چه کوتاه عمر و چه عمر دراز
چو مر داده را باز خواهی ستد	چه غم گر بود خاک آن گر بسد[1]
اگر شهریاری و گر زیردست	چو از تو جهان این نفس را گسست
همه درد و خوشی تو شد چو خواب	به جاوید ماندن دلت را متاب[2]
خنک[3] آن کز او نیکوئی یادگار	بماند اگر بنده یا شهریار

ای جهانی که سراسر پوچی و افسوس، انسان خردمند از تو شاد نمی‌شود. به کردارهای تو که نگاه می‌کنم به جز بازی و جادوئی نمی‌بینم. همه را، چه با عمر دراز یا کوتاه پرورش می‌دهی. هرچه داده‌ای را بازمی‌ستانی، پس چه غم اگر آنچه داده‌ای، خاک باشد یا گل سرخ. چه شهریار باشی چه زیردست، جهان جانت را خواهد گرفت. دردها و خوشی هایت مانند خواب است. دلخوش نباش که جاویدان می‌مانی. خوشا به حال کسی که از او خوبی به یادگار بماند چه بنده باشد چه شاه.

- فریدون گران‌مایه، پسر بانو فرانک مادر هشیار ایران‌زمین، شاه خردمند و آگاه و دادگر، از بین برنده‌ی ضحاک ستمکار از دنیا می‌رود. نام نیکش می‌ماند و بس. دل بستن به این جهان گذرا خردمندانه نیست. هر که باشیم رفتنی هستیم، هرچه داشته باشیم می‌گذاریم و می‌گذریم، دردهایی که می‌کشیم و خوشی‌هایی که می‌بینیم، می‌گذرند مانند خواب. باشد تا از ما هم تنها نام نیک بماند. آرامش‌بخش است که انسان چند سالی که در این جهان گذرا سپری می‌کند، از خود نشانه‌هایی بگذارد که آیندگان با دنبال کردن آن‌ها به خوشی و آبادانی و آسایش برسند. این ردپاها تا جهان باقی است برقرار است و هیچ‌چیز زیباتر از این نیست.

۱- بسد = گل سرخ, بوستان
۲ - متاب = آرام نگیر
۳ - خنک = خوشا

منوچهر

داستان به دنیا آمدن زال (صفحه‌ی ۴۸)

پلنگش بدی کاشکی مام و باب   مگر سایه گستردیـش ز آفـتاب
خداوند مـهری به سیمرغ داد   نکرد او به خوردن از آن بچه یاد
کسی را که یزدان نگهدار شد   چه شد گر بر دیگری خوار شد

کاشکی پلنگ، پدر و مادر این کودک بود. شاید سایه گستر او در آفتاب می‌شد. ایزد مهری در دل سیمرغ نشاند که کودک را نخورد. کسی را که یزدان نگهدارش باشد چه باک اگر دیگران خوارش شمارند.

- سام یل، زال را به گناه سپیدی مو در کوه رها می‌سازد. تحمل این که فرزند سام یل ایراد داشته و یا حتی متفاوت باشد را ندارد. گاهی انسان به نگاه و سخنان مردم در مورد خودش چنان اهمیت می‌دهد که دچار اشتباه می‌شود، آن هم اشتباهی به این فاحشی[1]. او کودک را از خود دور می‌کند تا آنجا که به از بین رفتن او هم تن در می‌دهد. نمی‌داند که یزدان نگهدار اوست. چه اهمیتی دارد که نزد کسی خوار است حتی نزد سام یل، هنگامی که یارش آفریدگار است.

۱- فاحش = بسیار

به خواب دیدان سام نریمان، زال را (صفحه‌ی ۴۹)

هر آن‌کس که بودند پیر و جوان   زبان بر گـــشادند بر پهـــلوان
که هر کو به یزدان شود ناسپاس   نباشد به هر کار نـــیکی شناس
که برسنگ و برخاک شیر و پلنگ   چه ماهی به آب اندرون یا نهـــنگ
همــه بچه را پروراننـــده‌انـد   ستایـــش به یـــزدان رســـانند‌ه‌اند
تو پیمـــان نیکی دهـــش[1] بشکنی   چنـــان بی گنـــه بچـــه را بفکنـــی
ز موی سپیدش دل آری به تنگ[2]   تـــن روشن و پاک را نیست ننـــگ
که یزدان کسی را کـــه دارد نگـــاه   نگـــردد ز سرمـــا و گـــرما تـــباه
به یزدان کنون سوی پوزش گرای   کـــه اوی اســـت نیکی ده و رهنمای

پیر و جوان لب به سخن گشودند و گفتند: کسی که به یزدان ناسپاس شود، کارهای نیک را نمی‌شناسد. شیر و پلنگ بر روی زمین و ماهی و نهنگ در دریا، بچه‌های خود را می‌پرورانند و ستایشگر یزدانند. تو پیمان یزدان بخشنده را شکستی و فرزند را بی‌گناه به کوه افکندی.
از مویی سپیدش دلتنگ شدی و به تن روشن و پاک او که ننگ نبود، ننگریستی. کسی را که یزدان نگهدار است از سرما و گرما تباه نمی‌شود. اکنون رو سوی یزدان کن و پوزش بخواه، زیرا او نیکی ده است و راهنما.

- سام یل، زال را در خواب می‌بیند. وجدان او از خواب بیدار و از اشتباهی که کرده آگاه می‌شود. همه جانداران بچه‌های خود را پرورش می‌دهند و از آن‌ها خرده نمی‌گیرند. سام پهلوان را چه شد که چنین اشتباهی کرد؟ هنگامی که به بزرگی می‌رسی، گاهی می‌پنداری همه‌چیز باید با اندیشه‌های تو سازگار باشد. همان زمان چشم خردت کور می‌شود، دچار بی‌دانشی می‌شوی و دست به کارهای ناروا می‌زنی، کارهایی که گاهی جبران پذیر نیست.

---

۱ - نیکی دهش = نیکی کننده
۲ - تنگ = دلتنگ , آزرده

پادشاهی دادن سام زال را (صفحه‌ی ۵۱)

به گاه جوانی و کندآوری[۱] یکی بیهده ساختم داوری[۲]
پسر داد یزدان بینداختم ز بی‌دانشی ارج نشناختم
گران‌مایه سیمرغ برداشتش جهان‌آفرین خوار نگذاشتش
مرا خوار بد مرغ را ارجمند بپرورد تا شد چو سرو بلند
چو هنگام بخشایش آمد فراز[۳] جهان دار یزدان به من داد باز

هنگام جوانی و دلاوری، داوری بیهوده‌ای کردم. یزدان پسری به من بخشید که از بی‌دانشی ارج بر او نگذاشتم. سیمرغ گران‌مایه او را برداشت و یزدان خوارش نگذاشت. پسری را که من خوار شمردم، برای مرغ ارجمند بود. او را پرورش داد تا مانند سرو قد کشید. هنگام بخشش فرا رسید و یزدان مرا بخشید و او را به من بازگرداند.

- سام جهان‌دیدگان کشور را فرا می‌خواند و سخنان بایسته[۴] می‌گوید. سام یل، پهلوانی که دور کردن فرزند شایسته‌ی او نبود، از اشتباهش می‌گوید: «از روی جوانی و غرور داوری بیهوده کردم، بی‌دانشی کردم. مرغ ارزش او را دانست و من که آدمی بودم او را خوار دیدم.» به هر دلیلی اگر اشتباهی رخ می‌دهد، شایسته است که اعتراف کنیم و بایسته است که در راه بهبود و درستی آن اشتباه بکوشیم. چنان که سام دلاور دست به این کار می‌زند. در خور نگرش است که گاهی زمان جبران دست نمی‌دهد و آنچه می‌ماند پشیمانی است.

---

۱ - کندآوری = دلاوری, مردانگی
۲ - داوری = حکم, قضاوت
۳- فراز = آشکار شده, گشاده شده
٤ - بایسته = شایسته, درخور

رأی زدن زال با موبدان در کار رودابه (صفحه‌ی ۵۴)

گزید ایـن دلم دخت مهـراب را — ببـارم ز دیـده به دل آب را
چه مهتر چه کهترچوشد جفت جوی — سوی دین و آئین نهاده است روی
ببسـتند لـب مـوبـدان و ردان — سخن بسـته شد بر لب بخردان
چو نشنید از ایشان سپهبد سخن — بجوشید و رأی نـو افکـند بن
که دانم از این پس پژوهش کنید — بدین رأی بر من نکوهش کنید
ولیکن هر آن کو بود بدمنش[1] — بباید شنیـدن بسـی سرزنش

زال به موبدان می‌گوید: دلم دختر مهراب را برگزیده است و دیدگانم اشکبار است. چه از نژاد بزرگان و چه مردم عادی، کسی که به دنبال جفت است، سوی آئین و روش نیک گام برمی‌دارد.
موبدان و بزرگان لب فرو بستند زیرا رودابه از نژاد ضحاک بود. هنگامی که زال سکوت آن‌ها را دید گفت: «می‌دانم که از این پس پی جوئی کرده و مرا سرزنش می‌کنید، اما تنها کسانی باید بسیار سرزنش شوند که بدمنش هستند.»

- سام گرد، فرزندش زال را تنها به بهانه‌ی تفاوتی کوچک از نوزادان دیگر تا حد نیستی، از خود می‌راند؛ اما فرزندش زال بر این باور است، با این‌که رودابه از نژاد ضحاک است، مادامی که خردمندانه و آگاهانه رفتارمی‌کند و بدمنشی ندارد می‌تواند سزاوار همسری او باشد. کردار و گفتار خردمندانه پسندیده است، از سوی هرکس که باشد.

۱ - بدمنش = بدنهاد, بد سگال

آمدن سام به دیدن رستم (صفحه‌ی ۶۵)

که گیتی سپنج است بر آی و رو[۱] کهن شد یکی دیگر آرند نو

این دنیا سرای گذر است و در آمد و شد. کهنه می‌رود و نو می‌آید.

- سام یل با دیدن رستم به زال می‌گوید که آمدن‌ها و رفتن‌ها در جهان همیشگی است. پیرترها فنا می‌شوند و جوان‌ترها جای آن‌ها را می‌گیرند. این رسم و آئین چرخ گردان است.

چنین گفت مر زال را کای پسر نگر تا نباشی جز از دادگر
به فرمان شاهان دل آراسته خرد را گزین کرده بر خواسته
همه ساله بسته دو دست از بدی همه روزه جسته ره ایزدی
چنان دان که بر کس نماند جهان یکی بایدت آشکار و نهان
برین پند من باش و مگذر از این به جز بر ره راست مسپر[۲] زمین

سام نریمان به پسرش زال پند می‌دهد که دادگر باش و دلت را به‌فرمان پادشاهان آراسته کن. خرد را برگزین و آن را از مال و خواسته برتر بدان. راه ایزدی در پیش بگیر و همواره دست از بدی کوتاه دار. هیچ‌کس در جهان پایدار نیست و نمی‌ماند. پند مرا بشنو و روی زمین به جز راستی گام بر ندار.

- سام یل به فرزندش زال چنین پند می‌دهد که دل به‌فرمان پادشاهان بسپرد. پهلوانان ایران نگه‌دارنده‌ی تخت شاهان بودند، البته شاهنشاهان خردمند و دادگر. سفارش می‌کند که زال خرد را برگزیند و آن را از مال برتر بدارد که اگر ندارد چشم خردش کور و دچار آز می‌شود. دادگر باشد و از بدی دور بماند و همواره در راه راست گام بردارد. اگر پهلوانان ایران آز و افزون‌خواهی به دل راه می‌دادند به‌راحتی می‌توانستند صاحب تاج‌وتخت شوند؛ اما می‌بینیم که پس از به بیراهه رفتن نوذر، بزرگان ایران به سام دلاور

۱- آی و رو = آمد و شد , رفت و آمد
۲- مسپر = سپری نکن , نگذر

پیشنهاد می‌دهند که بر تخت بنشیند اما او نمی‌پذیرد. او نگه‌دارنده‌ی تخت است و دلش خالی از افزون‌خواهی و آز. نام نیک در جهان گذاشتن آرمان اوست که در پند و اندرزش به زال پیداست.

کشتن رستم پیل سفید را (صفحه‌ی ۶۶)

۳۹

چنین گفت فرزند را زال زر — که ای نامور پور خورشیدفر
دلیرانت را خلعت[1] و باره ساز — کسانی که باشند گردن فراز
چو بشنید رستم ز باب این سخن — بدان نامداران که بود انجمن
ببخشید رستم زر و خواسته — ز خفتان[2] و اسبان آراسته

زال زر به فرزندش رستم می‌گوید که‌ای پسر نام‌آور که فر خورشید داری، به گردن فرازان و دلیرانت خلعت و اسب ببخش. رستم که این سخن را از پدر می‌شنود، به نامدارانش اسب و مال و زره می‌بخشد.

- خلعت بخشیدن به دلیران لشکر، هم آن‌ها را بی‌نیاز می‌کرده و هم درمی‌یافتند که سالارشان ارزش آن‌ها را می‌داند و از شایستگی آن‌ها آگاه است. این کار مهربانی و دوستی بیشتری بین آن‌ها به وجود می‌آورده است. این دوستی درنهایت در کشورداری و مردمداری اثرگذار بوده است.

---

۱ - خلعت = ارمغان, پیشکش
۲ - خفتان = زره, جامه‌ی سپاهیان

به گفتا دریغا چنان ژنده پیل | که بودی خروشان چو دریای نیل
بسا رزمگاهان که آن پیل مست | به حمله سپه پاک در هم شکست
اگر چند در رزم پیروزگر | بدی به[۱] از او رستم نامور

زال از مرگ پیل سپید افسوس می‌خورد و می‌گوید درست است که در رزم پیروزی می‌آفرید و مانند دریای خروشان نیل، سپاه دشمن را در هم می‌شکست، اما رستم نامور از او بهتر است.

- تنها زورمندی کافی نیست. پیل سپید موجب شکست دشمن می‌شده، اما اکنون به خودی زیان می‌رساند و خرابی به بار می‌آورد. پس زال، از کار رستم کشتن پیل سپید خوشنود می‌شود.

۱ - به = بهتر ، برتر

رفتن رستم به کوه سپند و گرفتن دژ (صفحه‌ی ۶۷)

یکی گنبدی دید افراشته / ز دینار سرتاسر انباشته
فرو ماند رستم چو زانگونه دید / ز راه شگفتی لب اندر گزید
چنین گفت با نامور سرکشان[۱] / کز این‌گونه هرگز که دارد نشان
همانا به کان[۲] اندرون زر نماند / به دریا درون در و گوهر نماند
که ایدون بدین‌سان برآورده‌اند / بدین جایگه در بگسترده‌اند
چو بگرفت آن باره[۳]ی استوار / یکی بزمگه ساخت چون نوبهار

رستم پس از گرفتن دژ سپند، گنبدی می‌بیند افراشته و انباشته از دینار. شگفت‌زده می‌شود. به نامدارانش می‌گوید: «هرگزچنین چیزی دیده بودید؟ نه زر در معدن مانده و نه در و گوهر در دریا. این‌گونه که همه را گرد آورده و در این جا گسترده و پنهان کرده‌اند». چون آن دژ محکم و پراستقامت را گرفت، جشنی چون نوبهار فراهم کرد.

- دیدگاه پهلوانان ایران در مورد خواسته و گنج این‌گونه بوده است. آن را ماندگار نمی‌دانستند. از آن‌ها در راه آبادانی جهان بهره می‌بردند. پس از هر پیروزی یزدان را ستایش می‌کردند تا دچار غرور نشوند و جشن بر پا می‌کردند تا شادمانی در جهان ماندگار بماند. هنگامی که اندوهگین هستیم به سوگ می‌نشینیم چرا هنگام شادی سور برپا نکنیم. در بزمها همراه با شادمانی به گفتگوهای بایسته می‌پرداختند.

۱- سرکشان = تندخویان , در اینجا همرزمان
۲ - کان = معدن
۳ - باره = دژ , قلعه

اندرز کردن منوچهر نوذر را و درگذشتن او از این جهان (صفحه‌ی ۶۸)

۴۲

بفرمود تا نوذر آمد به پیش — ورا پندها داد ز اندازه بیش
که این تخت شاهی فسون است و باد — بر او جاودان دل نباید نهاد
جهان ویژه کردم ز پتیاره[1] ها — بسی شهر کردم بسی بارها
چنانم که گوئی ندیدم جهان — شمار گذشته شد اندر جهان
نیرزد همی زندگانی به مرگ — درختی که زهر آورد بار و برگ
چنان چون فریدون مرا داده بود — تو را دادم این تاج شاه آزمود
چنان دان که خوردی و برتو گذشت — به خوش‌تر زمان باز بایدت گشت
نشانی که ماند همی از تو باد — برآید بر آن روزگاری دراز
نباید که باشد جز از آفرین — که پاکی نژاد آورد پاک دین[2]
تو مگذار[3] هرگز ره ایزدی — که نیکی از اوی است و هم زو بدی

پادشاه منوچهر در بستر مرگ به پسرش نوذر پند می‌دهد: «تخت پادشاهی افسون و باد است نباید به آن تا جاودان دل بست. من جهان را از پستی ها و بدی‌ها پاک کردم. شهرها و آبادی ها ساختم که همه در شمار گذشته در آمد. تو گوئی جهانی ندیدم. زندگی به مرگش نمی‌ارزد، درختی که بار و برگش زهر است. تاجی را که فریدون بر سر من گذاشت، به تو می‌سپارم. گمان کن تو نیز همچون من این راه را رفته‌ای و زمان رفتنت رسیده. نشانی که پس از روزگاران دراز از تومی‌ماند، باید به‌گونه‌ای باشد که مردم آفرین گوی تو باشند که نژاد پاک، روش و آئین پاک می‌آورد. هرگز راه ایزدی را رها نکن که نیکی و هم بدی از اوست.»

- دمبه‌دم می‌گذرد و به گذشته می‌پیوندد. از گذشتگان ما هیچ نشانی نیست جز نامی که بر جاگذاشته‌اند. زندگی به مرگش نمی‌ارزد. خوشا آنان که نشانه‌هایی که به جا می‌گذارند نیک و شادی آور و آباد کننده است. شاهانی چون فریدون و منوچهر که تجربه‌ای چنین داشتند و پندهایی این‌گونه دادند. اندرزهایی که راه آز و افزون‌خواهی را می‌بندد و خردورزی را آشکار می‌کند.

۱- پتیاره = آفت, بلا
۲- دین = کیش, راه و روش
۳ - مگذار = رها نکن, ترک نکن

یکی پند گویم تو را از نخست	دل از مهر گیتی ببایدت شست
جهان کشتزاری است با رنگ و بوی	در اومرگ و عمر آب و ما کشت اوی
چنان چون در او راست هموار کشت	همه مرگ رائیم ما خــوب و زشت
بجائیــم و همــواره تــازان به راه	بدین دو نونــد[1] سپــــید و ســیاه
چنان کاروانــی کزین شهــر بــر	بودشان گذر سوی شهر دگر
یکی پیش و دیگر ز پس مانده باز	به نوبت رسـیده به مــنزل فراز
بــیا تــا نــداریم دل را به رنــج	که با کــس نسازد ســرای سپنــج

پند مرا بپذیر و دل از مهر جهان بشوی. جهان کشتزار خوش‌رنگ و بویی است که عمر در آن مانند آب روان می‌گذرد و مرگ فرامی‌رسد. ما در این کشتزار، کشت هستیم. چه خوب و چه زشت، همه شکار مرگیم. ما به جائیم و شب و روز مانند دو اسب تازان سفید و سیاه می‌آیند و می‌روند. مانند کاروانی که از شهری به شهر دیگر در گذر است، یکی پیش یکی پس به نوبت به منزل می‌رسیم. این سرای گذرا با کسی نمی‌سازد. بیا دل به رنج نسپریم.

- پند فردوسی بزرگ به ما همچنان دل شستن از مهر گیتی است. گذرگاهی که ناگزیر به نوبت از آن خارج می‌شویم و مرگ همچنان تازنده به دنبال ماست تا شکارمان کند. کاروانی که شهر به شهر می‌گذرد و ما را یکی پس از دیگری دیر یا زود به مقصد می‌رساند، همان کاروان مرگ است. در سفری چنین کوتاه رنج بسیار بردن خردمندانه نیست. با دل بستن به ناچیزها، ارزش ها را از دست ندهیم.

---

۱ - نوند = تند پا , سوار تندرو

نوذر

بر تخت نشستن نوذر (صفحه‌ی ۶۹)

۴۴

به نوذر در پندها برگشاد — سخن‌های نیکو بدو کرد یاد
ز فرخ فریدون و هوشنگ شاه — همان از منوچهر زیبای گاه
که گیتی به داد و دهش داشتند — به بیداد بر چشم نگماشتند
سپهبد بدو گفت کی شهریار — تویی از فریدون یکی یادگار
چنان باش در پادشاهی و داد — که هر کس به نیکی کند از تو یاد
چونان دان که هرکو جهان را شناخت — در او جای آرام بودن نساخت
هر آن‌کس که دل بندد اندر جهان — هشیوار خوانندش از ابلهان
فراز آورد گنج و هم خواسته — مرادش همه گردد آراسته
ندانی شبیخون به سر برش مرگ — کند بر سرش بر نهد تیره ترگ
ز تختش سوی تیره خاک آورد — سرو تاجش اندر مغاک[1] آورد
بماند دلش بسته‌ی این سرای — خرامش[2] نیابد به نزد خدای
روانش بماند در آن تیرگی — همه سال جانش پر از خیرگی
خردمند رنج اندرون کی برد — که بگذارد آن جای و خود بگذرد
بر مرگ درویش و سر تاج زر — یکی بود خواهد در این رهگذر
چنان باشی اندر سپنجی سرای — که رنجه نباشی به نزد خدای
فریدون شد و زو ره دین بماند — به ضحاک بدبخت نفرین بماند

سام یل به پند دادن نوذر پرداخت و سخنان نیک بسیاری بر زبان راند. از فریدون بزرگ و هوشنگ شاه گفت و از تخت زیبای پادشاه منوچهر. پادشاهانی که بیداد نکردند و در گیتی به دادگری و بخشش پرداختند. سپهبد به او گفت تو یادگار فریدون هستی، در دادگری و بخشش به گونه‌ای باش که از تو به نیکی یاد شود. این را بدان کسانی که جهان را می‌شناسند، در این گیتی برای خود جای آرام نمی‌سازند. هشیاران، دل بستگان

---

۱ - مغاک = ورطه , خاک , چاله
۲ - خرامش = خرامیدن , با ناز راه رفتن

به این جهان را ابله می‌شمارند، زیرا آن‌ها گنج و خواسته گرد می‌آورند و در این راه به مرادشان می‌رسند، اما ناگهان مرگ بر آن‌ها شبیخون زده و بر سرشان کلاه‌خود تیره‌وتارمی‌گذارد. از تخت به زیرشان می‌کشاند و سر و تاجشان را به خاک می‌نشاند. کسانی که دل‌بسته‌ی این سرای گذرا هستند به نزد خدا راه نمی‌یابند. روان و جانشان در تیرگی و بیهودگی می‌ماند. خردمند رنج نمی‌برد که همه‌چیز را بگذارد و بگذرد. چه درویش چه شاه برای مرگ توفیر ندارد. در این سرای گذرا چنان زندگی کن که نزد خدا در رنج نباشی. فریدون رفت و از او نام نیک و روش درست ماند و بر ضحاک بدبخت تا ابد نفرین.

- نوذر پسر منوچهر شاه بر تخت می‌نشیند اندکی نمی‌گذرد که به راه کژی و ناراستی می‌گراید. سام نریمان به او پند می‌دهد تا به راه فریدون بازگردد. دیدگاه سام و پادشاهان ایران، به این سرای گذرا، بسیار خردمندانه است. سام تنها نمی‌گوید، شعار نمی‌دهد، او به باور خود پایبند است. جایگاه خود را می‌شناسد. کوشش می‌کند تا نوذر شاه را به راه راستی بازگرداند. برای بازگرداندن نوذر به راه راست، به او نام نیک فریدون و نفرین ابدی بر ضحاک را یادآور می‌شود. عمر گذرا، اما رد پای ما برای آیندگان و نام ما جاودان است. چگونه می‌توان این جاودانگی را نادیده گرفت. دیگر این‌که در راه ناراستی در این جهان هم خوشی و خوشنودی در انتظار ما نیست.

۴۵

بدیشان چنین گفت سام سوار | که این کی پسندد ز ما کردگار
که چون نوذری از نژاد کیان | به تخت کئی بر کمر بر میان
به شاهی مرا تاج باید بسود[۱] | کسی این سخن را نیارد شنود
من آن ایزدی فره[۲] باز آورم | جهان را به مهرش نیاز آورم
که خاک منوچهر گاه من است | پی[۳] اسب نوذر کلاه من است

سام سوار پاسخ داد که کردگار این کار، ربودن تخت و کلاه پادشاهی را کی از ما می‌پسندد که نوذر از نژاد پادشاهان باشد و من تاج پادشاهی برسر بگذارم. کسی یارای شنیدن این سخن را ندارد.

من فره‌ی ایزدی را به او باز می گردانم و جهان را نیازمند مهرش می‌کنم. خاک منوچهر تخت من و رد پای اسب نوذر تاج من است.

- پس از این‌که نوذر به کژی می‌گراید، بزرگان از سام می‌خواهند که تخت و تاج نوذر را از آن خود کند. با او پیمان می بندند که در کنارش بمانند و از او پشتیبانی کنند تا کشور و مردم آسیب نبینند. سام پهلوان است، نگه‌دارنده‌ی تاج‌وتختی که بر داد و دهش استوار باشد. خیانت، افزون‌خواهی و رشک در دل پهلوانان ایران جای ندارد. او با راستی و دلاوری پیشنهاد بزرگان را به تندی رد می‌کند و تاج‌وتخت پادشاهی را، همان‌گونه که باور اوست از راه کژی و نادرستی به راه راستی و فره‌ی ایزدی برمی‌گرداند. فره‌ی ایزدی، داد و دهش و راستی و آبادانی.

۱- بسود = لمس کرد
۲ - فره = حشمت, شکوه
۳ - پی = پا

آمدن افراسیاب به ایران‌زمین (صفحه‌ی ۷۰)

به هر کار هنگام جستن نکوست — زدن رأی با مرد هشیار و دوست
چو کاهل شود مرد هنگام کار — از آن پس نیابد چنان روزگار

هر کاری را باید در هنگام مناسب انجام داد و با هشیاران و دوستان مشورت کرد. اگر هنگام کار تنبلی کنیم، زمان مناسب دوباره به دست نمی‌آید.

- افراسیاب از مرگ سام آگاه می‌شود و برای پدرش پشنگ، سالار تور پیام می‌فرستد. بر خلاف نامه‌ی پادشاهان ایران که نخست با درود بر یزدان پاک و سپس با درود بر شاه و پس از آن متن نامه نوشته می‌شده، نامه‌ی افراسیاب، در بردارنده‌ی باورش است. درگذشت سام و دوران سوگواری زال برای او زمانی مناسب است. درست است که باید هر کاری در هنگام درست و با رایزنی با دوستان و هشیاران انجام گیرد، اما در اینجا چون افراسیاب توانائی نبرد با پهلوانان ایران را ندارد، مرگ سام برای او زمان مناسب به شمار می‌آید. در واقع ناجوانمردانه از مرگ سام و سوگواری زال و ایرانیان سوءاستفاده می‌کند.

رزم بارمان و قباد و کشته شدن قباد (صفحه‌ی ۷۱)

چنـین داد پاسـخ مر او را قبـاد | که این چرخ گردان مـرا داد، داد
بدان ای برادر که تن مرگ راست | سر نامور سـودن تـرگ راست
ز گاه خجسـته منـوچهر بـاز | از امروز بـودم دل اندر گـداز
کسـی زنده بر آسـمان نگذرد | شکارست و مرگش همی بشکرد[۱]
یکی را بر آید به شمشیر هوش | بدان گه که آید دو لشکر به جوش[۲]
سرش نیزه و تیغ[۳] برنده راست | تنش کرکس و شیر درنده راست
یکی را به بستر سر آید زمان | همی رفت باید سـبک بی‌گمان
اگر من شـوم زین جهان فراخ | برادر به‌جای است با برز[۴] و شاخ[۵]
پس از رفتنـم مهـربانی کنید | یکی دخـمه[۶]ی خسـروانی کنید
سرم را به کافور[۷] و مشک و گلاب | تنم را بدان جای جـاوید خواب
سپار ای برادر تـو بـدرود بـاش | همیشه جهان تار و تو پود باش

قباد، برادر قارن، به او این‌گونه پاسخ می‌دهد که چرخ گردان به من داد آموخته است. برادر بدان که درنهایت تن می‌میرد و مرگ، تاج را از سر نامور می‌گیرد. از زمانی که در بارگاه منوچهر بودم دلم در اندیشه‌ی امروز در آتش بود. کسی جاودان نمی‌ماند و همه شکار مرگ می‌شویم. یکی هنگام جنگ با شمشیر جانش را از دست می‌دهد و سرش با شمشیر تیز از تن جدا شده و تنش خوراک کرکس و شیر درنده می‌شود، دیگری در بستر؛ اما همه می‌میرند. اگر من از این جهان می‌روم، برادرم استوار و نیرومند بر جاست. پس از رفتنم با مهربانی برایم مقبره‌ای شاهانه بسازید. سرم را با کافور و مشک و گلاب بشوئید و تنم را در جایگاه ابدیم بگذارید. برادر تو تندرست باش. جهان تار است تو همیشه پود باش.

۱ - بشکرد = شکار کند
۲ - جوش = زد و خورد
۳ - تیغ = شمشیر
۴ - برز = قد و قامت
۵ - شاخ = قامت, بلندی
۶- دخمه = مقبره, گور
۷ - کافور = ماده ای سفید و خوشبو

- قباد برادر قارن پسر کاوه‌ی آهنگر، سپهدار لشکر ایران، به جنگ بارمان دلاور توران می‌رود. در جواب قارن که تو کهن‌سالی بگذار جوانی به نبرد او برود قباد می‌گوید: این چرخ گردان به من بسیار داد بخشیده. بدان ای برادرکه تن برای مرگ است و درنهایت مرگ بر سر تاج ناموران می‌نشیند. هنگام بدرود گفتن با برادرش قارن پندی به او می‌دهد: «همیشه جهان تارو تو پود باش.» رشته‌های تار با پود است که سازمان می‌یابد. پود بودن در جهان همان سرو سامان دادن به گیتی است. همواره کوشیدن در راه شادی و درستی و آبادانی و داد و دهش.

جهان را چنین است آئین و شان[1]	یکی روز شـادی و دیـگر غمـان[2]
بپروردن از مرگمان چاره نیست	زمین را به جز گور گهواره نیست

آئین و شوکت جهان این چنین است، یک روز شادی و روز دیگر اندوه. پرورش می‌یابیم و ناگزیر ازمرگ هستیم. گور گهواره‌ی زمین است.

- نوذر قارن را در مرگ برادرش قباد دلداری می‌دهد. شادی و اندوه در جهان با هم هستند. از هنگام زادن و همراه پرورش یافتن، مرگ با ماست و از مرگمان چاره نیست. گورها مانند گهواره‌هائی روی زمین هستند. گهواره‌های آغاز زندگی بهی. ایرانیان مرگ را روزگار بهی و بهتری می‌دانند.

۱- شان = شان, مرتبه

۲ - غمان = اندوه, غم

رزم افراسیاب با نوذر بار دوم (صفحه‌ی ۷۱)

یـکی را بـه خـاک انـدر آرد زمان | یکـی بـا کـلاه کئـی[۱] شــادمان
شـما دل مداریـد زین مستمنـد[۲] | که تا بـد چنــین بـد ز چـرخ بلـند

سپهر گردان یکی را به خاک می‌اندازد و دیگری را با کلاه پادشاهی شادمان می‌سازد. دل به این بینوا نسپرید که تا بوده کار این چرخ بلند این‌گونه بوده است.

- نوذر می‌داند که این بار در جنگ شکست می‌خورد، به فرزندانش پند می‌دهد، آنان را درآغوش می فشرد و با آنان بدرود می‌گوید. نوذر در دوران پادشاهی اشتباهات بسیاری کرد اما هر بار با یاری زال و رستم و نامداران نجات یافت. اکنون پند خردمندانه‌ی او به فرزندانش، یادآور پند منوچهرشاه به خود اوست.

۱- کئی = شاهی , پادشاهی
۲ - مستمند = بیچاره , بینوا

گرفتار شدن نوذر به دست افراسیاب (صفحه‌ی ۷۲)

۵۰*‏

اگر با تو گردون نشیند به راز — نیابی[1] هم از گردش او جواز
هم او تاج و تخت و بلندی دهد — هم او تیرگی و نژندی دهد
به دشمن همی‌ماند و هم به دوست — گهی مغز یابی ازو گاه پوست[2]
سرت گر بساید بر ابر سپاه — سر انجام خاکست ازو جایگاه
نگر تا نبندی دل اندر جهان — نباشی بدو ایمن اندر نهان
که گیتی یکی نغز بازیگرست — که هر دم ورا بازی دیگرست
یکی را ز ماهی[3] به ماه آورد — یکی را ز مه زیر چاه آورد

حتی اگر گردون با تو همراز شود از گردش او رهایی نمی‌یابی. هم تاج‌وتخت و بزرگی می‌دهد و هم تیرگی و اندوه. هم دوست است و هم دشمن. گاهی تو را به پیروزی می‌رساند و گاهی شکستت می‌دهد. اگرسالار سپاه هم باشی سرانجام جایگاهت گور است. در این جهان ایمن نخواهی بود پس بدان دل نبند. روزگار بازیگر است و هر دم بازی جدیدی از خود درمی‌آورد. یکی را مانند ماهی از ته دریا به ماه می‌رساند و دیگری را از ماه به ته چاه می‌کشاند.

- در پند فردوسی بزرگ درباره‌ی گرفتار شدن نوذر به دست افراسیاب می‌خوانیم: یکی را از خاک به ماه می‌رساند و یکی را از ماه به خاک. بازیگری است که دمادم به افسون و بازیگری‌های نو به نو مشغول است. تنها کاری که از ما برمی‌آید دل نبستن به او وگرفتار بازی‌هایش نشدن است. راه‌یکی است. داد و دهش و شادمانی، با آرامش و دل خوش رفتن و رد پا و نام نیک بر جای گذاشتن.

---

۱ - نیابی هم از گردش او جواز = روزگار و فلک کار خود را می‌کند
۲ - گهی مغز یابی از او گاه پوست = گاه شکست می‌خوری گاه پیروز می‌شوی
۳- یکی را ز ماهی به ماه آورد = از ته دریا به ماه می‌رساند

کشته شدن نوذر به دست افراسیاب (صفحه‌ی ۷۴)

*۵۱

ایا دانشـی مرد بـسیار هوش / همـه چـادر آزمندی مـپوش
که تخت و کله چون تو بسیار دید / نخواهد بسـی با کسـی آرمـید
رسـیدی بـه جـایی که بشتافتـی / سـر آمد کزو آرزو یـافـتی
چه جوئی ازین تیره خاک نژند / که هـم بازگـرداندت مسـتمند
اگر چرخ گردان کشد زین تو / سرانجام خشت است بالین تو

ای مرد خردمند و هشیار، دچار زیاده‌خواهی نشو. تخت و تاج، پادشاهی چون تو بسیار دیده و برای هیچ‌کدام نمانده است. اکنون باید به‌جایی بروی که از آنجا آمده‌ای. روزگار به آرزو رسیدن سر آمده. از این خاک تیره و پژمرده چه می‌خواهی؟ او دوباره تو را نیازمند می‌کند. حتی اگر چرخ گردون زین تو را بکشد، سرانجام بالین تو خشت خواهد بود.

- انسان هوشیار و دانشمند به افزون‌خواهی دچار نمی‌شود. او می‌داند سرانجام بالینش خشت است و دوران به این آرزو و به آن امید رسیدن پایان یافتنی است. میراثی که از تو می‌ماند چیست؟ گنج و خواسته و کاخ؟ همه و همه می‌روند. تنها یادگار نیک و نام نیک دست آورد من و شما از این آمدن و رفتن است.

کشتن افراسیاب اغریرس برادرش را (صفحه‌ی ۷۵)

هر آنگه کت[1] آمد به بد دسترس ‌‌ ‌‌ ز یزدان بترس و مکن بد به کس
که تاج و کمر چون تو بیند بسی ‌‌ ‌‌ نخواهد شدن رام با هر کسی
اگر داد ده باشی ای نامجوی ‌‌ ‌‌ شوی بر همه آرزو کامجوی
ز خود داد دادن به هر نیک و بد ‌‌ ‌‌ به از هر چه گوئی به نزد خرد
ره رستگاری ز دیو پلید ‌‌ ‌‌ به کردار خوبی بیابد پدید
به نزد کهان و به نزد مهان ‌‌ ‌‌ به آواز موری نیرزد جهان
دراز است دست فلک بر بدی ‌‌ ‌‌ همه نیکوئی کن اگر بخردی
چو نیکی کنی نیکی آید برت ‌‌ ‌‌ بدی را بدی باشد اندر خورت[2]

اگر دسترسی به بدی پیدا کردی، از یزدان بترس و به کسی بد نکن. تاج وکمربند پادشاهی، چون تو بسیار دیده و می‌بیند، این تاج و تخت رام کسی نمی‌شود. ای کام جو، اگر دادگر باشی و بخشش داشته باشی، به آرزوهایت می‌رسی. بهتراست پیش از انجام هر نیک و بدی، به خرد خود بنگری تنها راه رهایی از دیو پلید، رسیدن به رستگاری و درستکاری است. جهان برای زیر دست‌ها و مهتران به‌اندازه‌ی آواز موری ارزش ندارد. دست فلک بر بدی دراز است. اگرخردمندی نیکوئی کن تاهمیشه نیکی نزد تو بازمی‌گردد. بدی را سزاوار بدی است.

- اغریرس نامدار، برادرش افراسیاب را به خردمندی و نیکی کردن پند می‌دهد. بر خلاف افراسیاب او گران‌مایه و خردمند است. برادرش را از جنگ و بدی دور می‌کند. می‌گوید که جهان برای بزرگان و زیردستان به‌اندازه‌ی آوای موری ارزش ندارد؛ یعنی برادر، نه تنها به اندازه‌ی مهتران که به قدر کهتران هم خرد نداری و هشیار نیستی. خردورزی و دوراندیشی آز را از دل می‌زداید. آیا همه تفاوت بین دو انسان به ویژه دو برادر، آیا به جز خرد چیز دیگری است؟

۱- کت = که ات
۲- اندر خور = شایسته, سزاوار

گرشاسب

آوردن رستم کی قباد را از البرز کوه (صفحه‌ی ۷۷)

از این پنج شین روی رغبت متاب | شب وشاهد[۱] وشمع و شهد[۲] و شراب
فلک تند خوی است با هر کسی | تو با او مکن تند خوئی بسی
می لعل خورخون دل‌ها مریز | تو خاکی چو آتش مشو تند و تیز
می لعل گون خوش‌تر است ای سلیم[۳] | ز خونابه‌ی اندرون یتیم
اگر دامن آلوده گردد به می | حرامست جرمی ندارد ز پی
از آن آب رنگین[۴] به نزدیک من | به از آن که نفرین کند پیرزن

همیشه به این پنج شین مایل باش. شب، شاهد، شمع، شهد و شراب. فلک با همه تند خو است، تو با او تندخویی نکن. می چون لعل بنوش اما خون دل‌ها را نریز. تو از جنس خاکی مانند آتش تند و تیزنشو. ای انسان درست و نیک سرشت نوشیدن می لعل گون بهتر از خوردن خونابه‌ی دل یتیم است. اگر دامنت به می آلوده گردد حرام است اما جرم نیست. آب رنگین، می نزد من بهتراست از نفرین پیرزن.

- سراینده در بزم کی قباد با همراهی رستم، سرودهای بالا را می‌سراید. سرودها همگان را از تندخوئی دور می‌دارد و نوشیدن می ناب را خوش‌تر از خوردن خونابه‌ی دل یتیم می‌خواند. می ناب بنوش اما نفرین پیرزن را بر خود نخر. در دل این سرودها دادگری، شادی و مهربانی پدیدار است. بزمی از بنیان گزاران پادشاهی کی قباد! کی قباد، پهلوان رستم، و جوانانی نیک و شریف که در پی گستراندن نیکی هستند. خوشی و آرامش و جوانمردی در این بزم‌ها جان بخش است. فاصله‌ی نیکی و راستی تا کژی و ناراستی و کاستی چقدر است؟ چه می‌شود که‌این‌سو این جوانان را داریم و سوی دیگر تور و سلم؟ یاران ضحاک را؟ مراقب گزینش‌های خود باشیم.

۱- شاهد = معشوق, محبوب
۲ -شهد = عسل, انگبین
۳- سلیم = آرام, سالم
٤- آب رنگین = شراب, نبید

کی قباد

پادشاهی کی قباد صد سال بود (صفحه‌ی ۷۹)

چنین است کردار گردون[۱] پیر گهی چون کمان است و گاهی چو تیر

کار گردون پیر چنین است. گاهی مانند کمان خمیده و محکم و گاه چون تیر، تیز و پرشتاب است.

- قارن، شماساس دلاور توران را از پای درمی‌آورد. گردون پیر گاهی چون کمان و گاهی مانند تیر عمل می‌کند. گاه سکوئی می‌شود برای پرتاب تیر و گاه خود چون تیری تیز و پر شتاب.

آمدن افراسیاب نزدیک پدر خود (صفحه‌ی ۸۰)

بدو گفت که ای نامبردار شاه تو را بود از این جنگ جستن گناه
یکی آن که پیمان شکستن ز شاه بزرگان پیشین ندادند راه
ندانی که مردان پیمان‌شکن ستوده نباشند در انجمن
یکی چون شود دیگر آید به‌جای جهان را نمانند بی کدخدای
قباد آمد و تاج بر سر نهاد به کینه یکی نو در اندر گشاد
از امروز کارت به فردا ممان[۲] که داند که فردا چه گردد زمان
گلستان که امروز گردد بهار تو فردا چنی[۳] گل نیاید به کار
نگر تا چه مایه ستام[۴] به زر همان ترگ زرین و زرین سپر

۱- گردون = چرخ , فلک
۲ -ممان = مگذار
۳ -چنی = بچینی
۴- ستام = لگام , ساز و یراق زین

از این بیشتر نامداران گرد ... که باد اندر آمد به خواری ببرد
بترزین همه نام و ننگ وشکست ... شکستی که هرگز نشایدش بست
گر از من سر نامور گشته شد ... که اغریرس پرهنر کشته شد
جزای بد و نیکی روزگار ... در امروز و فردا گرفتن شمار
بسی یاد دادندم از روزگار ... دمان از پس و من دوان خوار و زار
هر آنگه پشیمانی آمد به پیش ... پر از غم شده دل ز کردار خویش
بسی گشتم آزرده از روزگار ... ببخشد گناه مرا شهریار

افراسیاب به پدرش پشنگ گفت: «ای شاه نام‌آور، گناه کردی که در جستجوی جنگ بودی. بزرگان ما درگذشته با شاه، پیمان‌شکنی نمی‌کردند. نمی‌دانی که مردم، مردان پیمان‌شکن را ستایش نمی‌کنند؟ جهان بدون پادشاه نمی‌ماند. یکی می‌رود دیگری می‌آید. قباد آمد و تاج برسرگذاشت و دردیگری به کین خواهی گشوده شد. کار امروز را برای فردا نگذار، چه می‌دانی که فردا چه پیش می‌آید. امروز در گلستان بهاراست وقت گل چیدن است، اگر گل نچینی فردا کاری نمی‌توانی انجام دهی. ببین چقدر لگام‌ها، سپرها، کلاه‌خودهای زرین و مهمتر از آن‌ها بیش ازده‌ها هزارتن از نامداران گرد از بین رفتند. بدتر از آن ننگی است که از شکست به ما می‌رسد که اجتناب ناپذیر است. درست است که نام‌آوری از من دور شد و اغریرس جنگاور کشته شد، اما جزای نیک و بد بزودی سر می‌رسد. اکنون خود را می‌بینم که خوار و زار می‌دوم و روزگار همیشه خشمگین و خروشان در پی من است. پشیمانی از گناه دل را آزرده می‌کند. از روزگار بسیار دلتنگم. امید دارم شهریار گناه مرا ببخشد.»

- افراسیاب در جنگ با رستم فراری می‌شود و به نزد پدرش پشنگ می‌رود. بدون سلاح با سپر شکسته، بدون تاج و کمر. از زشت بودن پیمان‌شکنی می‌گوید. از این‌که پیشینیان ما پیمان‌شکن نبوده‌اند. هنگام ناامیدی، بیمناک از شکست سخن‌پراکنی می‌کند. این سخنان او برای وادار کردن پشنگ به آشتی با قباد است. از کشتن اغریرس برادرش ابراز پشیمانی می‌کند و از پدر می‌خواهد او را ببخشد. چه شباهت آشکاری است بین نامه‌ی پوزش‌خواهی سلم و تور که با پاسخ دندان‌شکن فریدون روبرو شدند و این گفتار افراسیاب که یادآور حال سلم و تور است. هیچ پشیمانی از کشتن برادرش اغریرس در سخنانش نیست، همان‌گونه که سلم و تور از کشتن ایرج پشیمان نبودند. تنها ترس از مرگ و شکست در سخنان افراسیاب پدیدار است، همان‌گونه که در گفتار و رفتار سلم و تور پیدا بود.

آشتی خواستن پشنگ از کی قباد (صفحه‌ی ۸۱)

چنین گفت با نامور کی قباد — که چیزی ندیدم نکوتر ز داد
نبیره فریدون فرخ پشنگ — به سیری همی سر بپیچد ز جنگ
سزد گر هر آن‌کس که دارد خرد — بـه کـژی و ناراسـتی نـنگرد

کی قباد به رستم نامور گفت که چیزی در جهان نیکوتر از داد ندیدم. نبیره‌ی فریدون فرخ، پشنگ از جنگ سر باز می‌زند. سزاوار است خردمند به کژی و ناراستی نگاه نکند.

- رستم از قباد می‌خواهد که با پشنگ از درآشتی در نیاید. رستم می‌گوید آن‌ها چون تاب و توان گرز مرا ندارند پیام آشتی فرستاده‌اند. کی قباد می‌گوید خردمند به کژی و ناراستی نمی‌نگرد. پیام آشتی پشنگ را می‌پذیرد. آشتی‌جوئی و دوری از جنگ یکی دیگر از ویژگی‌های فرهنگ ایران است. مهم نیست دلیل آشتی‌جوئی از ضعف و ناتوانی است اما باید همواره هشیار بود و نیرنگ دشمن را در دم از بین برد.

چو دانست کامد به نزدیک مرگ / بپژمرد خواهد همی سبز برگ
گران‌مایه کاوس کی را بخواند / ز داد و دهش چند با او براند
بدو گفت ما برنهادیم درخت / تو برخیز اکنون بپرداز تخت
چنانم که گوئی ز البرز کوه / کنون آمدم شادمان با گروه
چه بختی که بی آگهی بگذرد / پرستنده[1]ی او ندارد خرد
تو گر دادگر باشی و پاک رأی / همی مزد یابی به دیگر سرای
و گر آز گیرد سرت را به دام / بر آری یکی تیغ تیز از نیام
بدان خویشتن رنجه داری همی / پس آن را به دشمن سپاری همی
در آن جای جای تو آتش بود / به دنیا دلت تلخ و ناخوش بود
بدان ای گرامی نیکو نهاد / بباید که کوشی به عدل و به داد
تو را دادم این تاج شاهی و گاه / به داد و دهش پوی و بسپار راه

هنگامی که کی قباد، زمان مرگ را نزدیک دید و فهمید زمان پژمرده شدن برگ سبز زندگیش فرا رسیده است، کاوس کی را فراخواند و با او از دادگری و بخشش سخن گفت و ادامه داد: «ما درخت را کاشتیم اکنون تو تخت را آماده کن. گوئی هماکنون از البرز کوه با گروه شادان آمده‌ام. اگر از بخت و تخت خودآگاه نباشی، بدان که نمی‌توانی خردمندانه از آن نگهداری کنی. اگر داد گر و پاک رأی باشی مزد خود را در سرای دیگر خواهی یافت. اگر به دام بیفتی و شمشیر تیز برکشی، به رنج خواهی افتاد و سپس آن را به دشمن خواهی سپرد. دلت در آتش خواهد بود و در این دنیا تلخ و ناخوش. این را بدان ای نیکو نهاد، باید که در راه داد و دهش، دادگری و بخشش گام برداری. این تاج‌وتخت را به تو می‌سپارم. تو هم در راه دادگری و بخشش پویا باش.»

- پادشاهان، همواره فرزندان خود را به دادگری و بخشش رهنمون می‌شدند. کی قباد به کی کاوس می‌گوید: «اگر به دام بیفتی در این دنیا دلت در آتش خواهد بود. تنها در راه داد و دهش گام بردار.» پند و پیام آشتی دوستی و آشتی‌جوئی. پادشاهان دادگر کشور را آباد و آزاد به فرزند می سپارند. نتیجه‌ی سال‌ها کوشش و زحمت و هم مردمانی که در آسایش به سر می‌برند، به دست فرزند سپرده می‌شود تا با همان آئین و کیش به زندگی ادامه دهند و به بهروزی و پیروزی بیشتر دست یابند؛ اما روزگار هم بی‌کار نمی‌نشیند. بازی‌های خود را درمی‌آورد. در این هنگام تنها خرد، دادرس است.

۱- پرستنده = پرستار , نگهدارنده

چنین آمد این گیتی از خوی[۱] و ساز[۲] — بدارد به ناز آورد رنج باز
درختی است با شاخ بسیار بار — برش تازه گل شاخ یکسر نگار
نخستین به گل شاد خارت کند — پس آن گه دل افگار[۳] خارت کند
بسی پادشاهان گردن فراز — که رفتند از اینجا به سوز و گداز
کزیشان کنون مانده نام است و بس — به گیتی نمانده است جاوید کس
جهان را چنین است رسم و نهاد[۴] — بر آرد ز خاک و دهد شان به باد

ساز و کار این جهان این‌گونه است که به ناز تو را می‌آورد و در رنج می‌اندازد. درختی است با شاخ و برگ بسیار و گل‌های تازه بر آن شاخ‌ها. نخست در کنار گل‌های شاد، خارت می‌کند و سپس خاردردل تنگت می‌نشاند. چه بسیار پادشاهان که با سوز و گداز از این جهان رفتند و تنها نام از آن‌ها بر جای ماند. در این جهان هیچ‌کس جاودان نیست. رسم و نهاد جهان چنین است از خاک بر می‌آردت و به بادت می‌دهد.

- در پندهای حکیم سخن همواره دل از مهر گیتی شستن را می‌بینیم. از خاک بر می‌آئیم و به باد می‌رویم. تنهاناممان می‌ماند. اگر نام نیک از ما نماند بودنمان بیهوده بوده. رنج بسیار برده‌ایم اما بیهوده. حال که از خاک بر می‌آئیم و بر باد می‌رویم، شایسته است به بهترین‌ها دست یابیم. درود بر روان پاک فردوسی بزرگ که بهترین یادگار و نامی بسیار نیک از خود بر جا گذاشت.

۱- خوی = سرشت, سیرت
۲- ساز = ساز و کار, تدارک دیدن
۳- دل افگار= دل شکسته, خسته دل
٤- نهاد = سرشت, طبیعت

کی کاوس

آمدن رامشگری پیش کی کاوس و آهنگ مازندران کردن (صفحه‌ی ۸۲)

بدان نامـداران چنین گفت زال | که هر کـس که او را بفرسود سال
همه بند پیرایش[۱] آید به یاد | از آن پس دهد چرخ گردانش یاد
نشاید که گیـریم از او پند باز | که از پند ما نیست خود بی‌نیاز
ز پند خرد گر بگردد سرش | پشیـمانی و رنـج باشـد بـرش

زال به نامداران چنین گفت: هر کس که دوران جوانی را پشت سر می‌گذارد، چرخ گردون هر آنچه به او داده کم‌کم پس می‌گیرد و به او درس می‌دهد. باید پند بگیریم که نیازمند این اندرز هستیم. هر کس از پند خردگر روی بتاباند سرانجام رنج و پشیمانی به دست می‌آورد.

- کی کاوس آهنگ نبرد با مازندران می‌کند. زال دراین‌باره با نامداران گفتگو کرده چنین می‌گوید: «کسی که پا به کهن‌سالی می‌گذارد، دل‌بستگی‌هایش را کم‌کم از دست می‌دهد.» این نشانه‌ای است که یادمان باشد کم‌کم زمان رفتن خودمان هم از راه می‌رسد. باید با نگرشی ژرف به این نکته اندیشید که اگر نیندیشیم و پند خردگر را نادیده بگیریم بی شک دچاررنج و پشیمانی خواهیم شد. شاه رایزنی و مشورت می‌کند و سر آخر، خود تصمیم می‌گیرد. می‌گوییم رایزنی، در مشورت کردن و نظرخواهی، بایسته است خوب بشنویم و بیندیشیم و خردمندانه تصمیم بگیریم.

۱ -پیرایش = تعدیل , کم کردن

پند دادن زال کاوس را (صفحه‌ی ۸۳)

یکی پند دیگر بگویم تو را — ز دل تیرگی‌ها بشویم تو را
تو را باد خوبی و شادی و کام — ز گیتی به نیکی برآورده نام
تو دانی نیای تو جمشید بود — که تاجش چو رخشنده خورشید بود
نبودش به دل یاد مازندران — نکردش بدین کار او سر گران[۱]
فریدون نکرد این چنین کار یاد — که خود تخت ضحاک دادش به باد
ز تو پیش‌تر پادشه بوده‌اند — مر این راه هرگز نپیموده‌اند
سپه را بدان سو نباید کشید — ز شاه آن‌کس این رأی فرخ ندید
گر این نامداران تو را کهترند — چو تو بندگان جهان داورند
تو از خون چندین سر نامدار — ز بهر فزونی[۲] درختی مکار
که بار[۲] و بلندیش نفرین بود — نه آئین شاهان پیشین بود

با پند دیگری دلت را از تیرگی‌ها می‌شویم. با خوبی و شادی و کامروایی در جهان، به نام نیک رسیده‌ای. نیای تو جمشید که تاجش چون خورشید درخشان بود دل به نبرد با مازندران نداد و با این کار دشواری به وجود نیاورد. فریدون که خود برباد دهنده‌ی تخت ضحاک بود نیز چنین نکرد. پیش از تو پادشاهان بسیاری بوده‌اند که هرگز این راه را نپیمودند. از پادشاهان، کسی این کار را شایسته ندید. نباید سپاه را به آن سوی برد. نامدارانی که در پیشگاه تو هستند بندگان ایزدند. برای افزون‌خواهی، درختی نکار که با خون این نامداران آبیاری شود زیرا بار و بلندیش نفرین خواهد بود و این آئین شاهان پیشین نیست.

- زال با پندهایی خردمندانه و آگاهانه، کاوس را از جنگ با مازندران بازمی‌دارد. به او یادآور می‌شود که جمشید و فریدون بزرگ با آن همه بزرگی و دلاوری چنین نکردند و نامداران و مردم را به خاک و خون نکشیدند. آن‌ها در پی جنگ و جاه و کشورگشائی نبودند؛ اما شوربختانه کاوس به پند زال دل نمی‌سپرد. درخت آز که با خون و دسترنج دیگران آبیاری شود، چگونه ممکن است برگ و باری جز نفرین داشته باشد؟

۱- سرگردان = ناخشنود، متکبر
۲- فزونی = بیشی، آز
۳- بار = میوه، بر

رفتن کاوس به مازندران (صفحه‌ی ۸۴)

چو تاریک شد[1] چشم کاووس شاه — بد آمد ز کردار او بر سپاه
همه داستان یاد باید گرفت — که خیره بماند شگفت از شگفت
سپهبد چنین گفت چون دید رنج — که دستور[2] بیدار بهتر ز گنج
دریغا که پند جهانگیر زال — نپذرفتم و آمدم بد سگال[3]

از کردار کاوس، بد به سپاه رسید و چشمانش نابینا شد، نمی‌توانست جایی را ببینند. از داستانی که در آن شگفتی‌ها خود از شگفت خیره می‌مانند، باید آموخت. هنگامی که سپهبد در رنج افتاد، اندیشید که وزیر بیدار داشتن بهتر از گنج است. افسوس که پند زال جهان گیر را نپذیرفتم و بد بر سرم آمد.

- کی کاوس پند زال را نمی‌شنود و به جنگ مازندران رفته و شکست می‌خورد. با خود می‌اندیشد، افسوس که پند جهان دار زال را نپذیرفتم و بداندیشی دامنم را گرفت. این افسوس، پیامدهای این شکست و ریخته شدن خون نامداران را در پی دارد که دیگر جبران نمی‌شود. زندگی کاوس کی پر از اشتباهاتی است که هر بار برایش پشیمانی می‌آورد. هر بار آسیب‌هایی بزرگ به خود و سپاه می‌رساند و باز پشیمان می‌شود و اشتباه خود را می‌پذیرد، اما مگر این پذیرش جبران خون‌های ریخته شده و آسیب به مردم را می‌کند؟

---

۱ - تاریک شد = در اینجا نابینا شد
۲ - دستور = وزیر, مشاور
۳ - سگال = اندیشه, منش

پیغام کاوس به زال و رستم (صفحه‌ی ۸۵)

چنین خسته در دست اهرمنم — همی بگسلاند روان از تنم
چو از پندهای تو یادآورم — همی از جگر سرد باد[1] آورم
نبودم به فرمان تو هوشمند — ز کم بخردی بر من آمد گزند
اگر تو نبندی بدین در میان — همه سود را مایه باشد زیان

خسته و درمانده در دست اهریمنم و او جانم را خواهد گرفت. زمانی که پند تو را به یاد می‌آورم از جگرم آه حسرت برمی‌خیزد. ای هوشمند، به‌فرمانت نبودم و از کم خردی این گزند به من رسید. اگر پا در میان نگذاری همه سودها به زیان تبدیل می‌شود.

- کاوس پس از گرفتاری در دست دشمن به زال و رستم پیام می‌فرستد و از آن‌ها یاری می‌خواهد. کاوس شاه بارها فریب می‌خورد و پهلوانان و نامداران به یاریش می‌شتابند گزینش‌های اشتباه کاوس کی، خود و سپاهیان و مردم را در رنج می‌اندازد. خون‌ها ریخته می‌شود. گنج‌ها به باد می‌رود، تنها برای اندیشه‌ای نادرست، سپس خوب نشنیدن و نیندیشیدن به پندهای بزرگان و سر آخر تسلیم غرور و خودپسندی و بی‌خردی شدن و تصمیم نادرست گرفتن. خردورزی انسان را از گزینش‌های اشتباه بازمی‌دارد.

۱- سردباد = آه سرد , ناله ی سرد

شب تیره تا برکشد روز چاک — نیایش کنم پیش یزدان پاک
مگر باز بینم بر و یال تو — سر و بازو و چنگ و کوپال[1] تو
و گر هوش تو نیز بر دست دیو — رسانید یزدان گیهان خدیو[2]
تواند کسی این سخن باز داشت — چنان چون که آید بباید گذاشت
نخواهد همی ماند ایدر کسی — بخوانندش ار[3] چند ماند بسی
کسی کی جهان را به نام بلند — بگیرد نباشد به رفتن نژند

شب هنگام تا زمانی که روز پرده‌ی شب را بدرد، یزدان پاک را نیایش می‌کنم و از او می‌خواهم تا دوباره بر و یال و کوپال و سر و بازوی تو را ببینم. اگر یزدان، پادشاه جهان بخواهد که جان تو به دست دیو، انسان بداندیش گرفته شود، کاری از دست کسی بر نمی‌آید. در این جهان کسی جاودان نمی‌ماند اگر بسیار هم بماند، به‌ناچار او را به سرای دیگر خواهند خواند. کسی که در جهان دارای نام نیک می‌شود هنگام رفتن اندوهگین و پژمرده نخواهد بود.

- زال از رستم می‌خواهد که برای نجات کی کاوس و سران ایران به مازندران برود. کاوس پند زال را نپذیرفته و به چنگ دشمن اسیر شده است، هم خودش هم سپاه ایران. زال پهلوان از رستم می‌خواهد او و لشکرش را از دست دشمن برهاند. نمی‌گوید اشتباه خود اوست. نمی‌گوید به پندهای من توجه نکرد. از همه مهمتر جان رستم، یک‌دانه‌ی خود و ایران را به خطر می‌اندازد. این است مرام پهلوانی. او هم مردم را دارد و هم توانائی تا جای کاوس را بگیرد؛ اما او پهلوان است. پهلوان خیانت نمی‌کند و آز پرست نیست.

۱- کوپال = گرز , عمود
۲ -گیهان خدیو = پادشاه جهان , یزدان
۳ - ار = اگر

رفتن رستم به مازندران (صفحه‌ی ۸۵)

به پدرود کردنش رفتند پیش / که دانست کش باز بینند بیش
زمانه برینسان همی بگذرد / پیش[۱] مرد دانا همی نشمرد
هر آن روز بد کز تو اندر گذشت / بر آن نه کزو گیتی آباد گشت
هر آن روز کان اندروئی تو شاد / تو گوئی ز گیتی همین شد نهاد

به بدرقه‌ی رستم می‌روند درحالی‌که نمی‌دانند آیا باز او را خواهند دید. زمانه این‌گونه سپری می‌شود. بنیاد زمانه نزد مرد دانا ارزشی ندارد. هر روز بدی که بر تو می‌گذرد تصور کن که جهان از آن آباد می‌شود و هر روز که به شادمانی می‌گذرانی گوئی همان روز نهاد و سرشت جهان می‌گردد.

- رستم آماده‌ی رفتن به مازندران می‌شود. او را راهی می‌کنند درحالی‌که می‌دانند شاید دیگر او را نبینند. برای پراکندن و برقراری راستی و درستی در جهان، مدارا و بخشش است که کار می‌کند. جان رستم، یک‌دانه‌ی زال و رودابه و هم مردم ایران به خطر می‌افتد. با این‌که زال کاوس را از جنگ بازداشته بود و او نپذیرفته و خود و سپاه و مردم را به دشواری دچار کرده بود، اما اکنون کار درست، از بین بردن نشانه‌های نادرست و بدی و هم نادیده گرفتن این اشتباه است نه دامن زدن به آن.

۱- پیش = پی اش، پی آن، رد پا

خوان دوم – یافتن رستم چشمه‌ی آب را (صفحه‌ی ۸۶)

بـه‌جایی که تنگ اندر آید سخن — پناهت به جز پاک یزدان مکن
که هر کس که از دادگر یک خدای[1] — بپیچـد خـرد را نـدارد بـه جـای

هنگامی که به سختی بسیار دچار می‌شوی پناه به یزدان پاک ببر. هر کس که از خداوند دادگر سر بپیچد، خردمند نیست.

- هنگامی که رستم از تشنگی بسیار رنج می‌برد و ناامیدی به سراغش می‌آید با خود می‌گوید: «تنها باید به یزدان پاک پناه برد. خردمند سراز فرمان دادار نمی‌پیچد.» هنگام ناامیدی، بیرون شدن از راه راست و داد، بیشتر روی می‌دهد. پناه بردن به یزدان انسان را استوار و شکیبا می‌سازد تا به آئین و کیش خود پشت نکند و به بیراهه نرود.

۱- یک خدای = خدای یگانه

نامه نوشتن کاو س به شاه مازندران (صفحه‌ی ۹۰)

بدان ای گرفتار بند غرور — که این است رسم سرای سرور
که گر دادگر باشی و پاک دین — ز هر کس نیابی جز از آفرین
و گر بد نهان باشی و بدکنش — ز چرخ بلند آیدت سرزنش
جهان دار اگر دادگر باشدی — ز فرمان او کی گذر باشدی
سزای گنه بین که یزدان چه کرد — ز دیو و ز جادو برآورد گرد
کنون گر شدی آگه از روزگار — روان و خرد بودت آموزگار

ای کسی که دربند غرور گرفتاری، این را بدان که رسم دنیای شادی و سرور این است که اگر دادگر باشی و پاک روش، همه بر تو آفرین خواهند گفت و اگر بد نهاد و بد رفتار، از چرخ بلند سرزنش خواهی شنید. اگر پادشاه دادگر باشد هیچ‌گاه از فرمانش سرپیچی نمی‌کنند. ببین که یزدان چگونه دیو بداندیش و نیرنگ‌هایش را نابود کرد. اکنون با آگاهی از روزگار، باید جان و خرد آموزگارت باشد.

- رستم به یاری کاوس شاه رفته دیو سپید را می‌کشد و کاوس شاه را از بند رها می‌سازد. پس از یک هفته جشن و سرور، کاوس نامه‌ای به شاه مازندران می‌نویسد و به او پند می‌دهد که دیدی چگونه یزدان دیوان را از بین برد اکنون خرد را به کار گیر و دست از دشمنی بردار. جان و خرد را آموزگار خود قرار دادن، راه رستگاری و درستی است. انسان خردمند دچار خودپسندی و غرور نمی‌شود.

رزم کردن کاوس با شاه هاماوران (صفحه‌ی ۹۴)

*۶۷

بر این بر نیامد بسی روزگار — که بر گوشه‌ی گلستان رست[1] خار
کس از آزمایش نیابد جواز — نشیب آیدش چون شود بر فراز

روزگار درازی نگذشته بود که در گوشه‌ی گلستان خار روئید. کسی با آزمایش اجازه‌ی گذر به دست نمی‌آورد، بر فراز که قرار می‌گیرد نا گزیر نشیبی در پیش خواهد داشت.

- پس از مدتی، بر فراز بودن کاوس، تازیان از کاوس کی روی برگرداندند. شاه هاماوران به جنگ با کاوس کی برخاست. فراز و نشیب در کنار هم مفهوم دارند. هنگامی که بر فراز جایگاه بلند قرار می‌گیری در انتظار نشیب هم باش زیرا کنار هر فرازی نشیب وجود دارد.

تاخت کردن افراسیاب به ایران (صفحه‌ی ۹۶)

چنین است رسم سرای سپنج — همه از پی آز با درد و رنج
سرانجام نیک و بدش بگذرد — شکاریست مرگش همی بشکرد

رسم جهان گذرا این است که همه از آز به درد و رنج دچارند. نیک و بد جهان می‌گذرد و انسان شکار مرگ می‌شود.

- در این پند فردوسی بزرگ سه نکته‌ی اساسی گفته شده است. نخست نگرشی ژرف و همیشگی به گذرا بودن جهان که درد و رنج را کاهش می‌دهد و دل را از افزون‌خواهی به دور نگه می‌دارد؛ و هم توجه به درگیر نشدن دل با آز که دلتنگی را از بین می‌برد و سرخوشی و آرامش به بار می‌آورد و سر آخر شکار مرگ شدن که یادگار نیک به جا گذاشتن را آرمان ما می‌سازد.

۱- رست = روئید , سبز شد

پیام فرستادن رستم به نزد شاه هاماوران (صفحه‌ی ۹۶)

ز بدگوهری بر تو این بس نشان / که نیرنگ‌سازی به گردنکشان
ز بی‌دانشی جسته‌ای برتری / تو بدگوهری و ز سگ کمتری
بدین‌سان ببایدت از خویش شرم / به گیتی ندانی همی سرد و گرم
که بر شاه ایران کمین ساختی / به پیوستگی در بد انداختی
نه مردی بود چاره جستن به جنگ / نرفتی به رسم دلاور نهنگ[۱]
که در جنگ هرگز نسازد کمین / اگرچند باشد دلش پر ز کین

از بدگوهری تو همین بس که برای دلاوران نیرنگ به کار می‌بری. از بی‌دانشی به دنبال برتری جوئی هستی. بدگوهری و از سگ کمتر. سرد و گرم روزگار نچشیده‌ای. باید از خود شرم داشته باشی که بر شاه ایران کمین کردی و با سو استفاده از خویشاوندی به او بد کردی. تو به رسم و آئین دلاوران جنگ نکردی زیرا آن‌ها هر چقدردلشان پرازکین باشد کمین نمی‌کنند و مردانه می‌جنگند.

- کاوس دختر شاه هاماوران، سودابه را به زنی دارد. پادشاه هاماوران او را میهمان می‌کند و با نیرنگ، او و پهلوانان ایران را به بند می‌کشد. رستم او را نکوهش می‌کند و می‌گوید حتی اگر دل پر از کینه هم باشد، کمین کردن در جنگ رسم دلاوران نیست. سودابه از کاوس می‌خواهد که به این میهمانی نرود و از شورش پدر می‌گوید که بازهم کاوس نمی‌پذیرد. نکته‌ی اساسی در مورد کاوس و انسان‌هایی با ویژگی‌های او این است که اگر هوش کافی برای درک موقعیت ندارند و پی‌درپی اشتباه می‌کنند، می‌توانند به سخنان خردمندانی که به آن‌ها باور دارند، گوش بسپرند تا از پیشامد بد جلوگیری کنند. کاوس پند نمی‌پذیرد و گوش شنوا ندارد زیرا چشم خردش کور است. خود بزرگ بینی و آز کاوس کی و این همه دشواری‌های پی‌درپی. دختر شاه هاماوران از شورش پدر می‌گوید، حتی لحظه‌ای نمی‌اندیشد و نمی‌پرسد چرا؟ اندیشمند بودن از خردمندی سرچشمه می‌گیرد.

۱- نهنگ = در اینجا دلاور، جنگاور

لشکر کشیدن رستم و رزم او با شاهان هاماوران و مصر و بربر (صفحه‌ی ۹۶)

چنین داد پاسخ که مندیش از این		نه گسترده از بهر من شد زمین
چنین بود تا بود گردان سپـــهر		که با زهر نوش است و با کینه مهر

کاوس کی پاسخ داد که نگران من نباش. زمین برای من گسترانده نشده. تا بوده چنین بوده. در جهان «نوش و زهر» و «کینه و مهر» همواره کنار هم بوده‌اند.

- کاووس کی دستور جنگ به رستم می‌دهد. رستم نگران جان کاوس شاه است؛ اما او پاسخ می‌دهد که در جهان نوش و زهر و هم کین و مهر همواره باهماند. باور داشتن به تلخ و شیرینی جهان و بر سر کین و مهر بودنش، تاب و توان ما را برای پذیرش افزون می‌کند.

نامه‌ی کاوس کی به افراسیاب (صفحه‌ی ۹۸)

که ایران بپرداز و بیشی مجوی / سر ما شد از تو پر از گفتگوی[۱]
تو را شهر توران پسند است خود / چرا خیره می دست یازی به بد
فزونی مجوی ار شدی بی‌نیاز / که زود آردت پیش رنج دراز
از آن‌ها بدیدی همه نیک و بد / کنون آن گزین کت پسندد خرد
بس اندیشه باید در این کار کرد / به پاسخ خرد بایدت یار کرد

کاووس کی در نامه به افراسیاب به او اندرز می‌دهد که فکر ایران را از سر به در کن و افزون خواه نباش. توران برای تو نیکو است بیهوده دست به کارهای بد نزن. هنگامی که بی‌نیاز می‌شوی، به دنبال افزون‌خواهی نباش که برایت رنج دراز خواهد داشت. کاری کن که خرد آنرا بپسندد. بسیار بیندیش و از خردت یاری بگیر.

- افراسیاب همواره نشستن بر تخت پادشاهی ایران را در سردارد. نامه‌ی پندآمیز کاوس شاه بر او اثر نمی‌کند و به جنگ ایران می‌آید.

۱ - گفتگوی = مجادله , مشاجره

گمراه کردن ابلیس کاوس را و به آسمان رفتن کاوس (صفحه‌ی ۹۹)

دل شاه از آن دیو بی راه شد — روانش ز اندیشه کوتاه شد
گمانش چنان بد که گردان سپهر — به گیتی مر او را نمودست چهر
ندانست که این چرخ را پایه نیست — ستاره فراوان و ایزد یکی است
همه پیش فرمانش بیچاره اند — که با سعد[1] ونحسند[2] و سیاره‌اند
جهان‌آفرین بی‌نیاز است از این — ز بهر تو باید سپهر و زمین

دیو کاوس را فریب می‌دهد و اندیشه ی دارندگی آسمان را در سر او می‌پروراند. دل شاه به کژی می‌گراید و اندیشه اش بسته شده و می‌اندیشد که سپهر گردان به او روی نموده. نمی‌داند که چرخ گردان، پایه و اساسی ندارد. ستاره فراوان اما ایزد یکی است. همه ستاره ها زیر فرمان اوهستند. چه سیاره‌های خوش و چه بد شگون.

جهانآفرین بی‌نیاز است و آسمان و زمین را برای تو آفریده است.

- کاوس شاه نهاد نیک دارد اما پی‌درپی فریب می‌خورد. این بار انسان بداندیش نیرنگ دیگری به کار می‌برد، آتش پرواز در آسمان را در دل او روشن می‌کند. او دوباره فریب می‌خورد، می‌خواهد این بار آسمان را زیر فرمان خود در آورد. اشتباه‌های پیشین خود را فراموش کرده و از آن‌ها پند نگرفته است. اگر دشواری‌ها را چاله‌هائی در پیش پای خود ببینیم، دست کم کوشش کنیم بارها در یک چاله نیفتیم.

۱ - سعد = مبارک, خوش یمن
۲- نحس = شوم, بد یمن

باز آوردن رستم کاوس را (صفحه‌ی ۹۹)

کس از نامداران پیشین زمان — نکردند آهنگ زی[1] آسمان
که جوید همی راز گردان سپهر — مگر آن که دیوش کند تیره چهر
بدو گفت گودرز بیمارسان[2] — ترا جای زیباتر از شارسان[3]
به دشمن دهی هر زمان جای خویش — نگوئی به کس بیهده رای خویش
سه بارت چنین رنج و سختی فتاد — سرت ز آزمایش نگشت اوستاد
به گیتی جز از پاک یزدان نماند — که منشور[4] تیغ تو را بر نخواند
به جنگ زمین سر به سر تاختی — کنون به آسمان نیز پرداختی
چنان کن که بیدار شاهان کنند — ستاینده و نیک‌خواهان کنند
جز از بندگی تا توانی مجوی — مزن دست بر نیک و بد جز بدوی
کز او یابی و یافتی کام دل — به‌فرمان او دیو را کن خجل
مکن نیز فرمان دیو پلید — ز فرمان او بر تو این بد رسید
فرو ماند کاووس و تشویر[5] خورد — از آن نامداران مردان مرد

نامداران به کاوس گفتند: «پیش از تو کی نامداران برای دستیابی به رازآسمان تصمیم به رفتن به سپهر گردان گرفتند؟ مگر آن که دیو بداندیش تیرگی در دل ایشان آورده باشد.» گودرز رنجور به او گفت: «جایی زیباتر از کشور می‌شناسی؟ هر زمان جای خود را به دشمن می‌دهی و از اراده و تصمیم بیهوده خود چیزی به کسی نمی‌گویی. سه بار با دشواری روبرو گشته‌ای اما پند نگرفتی. تنها به جنگ یزدان نرفته‌ای. روی زمین جنگ‌ها کردی و اکنون نوبت به آسمان رسیده؟ کارهایی کن که شاهان بیدار، ستایشگر و نیک‌خواه می‌کردند. فقط بسته به یزدان پاک باش و به امر او دست به نیکی و بدی بزن. تاکنون از یزدان است که به کام دل

۱- زی = سوی، نزد
۲ - بیمارسان = بیمارگونه، زار
۳ - شارسان = شهرستان، شهر آباد
٤ - منشور = حکم، فرمان
٥ - تشویر = سرزنش کردن، نکوهش

رسیده‌ای، پس به‌فرمانش دیو و بداندیش را شرمسار کن. از دیو پلید فرمان نبر که از فرمان او به تو بد می‌رسد.» کاووس از سرزنش نامداران به فکر فرو رفت و درمانده شد.

- پس از چندین بار فریب خوردن و اشتباه کردن، این بار نامداران کاوس کی را سرزنش می‌کنند. از او می‌خواهند مانند شاهان بیدار دل رفتار کند. او درمانده شده و به فکر فرو می‌رود. گودرز پهلوان به او می‌گوید که تنها نامدارانی که پیرو بد اندیشان هستند این‌گونه رفتار می‌کنند. کاوس کی پند پذیر نیست، شاید این بار به خود بیاید و بیشتر بیندیشد.

چنین داد پاسخ که از راستی — نباید بداد اندرون کاستی
همه داد گفتی و بیداد نیست — ز دام تو جان من آزاد نیست
بسیجید[1] و اندر عماری[2] نشست — پشیمانی و درد بودش به دست
ز شرم از در کاخ بیرون نرفت — همی پوست گفتی بر او بر بکفت[3]
همی ریخت با لابه[4] از دیده خون — همی خواست آمرزش از رهنمون
ز شرم دلیران منش کرد پست — خرام[5] و در بار دادن ببست
پشیمان شد و درد بگزید و رنج — نهاده ببخشید بسیار گنج
چو بگذشت یک چند گریان چنین — ببخشود بر وی جهان آفرین

کاوس در پاسخ سرزنش گودرز و نامداران چنین می‌گوید: «نباید راستی را نادیده گرفت. همه سخنانتان از روی داد است و بیداد نیست و جان من از آن رهایی ندارد.» آماده شد و در کجاوه نشست، پشیمان و دلش پر از درد. از شرم از کاخ بیرون نمی‌آمد، گوئی که از درد پوست بر تنش ترک می‌خورد. اشک می‌ریخت و از یزدان آمرزش می‌خواست. از شرم دلیران سرافکنده بود دیگر بار نمی‌داد و مردم را به حضور نمی‌پذیرفت. پشیمان بود و درد پشیمانی را به جان خریده و پنهانی گنج می‌بخشید. چندان گریست که جهان‌آفرین او را بخشید.

- کاوس کی پشیمان می‌شود، تنها می‌ماند و می‌اندیشد و اشتباه خود را می‌پذیرد. در برابر دلیران شرمگین می‌شود. باوجود اشتباه‌های بسیار او دیکتاتور نیست، پادشاه است. بخشیدن گنج‌ها نشانه‌ی دوری او از آز است.

---

۱ -بسیجید = آماده شد
۲ -عماری = کجاوه, تخت روان
۳ -بکفت = شکافته شد
۴ -لابه = مویه, زاری
۵ -خرام = راه رفتن با ناز

رزم پیلسم با ایرانیان (صفحه‌ی ۱۰۲)

چو پویی بر رستم نامور　　ابر[1] کین او بست خواهی کمر
نگه کن که در کار ریمن[2] بود　　بداندیش و خونریز و پر فن[3] بود
مگر دست یابی بدان نابکار　　کزاوی است این پیچش[4] کارزار

افراسیاب به پیلسم هم آورد رستم از لشکر توران می‌گوید: «به نزدیک رستم که رسیدی کمر بر کین او ببند. نگاه کن که او مکار است و بداندیش و هم خونریز و پر تجربه. شاید به او دست یابی زیرا جنگ برمحور او می‌چرخد.»

- افراسیاب رستم را چگونه می‌بیند؟ نیرنگ باز، زیرا فوت و فن جنگاوری را می‌داند. بداندیش، بداندیشی چون افراسیاب باید که رستم را مخالف اندیشه‌ی خود بداند. خونریز، خونریز در میدان جنگ با دشمن مهاجم. پر فن، زیرا او جنگاوری دلاور است.

۱- ابر = بر
۲ - ریمن = مکار,حیله گر
۳ - فن = تکنیک, هنر
٤ - پیچش = انحراف, پیچیدگی

گریختن افراسیاب از رزمگاه (صفحه‌ی ۱۰۳)

چنین است رسم سرای سپنج / یکی زو تن آسان و دیگر به رنج
جهان را چنین دست بازی بسی است / ز هر رنگ نیرنگ[۱] سازی بسی است
نه زو شاید ایمن شدن روز ناز / نه نومید گشتن به روز نیاز
برین و بر آن روز هم بگذرد / خردمند مردم چرا غم خورد

رسم و آئین سرای گذرا این است، یکی از او به رنج است و دیگری در آسایش. جهان چنین بازی‌ها و چنان نیرنگ‌ها بسیار دارد. نه به شادیش ایمن باید شد و نه به روز نیاز ناامید. هم روزهای شاد و هم روزهای نیاز می‌گذرد. وقتی گذراست خردمند چرا باید اندوهگین باشد.

- پند شیرین فردوسی بزرگ، رنج و آسایش، شادی و اندوه، بی‌نیازی و نیازمندی همه گذرا است. خردمند غم چیزی که جاودان نیست را چرا بخورد.

۱- نیرنگ = تزویر، افسون

داستان رستم و سهراب

داستان رستم و سهراب (صفحه‌ی ۱۰۳)

*۷۷

اگـر تنـد بـادی برآیـد ز کنـج / به خاک افکند با رسـیده تـرنج[1]
سـتم کـاره خـوانیمش ار دادگـر / هنرمند گوئیـمش ار بی هـنر
اگر مرگ داد است بیداد چیست / ز داد این همه بانگ و فریاد چیست
ازین راز جـان تـو آگـاه نیسـت / بدین پـرده انـدر تـو را راه نیسـت
همـه تـا در آز رفتـه فـــراز / به کس وا نشد این در آز باز
به رفتن مگر بهتر آیدت جای / چو آرام گیری به دیگر سرای
اگـر مرگ کـس را نـیو باردی[2] / ز پـیر و جـوان خـاک بسـپاردی
نخستین به دل مرگ بستایدی / دلیر و جـوان خـاک بـسپاردی
اگـــر آتشـــی گـاه افـروختن / بسوزد عجب نیست زو سوختن
بسوزد چو در سوزش آید درست / چو شاخی نو از بیخ کهنه برست
دم مرگ چون آتش هولناک / ندارد ز برنا و فرتوت باک
جوان را چه باید به گیتی طرب / که نی مرگ را هست پیری سبب
در این جای رفتن نه جای درنگ / بر اسب قضا گر کشد مرگ تنگ
چنان دان که داد است و بیداد نیست / چو داد آمدت بانگ و فریاد چیست
جوانـی و پـیری بـه نـزد اجـل / یکی دان چو در دین نخواهی خلل[3]
بر این کار یزدان تو را راز نیست / اگر دیو با جانت انباز نیست
به گیتی در آن کوش چون بگذری / سرانجام نیکی بر خود بری

۱- ترنج = بالنگ , ترنگترنج = بالنگ , ترنگ
۲ - باردی = بلعیدی , فرو بردی
۳ - خلل = آسیب , کوتاهی

اگر تند بادی بوزد، ترنج رسیده بر خاک می‌افتد. چه تند باد را ستم کاره بدانیم چه دادگر و چه او را هنرمند بدانیم یا بی‌هنر. اگر مرگ داد است، چرا آن را بیداد می‌دانیم و این همه دادوفریاد می‌کنیم. جان تو از این راز آگاه نیست و تو را به درون خیمه‌ی آن راه نیست. همه تا افزون‌خواهی و آز هم پیشرفته‌اند، اما این در به روی کسی باز نشد. شاید در سرای دیگر جای بهتری بیابی و آرام بگیری. اگر مرگ انسان را نمی‌بلعید، خاک و زمین زیر پای پیر و جوان لگد مال و نابود می‌شد. اگر آتشی هنگام افروختن می‌سوزد عجیب نیست، مانند شاخه‌ای است نو که از بن و ته شاخ کهنه می‌روید. دم مرگ، مانند آتش هولناکی است که از پیر و برنا باک ندارد. چرا جوان باید در جهان شاد باشد وقتی تنها پیری سبب مرگ نیست و مرگ همواره در کمین است. اگر مرگ سوار بر اسب قضا و قدر تو را به‌سوی خود بکشاند جای درنگ نیست.

این را بدان که مرگ داد است و بیداد نیست. حال که داد به سراغت می‌آید داد و فریادت برای چیست. اگر می‌خواهی در روش پاک تو خللی ایجاد نشود، بدان که پیر و جوان نزد مرگ یکسان‌اند.

اگر با دیوان هم اندیش نشوی خواهی فهمید که این کار یزدان، مرگ، برای تو راز نیست. تنها چون می‌گذری و از جهان گذرا می‌روی، کوشش کن که با خود نیکی ببری.

- پند بزرگ و شیرین فردوسی بزرگوار در کشته شدن سهراب: «مرگ داد است نه بیداد، پیر و جوان نمی‌شناسد، اگر مرگ نبود هستی به دست پیران و جوانانی که روز به روز افزون می‌شدند، نابود می‌شد. کهنه‌ها می‌روند تا شاخ‌های نورسته بیایند. حال که مرگ داد است، شیون و فریاد چرا. وقتی ماندنی نیستیم بهتر است با خود نیکی ببریم.» بنا بر گفته‌ی حکیم سخن در مرگ به روی کسی باز نیست اما راز هم نیست. آتشی است هولناک که بر جان همه می‌افتد، اما داد است. همه با مرگ زاده می‌شویم و از آن گریزی نداریم. تنها کار بایسته و شایسته بردن نام نیک و به جا گذاشتن نیکی از خود است.

رفتن رستم به شکار و رسیدن نزد شاه سمنگان (صفحه‌ی ۱۰۲)

به پشت اندر آورد زین ولگام[۱] همی‌گفت با خود یل نیکنام
چنین است رسم سرای درشت گهی پشت زین و گهی زین به پشت

رستم زین و لگام را بر پشت گرفت. پهلوان نیکنام با خود گفت: «این است رسم و آئین جهان سخت و نامهربان، گاهی بر زین می‌نشاندت و گاهی زین را بر پشت تو قرار می‌دهد.»

- زبانزد[۲] «گهی پشت به زین و گهی زین به پشت» همین است. فراز و نشیب‌های زندگی.

آمدن رستم نزد کاوس و خشم کاوس بر رستم (صفحه‌ی ۱۰۹)

تهمتن برآشفت با شهریار که چندین مدار آتش اندر کنار
چه کاوس پیشم چه یک مشت خاک چرا دارم از خشم کاوس باک
مرا زور و پیروزی از داور است نه از پادشاه و نه از لشکر است

تهمتن از گفتار کاوس خشمگین شد و گفت که تند نشو. چه کاوس و چه یک مشت خاک، من از خشم کاوس نمی‌هراسم. زور و پیروزی من از داور، از یزدان است نه از شاه و لشکر.

- کاوس از دیر آمدن رستم آشفته شده و به او توهین می‌کند. رستم این را برنمی‌تابد. انسان درست کار و خردمند و آگاه، چون می‌داند که چه می‌کند پس هراس از هیچکس ندارد زیرا یزدان را پشتیبان خود می‌داند و بس.

۱- لگام = دهنه ی اسب , افسار
۲ - زبانزد = ضرب المثل

کسـی را که جنـگی چو رستـم بود | بـیازارد او را خـرد کم بود
خـرد بایـد انـدر سر شهـریار | که تیـزی و تندی نیاید به کار
چـو بشـنید گفـتار گـودرز شـاه | بدانست کو دارد آئیـن و راه
به گودرز گفت این سخن در خور است | لب پیر با پند نیکوتر است

پهلوان گودرز نزد کی کاوس رفته و می‌گوید: «کسی که دلاوری چون رستم دارد، آزردن او کم خردی است. شهریار باید خردمند باشد و بداند که تیزی و تندی و خشم به کار نمی‌آید.» هنگامی که کاوس شاه گفتار گودرز را شنید فهمید که او راه و آئین درست دارد. به گودرز گفت که سخنانت شایسته و درست است. مرد پیر پند بدهد نیکوتر است تا تندی کند.

- کاوس شاه باوجود اشتباه‌های پی‌درپی، گوش شنوا دارد. هر بار اشتباه خود را می‌پذیرد. این منش اوست. چرا رستم در برابر کاوس شاه کوتاه نمی‌آید؟ باوجود فرمانبری از او به عنوان پهلوان چرا به تندی پاسخ توهین او را می‌دهد؟ «چه کاوس پیشم چه یک مشت خاک.» پهلوانی درستکار و زورمند که برباور و آئین و کیش درست خود پایبند است. او خود را کهتر و شاه را مهتر می‌داند؛ اما کدام شاه؟ او، مرد آزاده‌ای که نه دل در گرو گنج دارد نه تخت، نه دارای آز است و نه رشک، به بند کسی در نمی‌آید. ترس نمی‌شناسد. زمین فرش او و آسمان سقف اوست.

تهمتن چنین پاسخ آورد باز	که هستم ز کاوس کی بی‌نیاز
مرا تخت زین باشد و تاج ترگ	قبا جوشن[1] و دل نهاده به مرگ

تهمتن چنین پاسخ می‌دهد که من نیازی به کاوس شاه ندارم. تخت من زین است، تاجم کلاه خود و قبایم زره. من دل به مرگ نهاده‌ام.

- پهلوانان برای برگرداندن رستم راهی می‌شوند و کوشش می‌کنند دلش را نرم سازند. او مردی آزاده است، می‌گوید زین تخت من، کلاه خود تاج من وزره لباس من است و دل به مرگ نهاده‌ام. هنگامی که انسان خود، درستکار و راستکار است وهم درستی و راستی را می‌پراکند، چگونه می‌تواند زور بشنود و تندی و تیزی را تاب بیاورد.

---

۱ - جوشن = زره آستین کوتاه

چو از دور شه دید بر پای خاست — بسی پوزش اندرگذشته بخواست
که تندی مرا گوهر است و سرشت — چنان رست باید که یزدان بکشت
چو آزرده گشتـی تو ای پیـلتن — پشیمـان شـدم خـاکم انـدر دهـن
بدو گفت رستم که کیهان تو راست — همه کهترانیم و فرمان تو راست

هنگامی که کاوس شاه رستم را می‌بیند برخاسته و از او پوزش بسیار می‌خواهد. می‌گوید تندخوئی سرشت من است و این را یزدان در من نهاده. آزردگی تو پشیمانم کرد، خاک در دهانم باشد. رستم به او گفت که تو پادشاه جهانی و ما کهتران به‌فرمان توئیم.

- کاوس شاه از تندی کردن به رستم پشیمان می‌شود او به خلق و خوی تند خودآگاه است. از رستم پوزش بسیار می‌خواهد و تهمتن می‌پذیرد. می‌گوید «خاک در دهانم باد.» با این‌که مهتر جای خود و کهتر هم جایگاه خود را دارد اما می‌بینیم که شاهنشاه پوزش خواه پهلوان خود می‌شود. شاه دادگر با دیکتاتور توفیر دارد. سپس رستم خود را کهتر او می‌خواند. همان رستم که گفته بود: «چه کاوس پیشم چه یک مشت خاک.» نه کار کاوس نامش پست کردن خود و نه کار رستم نامش گذشت است. پذیرفتن تقصیر از سوی شاه و بازگشت دوباره‌ی رستم، پهلوان شاه به کهتری. درسی است زیبا و خردمندانه. سام یل نیز هنگامی که زال را بر می‌گرداند خود را بی دانش و کم خرد می‌خواند و از زال دلجوئی می‌کند. انسان‌های بزرگ شهامت پذیرفتن گناه خود را دارند و هم این‌که برای بهبود رنجشی که پدید آورده‌اند، تلاش می‌کنند.

لشکر کشیدن کاوس با رستم به جنگ سهراب (صفحه‌ی ۱۱۰)

به هومان چنین گفت سهراب گرد — که اندیشه از دل بباید سترد
نبینی تو زین لشکر بیکران — یکی مرد جنگی و گرز گران
که پیش من آید به آوردگاه — گر ایدون که یاری دهد هور و ماه
سلیح است و بسیار مردم بسی — سرافراز و جنگی ندانم کسی
کنون من به بخت شه افراسیاب — کنم دشت را همچو دریای آب
به تنگی نداد ایچ سهراب دل — فرود آمد از باره شاداب دل
یکی جام می‌خواست از می گسار — نکرد ایچ رنجه دل از کار زار

سهراب دلاور به هومان گفت که باید نگرانی را از خود دور کنی. تو در این لشکر یک مرد جنگی با گرز گران نمی‌بینی که حتی اگر خورشید و ماه به یارش بشتابند هم آورد من در میدان جنگ باشد. لشکریان بسیارند و سلاح زیادی دارند اما در میان آن‌ها یک مرد جنگ نمی‌بینم. اکنون من به بخت شاه افراسیاب دشت را مانند دریا می‌کنم. سهراب نگرانی به دل راه نداد و شادمان از دیوار دژ پایین آمد و جام می‌خواست و هیچ اندیشه‌ای از کارزار به دل راه نداد.

- سهراب جوان است، دلاور و مغرور. در میان لشکر ایران حتی یک نفر را هم آورد خود نمی‌بیند و با خیال راحت به می‌خواری می‌پردازد. در اینجا تفاوت فریدون و سهراب به‌خوبی آشکار می‌شود. فریدون برقرارکننده‌ی راستی و درستی. سهراب دلاور هست اما آرمانش بافریدون توفیر دارد. او آمده تا ایران را بگیرد و به بخت افراسیاب دشت را مانند دریای خون کند. رستم برپاکننده‌ی راستی و درستی و فرهنگ ایران و پسرش به دنبال چیره شدن بر این فرهنگ است. او به دنبال تخت و تاج است نه برقراری داد، درحالی‌که فریدون در پی از بین بردن سر همه‌ی بدی‌ها ضحاک بود و برقراری دادگری و راستی.

پرسیدن سهراب نام سرداران ایران را از هجیر (صفحه‌ی ۱۱۱)

همی نام جست از دهان هجیر	مگر کان سخن‌ها شود دلپذیر
نبشته به سر بر دگرگونه بود	ز فرمان نکاهد نه هرگز فزود
قضا چون ز گردون فرو هشت[1] پر	همه زیرکان کور گردند و کر

سهراب به دنبال شنیدن نام دلاوران لشکر ایران از دهان هجیربود. شاید نام پدرش، رستم را بشنود، اما سرنوشت به‌گونه‌ای دیگر رقم خورده بود. از قضا و قدر چیزی کم نمی‌شود و چیزی هم بر آن افزوده نمی‌شود. هنگامی که سرنوشت از چرخ گردون بر کسی وارد می‌شود، زیرکان هم کور و کر می‌شوند.

- هجیر پسر قارن نوه‌ی کاوه آهنگر است که در دژ سپید دربند سهراب گرفتار شده است. سهراب با نشانه‌هایی که از رستم می‌داند و از مادر شنیده است، امید دارد که هجیر او را به سهراب نشان دهد که چنین نمی‌شود. فردوسی بزرگ دراین‌باره می‌گوید که سرنوشت را نمی‌توان کم و زیاد کرد یا تغییر داد. هنگامی که کاری بر اساس قضا و قدر انجام می‌گیرد زیرکان هم دهانشان بسته می‌شود و چشمشان نمی‌بیند. اگر سهراب رستم را می‌شناخت چه می‌شد؟ رستم که با همه مدارا کردن‌ها از مرام پهلوانی دست نمی‌کشید و از آئین راستی و درستی و دادگری نمی‌گذشت. از رستم مداراها دیده‌ایم اما آیا سهراب از نبرد دست می‌کشید؟ و زیر فرمان پدر در می‌آمد؟

۱- فرو هشتن = انداختن , پائین انداختن

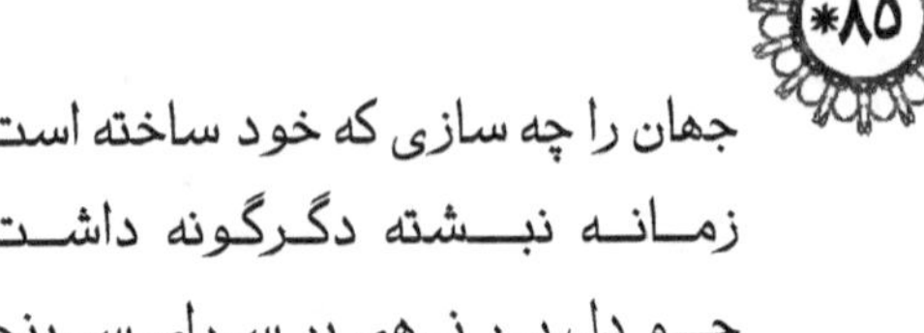

جهان را چه سازی که خود ساخته است / جهان دار از این کار پرداخته است
زمـانـه نبـشته دگرگونه داشـت / چنـان کـو گـذارد ببـاید گـذاشت
چـو دل بـر نـهی بر سـرای سـپنج / هـمه زهـر زو بیـنی و درد و رنج

جهان دار است که جهان را ساخته، تو چگونه می‌توانی آن را بسازی. سرنوشت جور دیگری نوشته شده بود، آن‌گونه که نوشته شده پیش می‌رود. اگر دل بر مهر جهان گذرا بسپری بهره‌ای جز زهر و درد و رنج نمی‌بری.

- گاهی در برابر رویدادها نمی‌توانی بایستی. تنها باید بپذیری و دل به این جهان گذرا نبندی زیرا باید بار سفر ببندی. دل بستن به زرق و برق گیتی و پرورش امیدهای واهی در دل، خون به دل می‌نشاند.

نبینی که موبد به خسرو چه گفت / بدان گه که بگشاد راز از نهفت
سخن گفت ناگفته چون گوهر است / کجا نابسوده به بند اندر است
چو از بنـد و پـیوند یابـد رهـا / درخشنده مهـری بود بـی بها

ندیدی موبد دانا به شاه چه گفت زمانی که راز را آشکار کرد؟ سخن ناگفته مانند گوهر است زیرا دربند است و ناسفته. هنگامی که از بند درمی‌آید مهره‌ی درخشانی بی بهاست.

- سهراب از هجیر می‌خواهد که رستم را به او نشان دهد. می‌گوید اگر تهمتن را به من نشان دهی تو را از گنج در جهان بی‌نیاز می‌کنم و گرنه سرت را از دست می‌دهی. هجیر از بیم کشته شدن رستم، او را پنهان می‌دارد و در میان لشکر به سهراب نشانش نمی‌دهد. گوئی همه‌ی رویدادها پی‌درپی در کارند که رستم و سهراب یکدیگر را نشناسند.

چنین گفت موبد که مرده به نام
به از زنده دشمن بدو شادکام

اگر من شوم کشته بر دست اوی
نگردد سیه روز و خون آب جوی

چو من هست گودرز را سالخورد
دگر پور هفتاد و شش شیر مرد

چو گودرز و هشتاد پور گزین
همه نامداران با آفرین

نباشد به ایران تن من مباد
چنین دارم از موبد پاک یاد

که گر باشد اندر چمن بیخ سرو
سزد گر گیا را نبوید تذرو

موبد چنین گفت که اگر مرده باشی اما نامور، بهتر از آن است که زنده باشی و دشمن را شاد کنی. اگر من به دست او کشته شوم روزمان سیاه نمی‌شود و رود خون جاری نمی‌شود. من و گودرز سالخورده‌ایم. من هفتاد و شش پسر شیرمرد دارم و گودرز هشتاد پسر برگزیده و نامور.

همه نامدار و شایسته هستند. اگر من نباشم آن‌ها هستند. اگر ایران نباشد من هم زنده نباشم. از موبد پاک آموخته‌ام که اگر در چمن بیخ و بن سرو بروید، سزاوار نیست که قرقاول گیاهان هرزه را ببوید.

- هجیر با خود می‌اندیشد که اگر سهراب او را بکشد بهتر است تا رستم به دست سهراب کشته شود. او خود را گیا و رستم را ریشه‌ی سرو می‌نامد. پهلوانان ایران بیش از هر چیز به فکر نگهداری و پاسداری از تخت و تاج پادشاهی هستند. به‌خوبی می‌دانند که از دادگری و بخشش شاهان جهان آباد است و مردم در آسایش. به همین دلیل نگهداری و پاسداری از ایران آرمان آنهاست. به دنبال نمایش قدرت و جاه‌طلبی نیستند. هجیر در دست سهراب اسیر است. برای آسیب نرسیدن به رستم رازش را فاش نمی‌کند. او نمی‌داند سهراب پسر رستم است.

تاختن سهراب بر لشکر کاوس (صفحه‌ی ۱۱۳)

به دل گفت این رزم اهرمن است   نه این رستخیز[۱] از پی یک تن است

به دل گفت این جنگ اهریمن است. این رستاخیز تنها رویارویی دو تن نیست.

- گفتگوی درونی رستم پهلوان با خودش، پس از دیدن سهراب. این نبرد بین دو تن نیست. این جنگ تن‌به‌تن اگر یک سویش اهریمن است پس سوی دیگرش پدافند[۲] از راستی و درستی است. برخی سرودهای شاهنامه در درون رازی دارند که باید با گوش جان دید و شنید و درک کرد، مانند این سرود. رستم نبرد خود با سهراب را نبرد اهریمنی می‌نامد. رستم یل، تهمتن پهلوان جز در راه دادگری و راستی و آبادانی جهان نمی‌اندیشد و عمل نمی‌کند. کاری که رستم را گوهر یک‌دانه‌ی جهان کرده است.

---

۱ - رستخیز = روز شمار , قیامت
۲ - پدافند = دفاع

رزم رستم با سهراب (صفحه‌ی ۱۱۳)

جهانا شگفتی ز کردار توست / شکسته هم از تو هم از تو درست
از این دو یکی را نجنبید مهر / خرد دور بد مهرننمود چهر
همی بچه را باز داند ستور[۱] / چه ماهی به دریا چه در دشت گور
نداند همی مردم از رنج و آز / یکی دشمنی را ز فرزند باز

ای جهان؛ شگفت از کردار تو که هم ناتمام وهم تمام از توست. رستم و سهراب هیچکدام دلشان به مهر هم از جای نجنبید. خرد از آن‌ها دور شده بود و مهر و محبت چهره‌ی خود را به آن‌ها نشان نداد. حتی ستور و ماهیان دریا و گورهای دشت بچه‌های خود را می‌شناسند. به دو دلیل مردم دشمن را از فرزند باز نمی‌شناسند: یکی رنج و دیگری آز.

- رستم و سهراب به جنگ تن‌به‌تن، روی می‌آورند. آن‌ها یکدیگر را نمی‌شناسند. به دیدگاه فردوسی بزرگ آز و رنج دررستم و سهراب، نمی‌گذارد چشم خردشان باز شود و مهر پدر و فرزند آشکار گردد. رستم نمی‌تواند اجازه دهد که بدی بر نیکی پیروز شود. سخن از ایران است و او پهلوانی که نگه‌دارنده‌ی شکوه و نیکی ایران است. از سوی دیگر سهراب جوان و آزمند که جویای نام است و تخت پادشاهی ایران.

۱- ستور = چارپا , بارکش

بازگشتن رستم و سهراب به لشکرگاه (صفحه‌ی ۱۱۴)

چو فردا بیاید به دشت نبرد / به کشتی همی بایدم چاره کرد
بکوشم ندانم که پیروز کیست / ببینیم تا رأی یزدان به چیست
کز اوی است پیروزی و دستگاه[1] / هم او آفریننده‌ی هور و ماه
بدو گفت کاوس یزدان پاک / تن بد سگالان کند چاک چاک

رستم به کاوس شاه گفت: «فردا دردشت نبرد باید درکشتی پیروز شوم. کوشش می‌کنم نمی‌دانم کدام یک پیروز می‌شویم، تا ببینیم اراده یزدان بر پیروزی کیست. اوست که پیروزی را سامان می‌بخشد، او آفریننده‌ی خورشید و ماه.» کاوس گفت که یزدان پاک تن بداندیشان را پاره پاره می‌کند.

- تهمتن مانند همیشه پیروزی خود را از یزدان پاک می‌داند. او زور و بازوی سهراب را تجربه کرده و گمان می‌برد شاید شکست بخورد. کاوس شاه می‌گوید سرانجام شکست از آن بداندیشان است.

۱ -دستگاه = سامان , سیستم

اگر سال گردد فزون از هزار / همین است راه و همین است کار
نگه کن به جمشید شاه بلند / همان نیز تهمورس دیو بند
به گیتی چو ایشان نبد شهریار / سر انجام رفتند زی کردگار
چو گیتی بر ایشان نماند و بگشت / مرا نیز بر ره بباید گذشت
همه مرگ رائیم پیر و جوان / به گیتی نماند کسی جاودان

رستم به برادرش زواره می‌گوید: «اگر هزار سال هم بگذرد سر آخر رفتن است و کاری نمی‌توان کرد. جمشید شاه بزرگ، تهمورس دیوبند که بی همتا بودند سر انجام از دنیا رفتند. جهان برای آن‌ها نماند برای من هم نمی‌ماند. من هم باید از این راه بگذرم. پیر و جوان شکار مرگ می‌شویم. هیچ‌کس در جهان جاودانه نیست.»

- رستم گمان می‌کند شاید به دست سهراب کشته شود. با این حال می‌داند که باید برود و بایسته است که درفش کاویان بر پا بماند. فریدون برپائی داد و راستی، کشتن تور و سلم به خونخواهی ایرج را برتر از پیوند خویشی می‌داند. رستم، پهلوان بزرگ ایران نیز برای برقراری نیکی و راستی آماده‌ی جان فشانی است او نمی‌داند به نبرد پسرش می‌رود اما آیا اگر می‌دانست و اگر سهراب به جنگ با ایران در لشکر افراسیاب پایورزی می‌کرد، آیا برای رستم پهلوان راه دیگری وجود داشت؟ با همه‌ی رنجی که آیا نبرد درپی داشت.

کشتی گرفتن رستم با سهراب (صفحه‌ی ۱۱۴)

چو خورشید رخشان بگسترد پر — سیه زاغ پران فرو برد سر
تهمتن بپوشید ببر بیان — نشست از بر اژدهای دمان[1]
بیامد بدان دشت آوردگاه — نهاده ز آهن به سر بر کلاه
همه تلخی از بهر بیشی بود — مبادا که با آز خویشی بود

هنگامی که خورشید پر درخشان خود را گشود و شب، زاغ سیاه سر درپر خود فرو برد، تهمتن لباس جنگش، ببر بیان را پوشید و بر رخش که مانند اژدهایی خشمگین بود نشست و درحالی‌که کلاه خود به سر داشت به میدان جنگ آمد. همه تلخی و رنج از افزون‌خواهی است. هرگز مباد کسی با آز خویشی کند.

- افزون‌خواهی سهراب، رستم و خود او را در رنج انداخت. رستم تنها به‌درستی و راستی می‌اندیشد و بدسگالی را برنمی‌تابد. دیو آز چگونه دل را سیاه و چشم خرد را کور می‌کند. بداندیشی و رفتارهای زشت انسان‌های آزمند شبیه هم هستند.

یکی نعره بر زد پر از خشم و کین — بزد رستم شیر را بر زمین
نشست از بر سینه‌ی پیلتن — پر از خاک چنگال و روی و دهن
به کردار شیری که بر گور نر — زند دست و گور اندر آید به سر
یکی خنجر آبگون[2] برکشید — همی‌خواست از تن سرش را برید
نگه کرد رستم به آواز گفت — که این راز باید گشاد از نهفت
به سهراب گفت ای یل شیرگیر — کمندافکن و گرز و شمشیر گیر
دگرگونه تر باشد آئین ما — جز این باشد آرایش دین ما
کسی کو به کشتی نبرد آورد — سر مهتری زیر گرد آورد

---

۱ -دمان = خروشان , غرنده
۲- آبگون = صاف و روشن , رنگ آب

نخستین که پشتش نهد بر زمین — نبرد سرش گر چه باشد به کین
اگر بار دیگرش زیر آورد — به افکندنش نام شیر آورد
روا باشد از سر کند زو جدا — بدین گونه بر پا شد آئین ما
بدین چاره از چنگ نر اژدها — همی‌خواست یابد ز کشتن رها
دلیر جوان سر به گفتار پیر — بداد و نبود آن سخن جایگیر[1]
یکی از دلیـری دوم از زمـان[2] — سوم از جوانمردیش بی‌گمان

سهراب نعره‌ای پر از خشم و کین زد و رستم شیر را نقش زمین کرد. بر سینه‌ی پیلتن نشست درحالی‌که صورت و دهان و چنگش پر از خاک بود؛ مانند شیر نری که گوری را به چنگ آورده باشد. خنجری درخشان کشید و خواست سر از تن تهمتن جدا کند. رستم به او نگاه کرد و گفت «رازی است که تو باید بدانی. ای یل شیرگیر کمندافکن که دارای گرز و شمشیری. آئین و روش ما به‌گونه‌ای دیگر است. اگر کسی نخستین بار پشت مهتری را به خاک برساند نباید سر از تنش جدا کند حتی به کین. مگر بار دیگر او را به زیر افکند و هنگام افکندن نام شیر بیاورد. آن هنگام می‌تواند سرش را جدا کند این آئین ماست.» رستم می‌خواست به این روش از چنگ سهراب رهایی یابد. دلیر جوان به سخنان او دل داد درحالی که این سخن پذیرفته نبود. او به سه دلیل دل به سخن رستم داد نخست دلیری دوم پیری رستم و سوم بی‌گمان از جوانمردیش بود که پذیرفت.

- در نبرد رستم و سهراب پیچیدگی بسیاری دیده می‌شود. رستم نیرنگ بکار می‌برد تا ایران به چنگ افراسیاب نیفتد. سهراب نیرنگ را می‌پذیرد و این نشان دهنده‌ی جوانمردی و رشادت اوست. ما به عنوان خواننده کشته شدن هیچ یک را نمی‌خواهیم. سهراب، جوان و زیاده خواه هست و از سوئی دشمن. رستم چاره‌ای جز برقراری داد ندارد. فریدون برای برقراری داد پسرانش تور و سلم را کشته خواست. داد گری و درستی در جهان بالاتر از هر چیز است و رستم پایبند به چنین آئینی.

---

۱ - جایگیر = پذیرفته , درست
۲ -زمان = پیری , عمر

چنین گفت کهای رسته از چنگ شیر | چـرا آمــدی بــاز نــزدم دلــیر
چـرا آمـدی بــاز پــیشم بـگوی | سوی راستی خـود نـداری تـو روی
همانا که از جـان تو سیر آمدی | که در جنـگ شیـران دلـیر آمدی
دوبــارت امــان دارم از کارزار | به پیریت بخشیدم ای نامدار
چنین داد پاسخ بدو پیلتن | کهای نامور گرد لشکر شکن
نگویند زینگونه مردان مرد | همانا جوانی تو را غره[1] کرد
ببیــنی کزیــن پیــرمــرد دلــیر | چه آید به روی تو ای نره شیر
هر آنگه که خشم آورد بخت شوم | شود سنگ خارا به کردار موم

سهراب به رستم گفت: «ای کسی که از چنگ شیر رستهای چرا باز دلیرانه نزد من آمدی؟ بگو چرا باز پیش من آمدی؟ چرا کار درست را انجام ندادی. مگر از جانت سیر شدهای که با رشادت به جنگ شیر آمدهای. دوباره تو را از جنگ امان میدهم. ای نامدار تو را به پیریت بخشیدم.»

تهمتن پاسخ داد: «جوانی تو را مغرور کرده. پهلوان نامدار لشکر شکن، مردان مرد اینگونه سخن نمیگویند. حال میبینی که از این پیرمرد دلاور چه برسر تو ای نره شیر خواهد آمد. زمانی که بخت بد به خشم درآید سنگ خارا به موم تبدیل میشود.»

- گفتگوی سهراب و رستم، مردی جوان و جوانمرد که نمیخواهد با رستم بجنگد و پهلوانی دلیر و با تجربه که خامی سهراب را به چشم میبیند و پندش میدهد که گاهی سنگ خارا هم که باشی چرخ گردان به مومی تبدیلت میکند.

۱- غره = مغرور , فخرفروش

کشته شدن سهراب به دست رستم (صفحه‌ی ۱۱۵)

هر آنگه که تو تشنه گشتی به خون	بیالودی این خنجر آبگون
زمانه به خون تو تشنه شود	بر اندام تو مویی دشنه شود

زمانی که تشنه‌ی خون می‌شوی و خنجر آبگونت را به خون می‌آلایی، زمانه به خون تو تشنه می‌شود و مویی بر اندامت مانند دشنه.

- رستم خنجر را در پهلوی سهراب فرو می‌برد. او نمی‌داند که با این کار از زندگی سیر می‌شود و درد و رنج فراوانی به جانش می‌افتد.

بپیچید سهراب و پس آه کرد	ز نیک و بداندیشه کوتاه کرد
بدو گفت کین بر من از من رسید	زمانه به دست تو دادم کلید
تو زین بی‌گناهی که این گوژپشت[1]	مرا برکشید و بزودی بکشت

سهراب از درد به خود پیچید و آه کشید. به نیک و بد کار خود اندیشید. به رستم گفت این درد از خودم به من رسید. کلید را به دست تو سپردم. تو گناهی نداری. این روزگار مرا کشت و در کام خود کشید.

- سهراب می‌اندیشد که خود به دست خود شانس پیروزی را به رستم داده و او را بی‌گناه می‌داند. نیرنگ افراسیاب در این نبرد به ثمر می‌نشیند. دشمن دیرینه ایرانیان و به‌ویژه رستم، می‌دانست که در این میدان رزم یا رستم کشته می‌شود که آرزوی او بود و یا سهراب که در آن صورت رستم تا زنده است از کشتن فرزند رنج می‌کشد.

۱- گوژپشت = در اینجا چرخ گردون

بدو گفت گودرز کاکنون چه سود   گر از روی گیتی بر آری تو دود
تو بر خویشتن گر کنی صد گزند   چه آسانی آید بدان ارجمند
اگر مانده باشد مر او را زمان   بماند به گیتی تو با او بمان
و گر زین جهان آن جوان رفتنی است   نگه کن به گیتی که جاوید کیست
شکاریم یکسر همه پیش مرگ   سر زیر تاج و سر زیر ترگ
چو آیدش هنگام بیرون کنند   و زان پس ندانیم تا چون کنند
دراز است راهش و گر کوته است   پراکنـدگانیم اگـر همـره است
ز مرگ ای سپهبد بی اندوه کیست   همی خویشتن را بباید گریست

گودرز به رستم گفت: «چه سودی دارد حتی اگر از جهان دود بر آوری. اگر صد گزند به خود برسانی آن گران‌مایه بهبود نمی‌یابد. اگر زمان داشته باشد در جهان می‌ماند و تو هم در کنارش خواهی بود و اگر این جوان رفتنی باشد بدان که در جهان هیچ‌کس جاودان نیست. همه شکار مرگ می‌شویم چه بر سر تاج داشته باشیم چه کلاه خود. هر آمدنی رفتن در پی دارد و از آن پس هم نمی‌دانیم چه می‌شود. چه راه دراز باشد چه کوتاه، همراه هم که باشیم پراکنده می‌شویم. ای سپهبد! کسی نیست که اندوه مرگ نداشته باشد برای خود نیز باید گریست.»

- رستم بسیار اندوهگین است و گودرز به او پند می‌دهد به او یادآور می‌شود که مرگ در کمین همه‌ی ماست و هر که باشیم زیردست و مهتر، پیر و جوان شکار مرگ می‌شویم واین اندوه بار است اما اجتناب ناپذیر.

زاری کردن رستم بر سهراب (صفحه‌ی ۱۱۷)

زبان بـزرگان پـر از پـند بـود — تهمتن به درد از جگر بند بود
چنین است کردار چرخ بلند — به دستی کلاه و به دیگر کمند
چو شادان نشیند کسی با کلاه — به خم کمندش رباید ز گاه
چرا مهر باید همی بر جهان — چو باید خرامید با همرهان
یکـی دایـره آمـده چـنبری [۱] — فراوان در این دایره داوری
نه هر پادشاه و نه هر بنده را — شناسد نه نادان نه داننده را
جهان سرگذشت است از هر کسی — چنین گونه گون بازی آرد بسی
چو اندیشه‌ی بود [۲] گردد دراز — همی گشت باید سوی خاک باز
اگر چرخ را هست از این آگهی — همانا که گشته است مغزش تهی
چنان دان کزین گردش آگاه نیست — به چون وچرا سوی او راه نیست
ندانیم فرجام این کار چیست — بدین رفتن اکنون نباید گریست

زبان بزرگان پر از پند بود اما جگر رستم پر از درد. چرخ بلند این‌گونه است. دستی به کلاه دارد و دستی به کمند. اگر کسی تاج به سر داشته و شاد باشد با کمند او را از تخت به زیر می‌کشد. چرا باید به جهان مهر داشت وقتی با تمام همراهان باید از جهان رفت. چرخ خمیده و گردان پر از داوری وجدل است. نه شاه و بنده می‌شناسد نه دانا و نادان. جهان بر سرهر کسی سرگذشت و بازی‌ای درمی‌آورد. عمر دراز هم که داشته باشی باید به‌سوی خاک بازگردی. اگر چرخ از این رفتن به‌سوی خاک آگاه است پس تهی‌مغزاست. این را بدان که چرخ از این رفت وآمد آگاه نیست. پس نمی‌توان به او چون و چرا گفت. نمی‌دانیم آخر کار چه می‌شود پس برای رفتن نباید گریست.

- اندرز فردوسی بزرگ :اگر چرخ گردان مرگ را می‌شناخت با تهی‌مغزی کار بیهوده نمی‌کرد. او از گردش و آمد و شد خود بی خبر است مانند ماهی از دنیای آب. همه‌ی ما به‌سوی خاک می‌رویم. ما نیز از دنیای پس از مرگ آگاه نیستیم پس گریستن برای چه. تنها اندیشه‌ای که از درد مرگ می‌کاهد خوب زیستن و راستی و درستی برگزیدن است که هم آرامش‌بخش است و هم از ما نام نیک بر جای می‌گذارد.

---

۱ -چنبری = خمیده , منحنی
۲ -بود= هستی , بودن

به رستم چنین گفت کاوس کی
که از کوه البرز تا برگ نی
همی برد خواهد به گردش سپهر
نباید فکندن بدین خاک مهر
یکی زود سازد یکی دیرتر
سرانجام بر مرگ باشد گذر
دل و جان بدین رفته خرسند کن
همه گوش سوی خردمند کن
اگر آسمان بر زمین برزنی
و گر آتش اندر جهان در زنی
نیابی همه رفته را باز جای
روانش کهن دان به دیگر سرای

کاوس کی به رستم گفت: «از کوه البرز تا برگ نی همه شکار سپهر گردانند. به این جهان نباید مهر داشت. دیر یا زود همه از سرزمین مرگ می‌گذرند. گوش به سخن خردمندان بسپار و دل‌وجانت را به مهر این رفته خرسند کن. اگر آسمان و زمین را بر هم زنی یا آتش در جهان بیفکنی، آن رفته بازنمی‌گردد. روان او درسرای دیگرجای گرفته است.»

- کاوس کی به رستم چنین پند و دلداری می‌دهد که هر آمدنی رفتن در پیش دارد که به هیچ روی بازگشتن ندارد. خردمندانه باید پذیرفت مرگ را.

بازگشتن رستم به زابلستان (صفحه‌ی ۱۱۷)

به آخر شکیبایی آورد پیش
که جز آن نمی‌دید هنجار[۱] خویش
جهان را بسی هست زانسان به یاد
بسی داغ بر جان هر کس نهاد
کرا در جهان هست هوش و خرد
کجا او فریب زمانه خورد

سر آخر رستم شکیبایی پیشه کرد که جز پذیرفتن آن راه درست، چاره‌ای نداشت. جهان از این درد نشانه بسیار دارد و داغ بسیار بر جان مردم نهاده است. هر که در جهان هوش و خرد دارد فریب زمانه را نمی‌خورد.

- پس ازهرداغی زمانی که می‌گذرد، انسان خردمند جز پذیرفتن و شکیبا بودن راهی نمی‌یابد.

---

[۱]- هنجار = راه درست , راه روشن

آگاهی یافتن مادر سهراب از کشته شدن پسرش (صفحه‌ی ۱۱۸)

چنین است رسم سرای کهن	سرش هیچ پیدا نبینی ز بن
به تو داد یک روز نوبت پدر	سزد گر تو را نوبت آید به سر
چنین است و رازش نیامد پدید	نیابی به خیره چه جوئی کلید
در بسته را کس نداند گشاد	بدان رنج عمر تو گردد به باد
دل اندر سرای سپنجی مبند	سپنجی نباشد بسی سودمند

رسم سرای کهن این چنین است. سر و ته ندارد. روزی پدر به تو زندگی می‌بخشد و روزی نوبتت به سر می‌آید. این چنین است و راز او پدیدار نمی‌شود. چرا بیهوده به دنبال کلید هستی. این در بسته را کسی نمی‌تواند باز کند و با این رنجی که می‌بری عمرت را به باد می‌دهی. دل در سرای گذرا نبند زیرا هیچ‌چیز ناپایداری، سودمند نیست.

- در همه‌ی پندهای فردوسی بزرگ، دل نبستن به این جهان ناپایدار وجود دارد که درمان تمام دردها ست.

گذر سیاوش از آتش
چنین گفت موبد به شاه جهان
که درد سپهبد نماند نهان
ز هر در سخن چون بدین گونه گشت
بر آتش یکی را بباید گذشت
چنین است سوگند چرخ بلند
که بر بی گناهان نیاید گزند
به پور جوان گفت شاه زمین
که رأیت چه بیند کنون اندرین
سیاوش چنین گفت کای شهریار
که دوزخ مرا زین سخن گشت خوار
سر پر ز شرم و بهایی مراست
گر بی گناهم رهایی مراست
ور ایدونک زین کار هستم گناه
جهان آفرینم ندارد نگاه
به نیروی یزدان نیکی دهش
کز این کوه آتش نیابم تپش
خروشی برآمد ز دشت و ز شهر
غم آمد جهان را از آن کار بهر
سیاوش سیه را به تندی بتاخت
نشد تنگدل جنگ آتش بساخت
ز هر سو زبانه همی برکشید
کسی خود و اسب سیاوش ندید
یکی دشت با دیدگان پر ز خون
که او تا کی آید ز آتش برون

سیاوش

داستان سیاوش — آغاز داستان (صفحه‌ی ۱۱۸)

سخن چون برابر شود با خرد   روان سراینده رامش برد

کسی را که اندیشه ناخوش بود   بدان ناخوشی رأی او کش[1] بود

همی خویشتن را چلیپا[2] کند   به پیش خردمند رسوا کند

ولیکن نبیند کس آهوی[3] خویش   ترا روشن آید همه خوی[4] خویش

اگر داد باید که ماند به‌جای   بیارای و زان پس به دانا نمای

چو دانا پسند و پسندیده گشت   به جوی تو در آب چون دیده گشت

ز گفتار دهقان کنون داستان   تو برخوان و برگوی با راستان

کهن گشته این داستان‌ها ز من   همی نو شود بر سر انجمن

اگر زندگانی بود دیریاز[5]   بدین دیر خرم بمانم دراز

یکی میوه‌داری بماند ز من   که نازد همی بار او بر چمن

از آن پس که بنمود پنجاه و هشت   بسر بر فراوان شگفتی گذشت

همی آز کمتر نگردد به سال   همی روز جوید به تقویم و فال

چه گفته است آن موبد پیش رو   که هرگز نگردد کهن گشته نو

تو چندان که گوئی سخن گوی باش   خردمند باش و جهان‌جوی باش

چو رفتی سر و کار با ایزدست   اگر نیک باشدت جای ار بدست

نگر تا چه کاری همان بدروی   سخن هرچه گوئی همان بشنوی

درشتی ز کس نشنود نرم گوی[6]   سخن تا توانی به آزرم گوی

---

۱ -کش = خوب , خوش
۲ - چلیپا =دار زدن , به صلیب کشیدن
۳ - آهو = عیب , ایراد
٤ - خوی = سرشت , عادت
٥ - دیر یاز = دراز , طولانی
٦ - نرم گوی = نرم گفتار , گفتار مودبانه

هنگامی که سخن خردمندانه باشد، روان گوینده در آرامش است. کسی که اندیشه‌ی بد دارد و با اندیشه‌ی بد و ناروای خود خوش است، خودش را به دار می‌کشد و پیش خردمند رسوا می‌شود. او ایراد خود را نمی‌بیند و همه سرشت خویش را نیک می‌پندارد. اگر قرار است داد بر جای بماند نخست بدی‌ها را پاک کن سپس ادعای دانائی کن. دانا و دانائی را پسندیده بدان و هنگامی که چون آب برایت روشن بود داستان دیگری از باستان بخوان و با راستان بگو. این داستان‌های کهن را برای مردم باز گو کن تا نو شود و بر سر زبان‌ها بیفتد. اگر عمر من دراز بود که من از آن خرم می‌مانم و میوه‌ای از من می‌ماند که دشت و چمن به آن می‌نازد. تا سن پنجاه و هشت سالگی شگفتی‌های بسیار دیده‌ام. آز کمتر نمی‌شود و ما همچنان روز و ماه و سال را می‌شماریم. موبد می‌گوید هر چیز که کهنه شد دوباره نو نمی‌شود؛ اما تو سخن درست بگو جهان جو و خردمند باش. پس از رفتن سر و کار تو با ایزد است، چه جایگاهت خوب باشد چه بد. هر چه بکاری درو می‌کنی و هر چه بگویی می‌شنوی. کسی که با مهربانی حرف می‌زند، سخن درشت نمی‌شنود. تا می‌توانی با شرم و مهربانی سخن بگو.

- پند دیگری از استاد شیرین سخن: سخن خردمندانه روان گوینده را به آرامش می‌رساند و سخن ناخوش گوینده را رسوا می‌سازد. ایراد خودت را ببین و در دانایی بکوش. هیچ‌چیز کهنه، نو نمی‌شود پس دوباره جوان نمی‌شوی. دیده نشده که با بالا رفتن سن آز کمتر شود. سخن به مهربانی بگو تا بد نشنوی و دانه‌های نیکی بکار که درو کننده خودت هستی. این سرودها از فردوسی بزرگ که «هنگامی که دانا و دانایی را پسندیده داشتی و برایت مانند آب روشن بود داستان دیگری از باستان بخوان و با راستان بگوی. این داستان‌های کهن را برای مردم باز گو کن تا نو شود و بر سر زبان‌ها بیفتد.» مرا بر آن داشت که در راستای این اندرز، گامی هرچند کمبنیه بردارم.

وفات یافتن مادر سیاوش (صفحه‌ی ۱۲۰)

۱۰۳

بخرجید[1] و گفتش که‌ای شاه زاد — شنو پند و از نو مکن سوگ یاد
هر آن‌کس که زاد او ز مادر بمرد — ز دست اجل هیچ‌کس جان نبرد

گودرز گریان شد و اشک ریخت و به سیاوش پسر کاوس گفت: «پند من بشنو و از نو سوگواری نکن. هر که از مادر زاده می‌شود می‌میرد. از دست اجل هیچ‌کس جان به در نمی‌برد.»

- سیاوش از مرگ مادر بسیار اندوهگین و گریان است. گودرز که زاری و ناراحتی او را می‌بیند به او پند می‌دهد که همه رفتنی هستیم.

رفتن سیاوش بار دوم به شبستان (صفحه‌ی ۱۲۱)

سیاوش فرو ماند و پاسخ نداد — چنین آمدش بر دل پاک یاد
که من بر دل پاک شیون کنم — به آید که از دشمنان زن کنم
شنیدستم از نامور مهتران — همه داستان‌های هاماوران
که از پیش با شاه ایران چه کرد — ز گردان ایران برآورد گرد
پر از بند سودابه کاو دخت اوست — نخواهد همی دوده[2] را مغز و پوست

سیاوش در پاسخ به سودابه در می‌ماند و در دل پاکش چنین می‌اندیشد که اگر از تنهایی بر دل پاک شیون کنم بهتراست تا از دشمنان یاری انتخاب کنم. داستان‌هایی از هاماوران شنیده‌ام که مهتران برایم گفته‌اند که با پادشاه ایران چه کردند و چگونه گردان ایران را آزار دادند. سودابه دختر اوست، پس دربند و وابسته‌ی اوست و خواهان دودمان ما نیست.

- سودابه دختر پادشاه هاماوران است که به کاوس شاه وفادار بوده‌اما پس از دیدن سیاوش به او دل می‌بازد. سیاوش دل پاک است و خردمند. سودابه از او می‌خواهد به ظاهر، دختری از شبستانش را به همسری برگزیند که او دل به این کار نمی‌دهد.

۱- بخرجید = گریست, اشک ریخت
۲- دوده = خاندان, دودمان

فریب دادن سودابه کاوس را (صفحه‌ی ۱۲۲)

چنین گفت با خویشتن شهریار — که گفتار هر دو نیاید به کار
برین کار بر نیست جای شــتاب — که تنگی دل آرد خرد را به خواب
نگه کرد باید بدین در نخســت — گواهی دهد دل چو گــردد درست
ببینم کزین دو گنه‌کار کیست — به باد افره[1] بد سزاوار کیست

کاوس شاه نمی‌داند کدام راست می‌گویند سودابه یا سیاوش. شهریار با خود اندیشید که از گفتار نمی‌توان فهمید کدام راست می‌گویند. نباید در این کار شتاب کرد که ناشکیبا بودن خرد را در خواب فرو می‌برد. باید خوب نگاه کرد و اندیشید. سرانجام دل به کار درست گواهی می‌دهد. باید دید کدام گناهکار و سزاوار دیدن پاسخ گناه و بدکاری خویش هستند.

- سودابه سیاوش را متهم به خیانت به شاه می‌کند و سیاوش حقیقت عشق سودابه به خود را آشکار می‌سازد. کاوس شاه در تردید است که کدام خیانتکارند؟ پسر یا همسرش؟ زود تصمیم نمی‌گیرد و به دنبال حقیقت ماجراست. درنگ کردن و فرصت دادن به خود برای درست اندیشیدن و تصمیم به جا گرفتن کاری است مهم و درخور. تصمیمهایی که با شتاب گرفته می‌شوند همواره پشیمانی به بار می‌آورند. آیا هنگامی که حقیقت پدیدار می‌شود گناهکار سزای خود را می‌بیند؟

۱ -بادافره = پادافره, کیفر

گذشتن سیاوش بر آتش (صفحه‌ی ۱۲۳)

چو این داستان سر به سر بشنوی   به آید ترا گر به دین بگروی
به گیتی به جز پارسا زن مجوی   زن بدکنش خواری آید به روی
زن و اژدها هر دو در خاک به   جهان پاک از این هر دو ناپاک به

با شنیدن این داستان، بهتر است که به روش پاک روی بیاوری. در جهان تنها در پی زن راستگو باش. زن بد رفتار در زندگی خواری پیش می‌آورد که در آن صورت مانند اژدها است. جهان از اژدها و زن بدکنش پاک بماند بهتر است.

- برای نشان دادن بی‌گناهی سیاوش رأی کاوس شاه بر آن قرار می‌گیرد که سیاوش از آتش گذر کند. اگر بی‌گناه باشد و از آتش به سلامت درآید پس سودابه گناهکار است. سیاوش می‌پذیرد. نام زن در شاهنامه همواره با نامهای نیک همراه بوده است، به جز سودابه. همان‌گونه که مردان بدکنش سرزنش شده‌اند در اینجا هم سودابه و زنان بدکنش نکوهش شده‌اند. این به معنای سبک شمردن زن در شاهنامه نیست. پند پنهان در این سرودها ستایش کنش و منش درست و نکوهش بدمنشی و بدکنشی است.

سیاوش بدو گفت انده مدار کزین سان بود گردش روزگار
سر پر ز شرم و بهایی مراست اگر بی‌گناهم رهایی مراست
ور ایدونک زین کار هستم گناه جهان آفرینم ندارد نگاه
به نیروی یزدان نیکی دهش کزین کوه آتش نیابم تپش[1]

سیاوش به پدر می‌گوید: «اندوه نخور. این کار گردش روزگار است. سر پر شرم و پر بهایی دارم اگر بی‌گناهم از آتش رهایی می‌یابم. اگر گناهکار باشم جهان دار مرا زنده نگذارد. به نیروی یزدان پاک و نیک بخشش، من از این کوه آتش آسیب نمی‌بینم و می‌گذرم.»

- سیاوش به بی‌گناهی خود باور دارد و هم به یزدان پاک که بی‌گناه را خوار نمی‌کند و گناهکار سرانجام رسوا می‌شود. پس با اطمینان درباره‌ی رهایی از آتش گفتگو می‌کند.

چو بخشایش پاک یزدان بود دم آتش و آب یکسان بود

هنگامی که بخشش از یزدان پاک است، دمای آتش و آب یکسان می‌شود.

- در دنیای طبیعی آتش سوزاننده و آب تری است، خاموش کننده‌ی آتش. هنگامی که پای یزدان پاک برای بخشش و دهش در میان است، طبیعت سوزنده‌ی آتش به تری آب تبدیل می‌شود. سودابه هرگز نمی‌اندیشید که سیاوش از آتش رهایی یابد و او رسوا شود. برخی می‌گویند سودابه عشق واقعی به سیاوش داشته، اگر این‌گونه بوده باشد چرا در گذر او از آتش نگران نیست؟ هر گاه که اندیشه، گفتار و یا کردار ما به کژی و ناراستی می‌گراید یادمان به رسوایی پس از آن باشد.

۱- تپش = در اینجا گذشتن , آسیب ندیدن

خشم نمودن کاوس بر سودابه (صفحه‌ی ۱۲۴)

۱۰۹*

دگرباره با شهریار جهان — همی جادوی ساخت اندر نهان
بدان تا شود با سیاووش بد — بدانسان که از گوهر او سزد
ز گفتار او شاه شد در گمان — نکرد ایچ بر کس پدید از مهان
به‌جایی که کاری چنین اوفتاد — خرد باید و دانش و دین و داد
چنان چون بود مردم ترسکار[1] — برآید به کام دل مرد کار
به‌جایی که زهر آگند[2] روزگار — ازو نوش خیره مکن خواستار
تو با آفرینش بسنده نه‌ای — مشو تیز گر پرورنده نه‌ای
چنین‌ست کردار گردان سپهر — نخواهد گشادن همی بر تو چهر
برین داستان زد یکی رهنمون — که مهری فزون نیست از مهر خون
چو فرزند شایسته آمد پدید — ز مهر زنان دل بباید برید

سودابه بار دگر افسون به کار برد تا کاوس کی به سیاوش بدگمان شود. همان‌گونه که از جوهر و گوهر او برمی‌آمد. از گفتار او تردید بر جان شهریار افتاد اما با هیچ یک از مهتران و بزرگان درباره‌ی آن گفتگو نکرد. جایی که چنین دشواری پیش می‌آید، باید خرد و دانش، روش پاک و درست و دادگری را پیشه کرد تا مردم پارسا و خدا ترس در اشتباه نیفتند و کار به کام دل انسان نیک انجام شود. جایی که روزگار زهر می‌پراکند بیهوده انتظار نوش نداشته باش. تو در آفرینش کامل نیستی اگر پرورنده نیستی تندی نکن. کردار چرخ گردون این چنین است، با تو مهربان نخواهد بود. دانائی می‌گوید از مهر پیوند خونی بالاتر، مهری نیست. حال که شایستگی فرزند آشکار شده، بریدن دل از مهر زن بدکنش رواست.

- درنهایت سودابه خوار می‌شود و شایستگی سیاوش آشکار. اکنون چه باید کرد؟ فردوسی بزرگ این‌گونه پند می‌دهد که سزاوار است که دل از مهر سودابه برکنی. این کار، درس درست زیستن و پاک اندیشیدن را رواج می‌دهد. همان‌گونه که اگر سیاوش گناهکار می‌بود به سزایش می‌رسید.

۱- ترسکار = پارسا , خدا ترس
۲ -آکند = می پراکند

لشکر کشیدن سیاوش به جنگ افراسیاب (صفحه‌ی ۱۲۴)

*۱۱۰

چنین است کردار گردنده چرخ   گهی نوش بار آورد گاه زهر

کار چرخ گردان این چنین است. گاهی زهر به بار می‌آوردگاهی نوش.

- روزگار گاهی زهر به جانمان می‌ریزد گاهی شهد. کار این چرخنده چرخ همین بوده و هست. خوشی و ناخوشی، رنج و شادی، درد و بی دردی و پیروزی و شکست، در جهان پیوسته در گردش، شامل حال همه‌ی ما می‌شود.

نامه‌ی سیاوش به کاوس (صفحه‌ی ۱۲۵)

۱۱۱

نخست آفرین کرد بر دادگر   کزویست نیرو و فن[1] و هنر[2]
خداوند خورشید و گردنده ماه   فرازنده‌ی تاج و تخت و کلاه
کسی را که خواهد بر آرد بلند   دگر را کند سوگوار و نژند
چرا نه به‌فرمان او در نه چون   خرد کرد باید بدین رهنمون

سیاوش به کاوس شاه نامه می‌نویسد، نخست آفرین بر یزدان پاک که توانائی و تجربه و فن جنگاوری از اوست. خداوند خورشید و گرداننده‌ی ماه، درخشان کننده‌ی تاجوتخت و کلاه. کسی را که می‌خواهد سربلند می‌کند و دیگری را اندوهگین و سوگوار. چرا نباید به‌فرمان او بود، در این راه باید از خرد راهنمایی گرفت.

- سیاوش به جنگ افراسیاب رفته است و این نامه را در بلخ به کاوس شاه می‌نویسد. نامه‌ای مانند پهلوانان دیگر. نخست آفرین بر کردگار و یادآوری هر چه داریم از اوست و هم از به‌کارگیری خرد می‌گوید. سیاوش جنگ طلب و خونریز نیست اما در جنگاوری، دلاور و بی باک است.

۱- فن = تجربه , هنر
۲ - هنر = جنگاوری

آمدن گرسیوز نزد سیاوش (صفحه‌ی ۱۲۶)

تهمتن بدو گفت یک هفته شاد / بباشیم تا پاسخ آریم یاد
بدین خواهش اندیشه باید بسی / همان نیز پرسیدن از هر کسی

گرسیوز، سپهبد توران برای سیاوش پیام آشتی می‌آورد. رستم به او می‌گوید یک هفته به جشن بنشینیم تا ببینیم چه پاسخی بدهیم. دراین‌باره باید بسیار اندیشید و هم با دیگران به رایزنی پرداخت.

- ایرانیان در پی جنگ نبودند. مدارا کردن در فرهنگ ما جایگاه ویژه‌ای دارد؛ اما این کار آگاهانه انجام می‌گیرد. برای همین رستم پیشنهاد می‌دهد به اندیشه‌ی بسیار و رایزنی؛ زیرا گرسیوز، دلاور توران پیام آشتی آورده است؛ اما رستم پهلوانی نیست که شتاب‌زده بپذیرد.

از آن کار شد پیلتن بدگمان
کز آن گونه گرسیوز آمد دمان

طلایه[1] ز هر سو برون تاختند
چنان چون ببایست پرداختند

سیاوش ز رستم بپرسید و گفت
که این راز بیرون کشیم از نهفت

که این آشتی جستن از بهر چیست
نگه کن که تریاک[2] این زهر چیست

ز پیوسته‌ی خون به نزدیک اوی
ببین تا کدامند صد نامجوی

گروگان فرستد به نزدیک ما
کند روشن این رأی تاریک ما

نباید که از ما غمی[2] شد ز بیم
همی طبل کوبد به زیر گلیم

چو این کرده باشیم نزدیک شاه
فرستاده باید یکی نیک‌خواه

برد زین سخن نزد او آگهی
مگر مغز گرداند از کین تهی

چنین گفت رستم که این است رای
جز این روی پیمان نیاید به جای

پیلتن به این آشتی و آمدن گرسیوز بدگمان بود. جلوداران لشکر بیرون رفتند و آن‌گونه که سزاوار بود آماده شدند. سیاوش از رستم پرسید که چگونه‌این راز را آشکار کنیم و بفهمیم که این آشتی جستن و نیت آن‌ها از این کار دشوار چیست. از آن‌ها بخواهیم که صد نام‌آور را که با افراسیاب پیوند خونی دارند گروگان نزد ما بفرستند و دل ما را از تردید و بدگمانی رهایی بخشند. نباید نگران این باشیم که او پنهانی کاری نادرست انجام دهد. پس از انجام این کار کسی نیک‌خواه را نزد شاه می‌فرستیم و او را از این کارآگاه می‌سازیم. شاید کینه از مغز بیرون کند. رستم پذیرفت و گفت رأی درستی است و جز این پیمان برقرار نمی‌شود.

- گروگان گرفتن صد تن از نامداران که خویشی با افراسیاب دارند برای اطمینان یافتن از درستی پیام آشتی آن‌ها، سنجیده بود. ایرانیان از جنگ و خونریزی تا می‌شد دوری می‌کردند اما در میدان نبرد دشمن را سر جای خود می‌نشاندند.

۱-طلایه = پیشرو , جلودار
۲ -تریاک = پادزهر , نوشدارو
۳ -غمی = نگران , اندوهگین

پیمان کردن سیاوش با افراسیاب (صفحه‌ی ۱۲۶)

۱۱۴

کسی کو ببیند سرانجام بد — ز کردار بد بازگشتن سزد
دلی کز خرد گردد آراسته — چو گنجی بود پر زر و خواسته

کسی که از سرانجام بد خودآگاه می‌شود سزاوار است که از کردار بد خود بازگردد. دلی که با خرد آراسته شده باشد مانند گنجی پر از زر و خواسته است.

- مردمی که سرانجام کار بد خود را می‌بینند به دو گونه رفتار می‌کنند یا پافشاری بر کار بد خود و یا بازگشت از آن. خوشا دلی که خرد را چون گنجی در دل می‌پرورد و از کار زشت خود بازمی‌گردد.

رسانیدن رستم پیام سیاوش را به کاوس (صفحه‌ی ۱۲۷)

ندیدی تو بدهایِ افراسیاب — که گم شد ز ما خورد و آرام و خواب
مرا رفت بایست؛ کردم درنگ — مرا بود با او سری پر ز جنگ
نرفتم که گفتند از ایدر[1] مرو — بمان تا بسیجد جهان‌دارِ نو
چو پادافره ایزدی خواست بود — مکافات بدها بدی خواست بود

رستم پیام سیاوش را نزد کاوس شاه می‌برد. او می‌گوید: «بدی‌های افراسیاب را ندیدی؟ که چگونه از ما آرام و خورد و خواب را گرفت؟ سرمن پر از جنگ اوست نباید درنگ می‌کردم. باید خودم به جنگ او می‌رفتم. نرفتم چون به من گفتند که نرو تا جهان دار نو آماده شود. یزدان بدی را مکافات بدی می‌دهد. پس خواست ما هم در برابر بدی مکافات بدی است.»

- کاوس شاه پیام آشتی را نمی‌پذیرد. بخشش ندارد. او سر جنگ دارد و اهل مدارا و سازش نیست. او هیچ اطمینانی به افراسیاب ندارد.

۱- ایدر = اینجا , در اینجا

کسی کآشتی جوید و ساز بزم / نه نیکو بود پیش رفتن به رزم
و دیگر که پیمان شکستن ز شاه / نباشد پسندیده‌ی نیک خواه
سیاوش چو پیروز بودی به جنگ / برفتی به سان دلاور نهنگ
چه جستی جز از تاج‌وتخت و نگین / تن آسایی و گنج ایران‌زمین؟
همه یافتی جنگ خیره مجوی / دل روشنت ز آب تیره مشوی

کاوس شاه ادامه می‌دهد که کسی که به دنبال جشن است و آشتی، درست نیست که به جنگ برود. دیگر این‌که پیمان شاه را شکستن از انسان نیک‌خواه پسندیده نیست. سیاوش مانند نهنگی دلاور در جنگ پیروز شد. آیا ازتاج‌وتخت و نگین، تن آسایی و گنج ایران‌زمین را می خواست؟ پس از پیروزی در جنگ، به بیهودگی دنبال آشتی نباش دل روشنت را با آب تیره شستشو نده.

- کاوس شاه می‌گوید تا این جا که در جنگ پیروزید. تنها به دنبال گنج بودید؟ فرمان من جنگ است و پیمان شکستن من روا نیست. روشنی دلتان از این پیروزی را با آب تیره نشویید. او به افراسیاب و آشتی او باور ندارد.

ز فرزند پیمان شکستن مخواه / مکن آنچه نه اندر خورد با کلاه
نهانی، چرا گفت باید سخن / سیاوش ز پیمان نگردد ز بن
وز این کار که اندیشه کرده ست شاه / بر آشوبد آن نامور پیشگاه
مکن بخت فرزند خود را دژم[1] / ببینی دل خویش زین پس به غم

رستم به کاوس شاه گفت: «از فرزندت سیاوش نخواه که پیمانش را بشکند. از او کاری را نخواه که شایسته‌ی تاج او نباشد. سخن را پنهان نباید کرد، سیاوش از پیمانی که با افراسیاب بسته باز نمی‌گردد. این اندیشه‌ی شاه موجب می‌شود که سیاوش نامدار بر آشوبد. بخت فرزندت را اندوه‌بار نکن که پس از آن دل خودت در اندوه می‌نشیند.»

- پس از پذیرفتن افراسیاب شرط رستم و سیاوش را، سیاوش با او پیمان می‌بندد که دست از جنگ بکشد. رستم می‌داند که سیاوش پیمان‌شکنی نمی‌کند پس به کاوس اندرز می‌دهد که از اندیشه‌ی جنگ با افراسیاب سر بیرون کند و خود و فرزندش را دچار اندوه نسازد.

۱- دژم = افسرده, پریشان حال

تندی نمودن کاوس به رستم و به خشم رفتن رستم به سیستان (صفحه‌ی ۱۲۸)

چو کاوس بشنید سر پر ز خشم — برآشفت از آن کار و بگشاد چشم
به رستم چنین گفت شاه جهان — که‌ایدون نماند سخن در نهان
که این در سر او تو افکنده‌ای — چنین از دلش بیخ[1] کین کنده‌ای
تن آسایی خویش جستی در این — نه افـروزش تـاج و تـخت و نـگین
تو را دل به آن خواسته شاد شد — همه جـنگ در پیش تـو باد شد

کاوس شاه پس از شنیدن حرف‌های رستم پر از خشم شد چشم دراند و به رستم گفت: «این سخن در نهان نمی‌ماند. تو این حرف را در سر سیاوش افکنده‌ای و کین افراسیاب را از دلش بیرون کرده‌ای. تو به دنبال تن‌آسانی خود هستی نه درخشان کردن تا ج و تخت پادشاهی. دلت را به گنج شاد کردی و جنگ در دیدگاه تو باد شد و بی‌ارزش.»

- کاوس پر از خشم از آشتی‌جوئی رستم و سیاوش، به او تهمت ناروا می‌زند که به دنبال گنج است. از کاوس شاه تندی‌های این چنین دیده‌ایم. هنگام خشم چشم خردش کور می‌شود.

۱- بیخ = ریشه , پایه

پاسخ نامه‌ی سیاوش از کاوس (صفحه‌ی ۱۲۸)

تــو بـا مــاهرویان بیامیختی / به بازی و از جــنگ بگریخــتی
همان رستــم از گنــج آراسته / نخواهد شدن سیر و از خواسته
وز آن مردری تاج شاهنشهی / تو را شد سر از جنگ جستن تهی

کاوس به سیاوش نامه می‌فرستد. تو با ماهرویان به بازی نشستی و از جنگ گریختی. رستم هم از گنج فراوان و از خواسته سیر نمی‌شود. تاجی که از پدر برایت مانده موجب شد که سرت از خیال جنگ تهی گردد.

- داوری‌های تندوتیز کاوس، تنها دامن رستم را نمی‌گیرد. او برای سیاوش هم نامه‌ای این چنین می‌نویسد. اگر خردمندانه عمل می‌کرد و پای گفتگوی پهلوان و پسرش می‌نشست، سرنوشت جور دیگری رقم می‌خورد. کاوس شاه، خردمندانه نمی‌اندیشد وگرنه با گذشتن سیاوش از جانشینی او و پیمان خود را برتر دانستن، نیکی سرشت فرزند خود را در می‌یافت.

ز کار پدر دل پر اندیشه کرد — ز ترکان و از روزگار نبرد
همی گفت صد مرد ترک و سوار — ز خویشان شاهی چنین نامدار
همه نیک‌خواه و همه بی‌گناه — اگرشان فرستم به نزدیک شاه
نپرسد نیندیشد از کارشان — همان گه کند زنده بردارشان
به نزدیک یزدان چه پوزش برم — بد آید ز کار پدر بر سرم
ور ایدون که جنگ آورم بی‌گناه — چنین خیره با شاه توران سپاه
جهان دار نپسندد این بد ز من — گشایند بر من زبان انجمن
و گر باز گردم به درگاه شاه — به توس سپهبد سپارم سپاه
ازو نیز هم بر سرم بد رسد — چپ و راست بد بینم و پیش بد
نیاید ز سودابه خود جز بدی — ندانم چه خواهد بدان ایزدی

سیاوش دلش از کار پدر، بیمناک می‌شود. به نبرد با ترکان می‌اندیشد. صد مرد ترک و سوار که از خویشان شاه هستند و نامدارند همه نیک‌خواه و بی‌گناه در دست من هستند. اگر آن‌ها را نزد شاه بفرستم، لحظه‌ای نمی‌اندیشد و بی‌درنگ همه را بردار می‌کند. چگونه از یزدان پوزش بخواهم؟ از این کار پدر به سرم بد می‌آید؛ و اگر بی‌دلیل، بیهوده وارد جنگ شوم، جهان دار این کار بد مرا نمی‌پسندد. مردم هم درباره‌ی من بد می‌گویند. اگر به نزد شاه باز گردم و سپاه را به سپهبد توس بسپارم باز هم به سرم بد می‌آید. از همه سو چپ و راست به من بد می‌رسد. از سودابه هم به من بدخواهد رسید. نمی‌دانم یزدان برای من چه می‌خواهد.

- سیاوش در چاهی که کاوس شاه برایش کنده گیر افتاده است. می‌خواهد کار درست انجام بدهد اما راه‌ها بر او بسته شده. با قرار گرفتن سیاوش در این موقعیت، گزینش رأی درست بسیار دشوار است. در شرایط سخت، تنها خردورزی و منش نیک می‌تواند به انسان یاری برساند.

رأی زدن سیاوش با بهرام و زنگه‌ی شاوران (صفحه‌ی ۱۲۸)

سری کش نباشد ز مغز آگهی / نه از بدتری باز داند بهی
پسندش نیامد همی کار من / بکوشد به رنج و به آزار من
به خیره همی جنگ فرمایدم / بترسم که سوگند بگزایدم
همی سر ز یزدان نباید کشید / ز راه نیاکان نباید رمید
دو گیتی همی‌برد خواهد زمن / بمانم به کام دل اهرمن
وز آن پس که داند کزین کارزار / که را برکشد گردش روزگار
نزادی مرا کاشکی مادرم / و گر زاد مرگ آمدی بر سرم
که چندین بلاها ببـاید کشید / ز گیتی همه زیر[1] باید چشید
درختی است این برکشیده بلند / که بارش همه زهرو برگش گزند
وزین گونه پیمان که من کرده‌ام / به یزدان چه سوگندها خورده‌ام
اگر سر بگردانم از راستی / فراز آید از هر سوئی کاستی
پراکنده گردد به دهر این سخن / که با شاه توران فکندیم بن
زبان بر گشایند بر من به بد / به هر جایگاهی چنان چون سزد
به کین بازگشتن بریدن ز دین / کشیدن سر از آسمان بر زمین
چنین کی پسندد ز من کردگار / کجا بر دهد گردش روزگار
شوم گوشه‌ای جویم اندر جهان / که نامم ز کاوس ماند نهان
چو روشن زمانه بدانسان بود / که فرمان دادار کیهان بود

سیاوش به رایزنی با دلاوران ایران نشست و گفت: «سری که از مغز تهی باشد و بد را از خوب تمیز ندهد کار من را نمی‌پسندد و به رنج و آزار من می‌کوشد. بیهوده به من فرمان جنگ می‌دهد، می‌ترسم که سوگند را بشکنم. نباید از فرمان ایزد و راه درست نیاکان سر باز زنم. اگر این کار را بکنم به کام دل اهریمن، در دو گیتی گام برداشته‌ام. از آن پس کسی چه می‌داند که در این جنگ، چرخ روزگار چه پیش می‌آورد. کاش مادر مرا نزائیده بود و یا همان هنگام مرده بودم که این همه بلا برسرم نمی‌آمد. همیشه در جهان به سختی دچار بوده‌ام. این چرخ گردون درخت بلندی است که بارش زهر و برگش آسیب است. برای پیمانی که بسته‌ام نزد

۱- زیر = در اینجا دشواری , سختی

یزدان سوگندها خورده‌ام. اگر سر از راستی بپیچم در کارم کاستی روی خواهد داد. در جهان این سخن پراکنده می‌شود که با شاه توران پیمان بستیم. همه مردم از همه جایگاه‌ها به من بدخواهند گفت که سزاوار است. از راه درست بازگشتن و سر از آسمان بر زمین سائیدن را چگونه یزدان از من می‌پسندد و روزگار چه بارو بری به من می‌دهد؟ به گوشه‌ای از جهان می‌روم که کاوس نداند تا ببینیم که زمانه به کدام سو می‌رود و فرمان دادار چه خواهد بود.»

- سیاوش خوب می‌داند که چه می‌کند. خردمند و آگاه است و نمی‌خواهد از راه درست و ایزدی خارج شود. پیمان‌شکن هم نیست. پیمانی که با یزدان دارد ارزشمندتر از پیمانی است که با پدر دارد.

چنین داد پاسخ که فرمان شاه | برآنم که برتر ز خورشید و ماه
و لیکن به‌فرمان یزدان دلیر | نباشد ز خاشاک تا پیل و شیر
کسی کو ز فرمان یزدان بتافت | سراسیمه شد خویشتن را نیافت
همی دست یازید[1] باید به خون | به کین دو کشور بدن رهنمون
ز بهر نواهم بیازارد اوی | سخن‌های گم کرده باز آرد اوی
و گر باز گردم از این رزمگاه | شوم رزم ناکرده نزدیک شاه
همان خشم و پیکار باز آورد | بدین غم تن اندر گداز آورد
بگوید ز هرگونه با ما سخن | ز کارنو و کارهای کهن
اگر تیره تان شد دل از کار من | بپیچیدتان سر ز گفتار من
فرستاده خود باشم و رهنمای | بمانم بر این دشت پرده سرای
کسی کو نبیند همی گنج من | چرا بر گمارد[2] به دل رنج من
گروگان واین خواسته پرشتاب | برم تازیان [2] نزد افراسیاب

سیاوش پاسخ بهرام و زنگه‌ی شاوران را چنین می‌دهد: «فرمان شاه بر من از خورشید و ماه برتر است؛ اما از خاشاک تا پیل و شیر به‌فرمان یزدان پاکند. کسی که سر از فرمان یزدان بر می‌تابد سرگشته می‌شود و خویشتن را نمی‌یابد. اگر به جنگ و خونریزی دست بزنم و دو کشور وارد جنگ بشوند، باز هم مرا می‌آزارد و سرزنش می‌کند. اگر از این رزمگاه باز گردم و رزم نکرده نزد شاه بروم خشمگین شده و با من به جنگ می‌پردازد و با غصه مرا دمساز می‌کند. از گذشته و کارهای کنونی سخن می‌گوید. اگر دلتان با من نیست از گفتار من سر بپیچید. من در این دشت می‌مانم کسی که گنج مرا نمی‌بیند چرا به دل، رنج مرا داشته باشد. این گروگان‌ها و مال را به تاخت نزد افراسیاب می‌برم.»

- برای سیاوش چاره‌ای نمی‌ماند مگر برگرداندن گروگان‌ها که در آن صورت از ایران جدا شده و به افراسیاب می‌پیوندد. کاری که دوست ندارد انجام دهد اما ناگزیر است؛ زیرا از سوی پدر، کاوس شاه دوباره مورد خشم قرار می‌گیرد. اگر نزد پدر برگردد خون صد بی‌گناه بر گردن اوست و هم جانش در خطر و آسیب، اگر راه دوم را برگزینند نجات بی‌گناهان و اجرای پیمان را در بردارد اما با رفتن به‌سوی افراسیاب که خواسته‌ی او نیست.

۱- یازیدن = دست زدن
۲ -گماشتن = برقرار کردن
۳- تازیان = به تاخت , تازنده

چو پاسخ چنین یافت از نیک‌خواه　　چنین گفت با زنگه بیدار شاه
که رو شاه توران سپه را بگوی　　که زین کار ما را چه آمد به روی
ازین آشتی جنگ بهر من است　　همه نوش تو دُرد[1] و زهر من است
ز پیمان تو سر نکردم تهی　　و گر چه بمانم ز تخت مهی
جهان دار یزدان پناه من است　　زمین تخت و گردون کلاه من است
و دیگر که بر خیره ناکرده کار　　نشایست رفتن بر شهریار
یکی راه بگشای تا بگذرم　　به‌جایی که کرد ایزد آبشخورم[2]
یکی کشوری جویم اندر جهان　　که نامم ز کاوس گردد نهان
ز خوی بد او سخن نشنوم　　ز پیکار او یک زمان بغنوم

سیاوش، شاه بیدار از زنگه می‌خواهد که نزد شاه توران برود و بگوید چه پیش‌آمده. بگو که از این آشتی بهره‌ی من جنگ است. درد نوش تو و زهر برای من است. از پیمان تو برنگشتم با این‌که تخت مهتری را از دست دادم. یزدان پاک پناه من، زمین تخت و گردون تاج من است. اکنون برای این‌که به جنگ تن در ندادم سزاوار نیست نزد شهریار بروم. راهی بگشای که از آن بگذرم و درجایی که ایزد برای زندگی کردن نشانم می‌دهد بمانم. کشوری در جهان بیابم که کاوس نتواند مرا بیابد. از خوی بد او سخن نشنوم و از پیکارش زمانی آرام بگیرم.

- سیاوش شاه بیدار، بین پیمان یزدان و پدر، پیمان یزدان را برمی‌گزیند. گروگان‌ها را آزاد می‌کند و به دنبال سرزمینی است که در آن آرام بگیرد و از جنگ‌جویی و آشفتگی دور بماند. او در این زمان در فکر پیوستن به افراسیاب نیست. تنها به دنبال راه گریز است تا دچار خشم کاوس و دشمنی سودابه نشود.

۱- درد = ته نشین شراب
۲- آبشخور = منزل, موطن

رفتن زنگه به پیش افراسیاب (صفحه‌ی ۱۲۹)

من ایدون شنیدم که اندر جهان / کسی نیست مانند او از مهان
به بالا و دیدار[۱] و آهستگی[۲] / به فرهنگ و رأی و به شایستگی
هنر با خرد نیز بیش از نژاد / چـنو شاهـزاده ز مـادر نـزاد
به دیدن کنون از شنیدن به است / گران‌مایه و شاهـزاده مـه است
اگر خود جز اینش نبودی هنر / که از خـون صـد نامـور با پدر
برآشفت و بگذاشت تخت و کلاه / همی از تو جوید بدین گونه راه
نه نیـکو نمـاید ز راه خـرد / کـزین کشور آن نامور بگذرد

پیران سپهبد سپاه توران درباره‌ی سیاوش به افراسیاب گفت: «این‌گونه که من شنیده‌ام کسی مانند سیاوش در بزرگان نیست. به قد و بالا و به صورت و وقار و هم به فرهنگ و رأی و شایستگی. هنر جنگاوری و خرد، بیش از نژاد خود دارد. شاهزاده‌ای مانند او از مادر زاده نشده است. دیدن از شنیدن بهتر است، او شاهزاده‌ای بزرگ و گران‌مایه است. اگر این هنر را نداشت که برای ریختن خون صد بی‌گناه بر پدر نمی‌آشفت و تخت و کلاه را رها نمی‌کرد که این‌گونه از تو راه بجوید. خردمندانه نیست بگذاریم از این کشور بگذرد و برود.

- داستان عجیبی است. شاهزاده‌ای مانند سیاوش درستکار و پاک و گران‌مایه از سرزمینی چون ایران که شاه و پهلوانانش جز به‌راستی گام برنمی‌دارند به‌سوی دشمن ایران، توران می‌رود و آن‌ها درباره‌ی نیکویی‌های او سخن می‌رانند و می‌خواهند او را نزد خود نگاه دارند. بازی دیگری از چرخ گردون. بزرگ‌ترین و تلخ‌ترین نتیجه‌ی اشتباه کاوس برای خود و ایرانیان، از دست دادن سیاوش نامدار است. آیا کاوس از فرصت‌طلبی تورانیان آگاه نبود؟ بدون لحظه‌ای درنگ فرزند پاک خود و ایران را در آغوش دشمن نیرنگ باز رها می‌کند. باز هم اشتباه از کاوس شاه، اما این بار سیلی محکم روزگار دلش را تا همیشه در سوز و گداز گرفتار می‌کند.

---

۱ - دیدار = چهره , رخ
۲ -آهستگی = ملایمت , آرامی

۱۲۵ ولیکن شنیدم یکی داستان — که باشد بدان رأی همداستان

که چون بچه‌ی شیر نر پروری — چو دندان کند تیز کیفر بری

چو با زور و با جنگ بر خیزد اوی — به پروردگار اندر آویزد اوی

بدو گفت پیران که اندر خرد — یکی شاه کند آوران بنگرد

کسی کز پدر کژی و خوی بد — نگیرد ازو بد خویی[1] کی سزد

افراسیاب می‌گوید من داستانی شنیده‌ام که با آن همداستانم. اگر بچه شیری بپروری دندان که تیز کند کیفر می‌بینی. وقتی زورمند شود و جنگاور، با پرورنده‌ی خود درمی‌آمیزد. پیران به افراسیاب می‌گوید که ای شاه دلیران با خرد به این موضوع نگاه کن. کسی که از پدر خود سرشت بد و کژی یاد ندارد، چگونه ممکن است بد خویی کند.

- افراسیاب بر این باور است که سیاوش به‌هرحال از نژاد دشمن است و روزی با او به جنگ بر خواهد خاست. شاید همین دیدگاه، پس از سالیان او را دچار اشتباه می‌کند.

۱- بدخوئی = بدسرشتی, تندخوئی

نامه‌ی افراسیاب به سیاوش (صفحه‌ی ۱۳۰)

سیاوش به یک روی از آن شاد گشت | به یک روی پر درد و فریاد گشت
که دشمن همی دوست بایست کرد | ز آتـش کـجا بردمـد باد سرد
ز دشمن نیاید به جز دشمنی | به فرجـام[1] هر چـند نیـکی کنـی

سیاوش از نامه‌ی افراسیاب شادمان اما از سوی دیگر دلش پر از درد می‌شود. باید دشمن را دوست به حساب بیاورد اما مگر می‌شود از آتش، باد سرد بر دمد. هر چقدر نیکی کنی از دشمن تنها دشمنی برمی‌آید.

- همان سخن و باور افراسیاب. گردش چرخ آن‌ها را با هم دمساز می‌کند. سیاوش، شاه بیدار می‌گوید هر چه نیکی کنی دشمن، دشمن است. افراسیاب می‌گوید نره شیر، تیز دندان می‌شود و به جنگ برمی‌خیزد. هر کدام از دل و باور خود می‌گویند. در این گفته‌ها نهاد هر یک پیداست. در گفتار سیاوش دشمنی دشمن و در گفتار افراسیاب جنگ و نبرد برای تخت و تاج است. او تنها به تاج‌وتخت خود می‌اندیشد. سیاوش با برگرداندن سران توران، بریدن از فرمان پدر و واگذاردن تخت شاهی خود را ثابت کرده است؛ اما افراسیاب با پیشینه‌ای که دارد اگر دچار کم خردی و آز شود، می‌شود آنچه نباید بشود.

۱ - فرجام = پایان , سرانجام

سخن گفتن پیران با افراسیاب (صفحه‌ی ۱۳۳)

چرا کشت باید درختی به دست / که بارش بود زهر و بیخش کبست
ز کاوس و از تخم افراسیاب / چو آتش، بود تیز با موج آب
ندانم به توران گراید به مهر / و گر سوی ایران کشد پاک چهر
چرا بر گمان زهر باید چشید / دم مار خیره نباید گزید
بدارمش چندان که ایدر بود / مرا او به جای برادر بود
چو ز ایدر کند سوی ایران گذر / به خوبی بیارایم او را سفر
فرستم به نیکی به نزد پدر / چنان چون پسندد همی‌دادگر

در پاسخ پیران در مورد ازدواج فرنگیس دختر افراسیاب و سیاوش، افراسیاب می‌گوید: «چرا باید درختی بکاریم که بار آن زهر باشد و بنش تلخ. کاوس و افراسیاب مانند آب و آتشند. فرزندی که از این دو نژاد به وجود می‌آید، آشکار نیست که به‌سوی توران مهر دارد یا به ایران روی بر می‌گرداند. چرا باید بیهوده دم مار را گزید که حاصل آن چشیدن زهر باشد. سیاوش مانند برادر من است تا اینجا هست گرامیش می‌دارم و هر گاه خواست سوی ایران برود به‌خوبی در سفر یاریش می‌دهم و به نزد پدر می‌فرستمش، چنان که پسند کردگار باشد.

- افراسیاب از فرزندی که به وجود می‌آید هراس دارد. در اینجا می‌بینیم که با سیاوش دشمنی ندارد. پیران برای محکم شدن موقعیت سیاوش چنین پیشنهادی می‌دهد. رویدادها یکی پس از دیگری روی می‌دهند و آینده را می‌سازند. گزینش‌های ما آجرهای ساختن ساختمان آینده‌مان هستند. برای همین در فرهنگ ایران «گزینش» بسیار دارای اهمیت است.

شاهنامه نسخه‌ی فلورانس

ساختن سیاوش گنگ دژ را (صفحه‌ی ۱۳۴)

بـر او آفـرین کـو جهـان آفـرید ... ابـا آشـکار و نـهان آفـرید

خداوند دارنده‌ی هست و نیست ... همه‌چیز جفت است و ایزد یکی است

چو گیتی تهی ماند از راستان ... تو ایدر به بودن مزن داستان

کـجا آن سـر و تاج شاهنشهان ... کجا آن دلاور گرامـی مـهان

کـجا آن حـکیمان و دانـندگان ... همـان رنج بـردار[1] خوانـندگان

کـجا آن بـتان پـر از نـاز و شـرم ... سخن گفتن خوب و آوای نرم

کـجا آن که بر کوه بودش کنام ... بریده ز آرام و از کام و نام

همه خاک دارند بالین و خشت ... خنک آن که جز تخم نیکی نکشت

ز خاکیم و باید شدن سوی خاک ... همه جای ترس است و تیمار باک

تو رفتی و گیتی بماند دراز ... کجـا آشـکارا بـدانیـش راز

جهان سر بسر حکمت و عبرت[2] است ... چرا بهره‌ی ما همه غفلت[2] است

چو شد سال بر شصت و شش چاره جوی ... ز بیشی[4] و از رنج برتاب[5] روی

تو چنگ فزونی زدی در جهان ... گذشتند از تـو بسـی همـرهان

چو زان نامداران جهان شد تهی ... تو تـاج فزونـی چـرا برنـهی

بدان گه که اندر جهان داد بود ... از ایشان جهان یکسر آباد بود

چه برداشـتـند از جهـان فـراخ ... از آن گنج و آن تاج و ایوان و کاخ

آفرین بر کسی که جهان را آشکارا و نهان آفرید. خداوندی که دارای هست و نیست است همه جفتند و او یکی است. هنگامی که جهان از راستان تهی می‌شود، به ماندن در این جهان فکر نکن. آن مهان دلاور و آن سرها و تاج‌ها، آن حکیمان و دانایان، خوانندگان کتاب‌ها که رنج بردند، بتان و زیبارویان پر از ناز و شرم که به آرامی سخن می‌گفتند، کجا رفتند؟ آن‌کسی که بر کوه لانه داشت و از آرامش و آرزو و نام دور بود، کجاست؟ همه و همه سر بر بالین خشت دارند.

۱- رنج بردار = زمت کش , رنج بر

۲- عبرت = پند , اندرز

۳- غفلت = سهل انگاری , نا آگاهی

۴- بیشی = افزون خواهی , آز

۵- برتاب = روی بگردان , سر بپیچ

خوشا کسی که از خود نام نیک بگذارد. از خاکیم و باید به‌سوی خاک برگردیم. این جهان جای ترس است و زدودن ترس. تو می‌روی و جهان تا روزگاران دراز می‌ماند که رازش بر تو آشکار نیست. جهان سراسر پند است و دانش. چرا بهره‌ی ما غفلت و بی خبری است. وقتی به سن شصت و شش سالگی می‌رسی چاره اندیش باش. به دنبال افزون‌خواهی نباش و خودت را در رنج نینداز.

زمان زیادی در جهان مانده‌ای و همراهانت رفته‌اند. وقتی جهان نامداران را می‌بلعد تو چرا افزون‌خواهی. آن زمان که در جهان دادگری حکم فرما بود، از نامداران ما جهان آباد بود. از آن گنج و کاخ و تاج چه بهره‌ای برایشان ماند؟

- نمی‌توان این پندهای استاد سخن را خواند و نیندیشید. آیا چاره‌ای جز تخم نیکی کاشتن و دور کردن آز از خود داریم؟ آیا فریدونی هستیم یا ضحاکی. یا آفرین بر ما می‌ماند یا نفرین. گزینش با ماست.

سخن گفتن سیاوش با پیران از بودنی‌ها (صفحه‌ی ۱۳۵)

چنین است راز سپهر بلند — گهی شاد دارد گهی مستمند

راز سپهر بلند در این است، گاهی شادت می‌کند و گاهی نیازمند.

- جهان‌گاهی تو را شاد می‌کند و گاهی مستمند، بینوا، بیچاره، گله مند و شاکی. این راز سپهر است.

بـیا تا به شـادی دهیم و خوریم — چو گاه گذشـته بـود بگذریم
چه بندی دل اندر سـرای سپنج — چه نازی به گنـج و چـه نالی ز رنج
کز آن گنج دیگر کسی برخورد — جـهان دار دشـمن چـرا پـرورد

بیا تا خود بخوریم و با شادی بخشش کنیم؛ مانند درگذشتگان می‌گذریم. چرا دل به این سرای ناپایدار و گذرا بدهیم و چرا از رنج بنالیم و به گنج بنازیم. گنج ما را دگران می‌خورند. خردمند و جهاندار چرا برای خود دشمن بپرورد.

- سیاوش از دانستن سرنوشت خود به پیران می‌گوید. او از پایان داستانش آگاه است اما جز نیکی و داد و دهش کار دیگری را برنمی‌گزیند. پند سیاوش انسان را به یاد گفتگوی ایرج نامدار با پدر و برادران می‌اندازد.

بازگشتن گرسیوز و بدگویی کردن پیش افراسیاب (صفحه‌ی ۱۳۷)

دو گوهر یکی آتش و دیگر آب — به دل یک ز دیـگر گرفته شتاب،
تو خواهی که بر خیره جفت آوری — همی بـاد را در نهـفت[۱] آوری
اگر کردمی بر تو این بد نهان — مرا زشت نامی بدی در جهان
دل شاه از این کار شد دردمند — پر از غم شد از روزگـار نژند
بدو گفت بر من تو را مهر خون — بجنبید و شـد مـر تو را رهنمون
سه روز اندر این کار رأی آوریم — سخن‌های بـهتر به‌جای آوریم
چو این رأی گردد خرد را درست — بگویم که درمان چه بایـدت جست

گرسیوز درباره‌ی سیاوش بدگوئی می‌کند و می‌گوید که دو گوهر متفاوت، آب و آتش، در دل از هم پیشی می‌گیرند. تو به بیهودگی آن‌ها را به هم رساندی، با ازدواج سیاوش و دخترت، در پنهان دشمن پرورش دادی. اگر نهاد بد او را برای تو آشکار می‌کنم، برای این است که از من نام بدی در جهان نماند. دل افراسیاب به درد آمد و از روزگارپست، دلش پر از غم شد. به گرسیوز گفت تو پیوند خونی با من داری برای همین مهر است که مرا رهنمون می‌شوی. سه روز به این کار می‌اندیشم تا بهتر و درست‌تر عمل کنم. از خرد یاری می‌جویم و به تو می‌گویم که درمان این درد چیست.

- کم اندیشی افراسیاب و نتیـجه‌گیری شـتابزده‌ی او که تو خویش من هستی و مرا راهنمایی می‌کنی، نشان می‌دهد که بازهم چشم خرد خود را بسته است. همه‌ی بداندیشان و نیک اندیشان جهان خویش کس هستند. مگر سـیاوش با پدرش کاوس خویشی ندارد؟ اما در برابر پیمان یزدان، فرمان او را زیر پا می‌گذارد. با پیشینه‌ای که از کم خردی و خون‌خواری و فرصت‌جویی افراسیاب می‌دانیم، این چنین داوری کردن از او شگفت نیست.

۱- نهفت = پوشیده , پنهان

چو او تخت پر مایه پدرود[1] کرد　　خرد تار و مهر مرا پود کرد
ز فرمان من یک زمان سر نتافت　　ز من ار به جز نیکوئی بر نیافت
به خون نیز پیوستگی ساختم　　دل از کین ایران بپـــرداختم
گر ایدون که من بد سگالم بر اوی　　ز گیتی برآید بسی گفت و گوی
بر او بر، بهانه نـدارم به بد　　گر از من بدو اندکی بد رسد
زبان برگشایند بر من مهان　　درفشی[2] شوم در میان جهان
نباشد پســند جهــان آفــرین　　نه نیز از بزرگان روی زمیـن
اگر بچه‌ی او شـود دردمند　　کند مرغزاری تـباه از گزنـد
اگر مـا بشوریـــم بر بی‌گـناه　　پسندد کجا داور هـور و مـاه

افراسیاب درباره‌ی سیاوش با گرسیوز به گفتگو می‌نشیند: «از هنگامی که سیاوش تخت گران‌مایه ی پادشاهی را رها کرده و خرد را تار و مهر مرا پود زندگی خود قرار داده، یک زمان از فرمان من سرپیچی نکرده و از من هم جز نیکی به او نرسیده. با دادن دخترم به او و پیوند خویشی دل از کین ایران شستم. اگر از من به او بد برسد سراسر گیتی از گفتگوی من پر می‌شود. بهانه‌ای از او ندارم که به او بد کنم. بزرگان مرا سرزنش خواهند کرد و درجهان به بدی شناخته شده و انگشت‌نما می‌شوم. این پسند بزرگان و جهان‌آفرین نیست. شاید فرزند سیاوش مرغزاری را تباه کند و به ما درد برساند، ما که نمی‌توانیم از هم‌اکنون بر بی‌گناه یورش ببریم. این پسند داور خورشید و ماه نیست.»

- با این‌که افراسیاب هیچ بدی و بداندیشی از سیاوش ندیده و این را به‌خوبی می‌داند و باز گو می‌کند، اما با شنیدن سخنان گرسیوز، ترس از دست دادن تخت و تاج نمی‌گذارد درست بیندیشد. در نظر افراسیاب بدی کردن به سیاوش پسند بزرگان و جهان‌آفرین نیست. چه بلایی بر سر افراسیاب می‌آید که کارش به آنجا برسد که گفته‌های خود را فراموش کند و نه‌تنها به آزار رساندن که به خون ریختن سیاوش دست بزند؟ از خردورزی تا دست به زشت‌ترین و بدترین جنایت‌ها زدن، چشم خرد را بستن. خرد، واژه‌ای که فردوسی بزرگ آن را بهترین هدیه‌ی آفریدگار می‌داند:

خرد بهتر از هر چه ایزد بدادت　　ستایش خرد را به از راه داد

۱- پدرود = بدرود , وداع
۲ -درفشی = انگشت نما, شناخته شده منفی

باز آمدن گرسیوز به نزد سیاوش (صفحه‌ی ۱۳۸)

سپهدارِ توران از آن بدتر است — کنون گاوِبیشه به چرم اندر است[1]

ندانی تو خوی بدش بی‌گمان — بمان تا بر آید بر این بر زمان

نهانش بتر[2] ز آشـکارا کنـون — چنین دان و ایمن مشو زو به خون

نخستین ز اغریرس اندازه گیر — که بر دست او کشته شد خیرْخیرْ[3]

برادر، هم از کالبد هم ز پشت — چنان پر خرد بی گنه را بکشت

وز آن پس بسی نامور بی‌گناه — بگشتند بر دست او بر تبـاه

مرا زین سخن ویژه اندوه توست — که بیدار دل بادی و تنـدرست

تو تا آمد ستی بدین بـوم و بر — کسی را نیامد ز تو بد به سر

همه مردمی جستی و راستی — جهـانی بـه دانـش بیاراسـتی

کنون خیره اهریمنِ دل گُسِل[4] — ورا از تو کرده ست پر داغ دل

دلی دارد از تو پر از درد و کین — نـدانم چـه خـواهد جهـان آفرین

گرسیوز به سیاوش می‌گوید: «سپهدار توران بدتر از آنی است که تو فکر می‌کنی. هنوز دستش برای تو رو نشده. تو از خوی بد او چیزی نمی‌دانی. بگذار مدتی بگذرد. این را بدان که نهانش از ظاهرش بدتر است، از خونریزی او ایمن نشو. به یاد داری که چگونه اغریرس برادرش را با گستاخی تمام کشت. برادر بی‌گناه و خردمندی که هم خون و پشت او بود. پس از آن نامداران بسیاری را بی‌گناه با خاک یکسان کرد. این سخن من به‌ویژه از اندوهی است که برای تو می‌خورم، برای بیداردلی و تندرستی تو. از هنگامی که به این بوم و برآمدی به کسی بدی نکردی، در راه افراسیاب این اهریمن دل شکن، درست و مردمی گام برداشتی و جهان را با دانش آباد کردی. اکنون سر از داغ تو پر کرده و از تو دلش پر از کینه و درد است. نمی‌دانم جهان‌آفرین برای تو چه می‌خواهد.»

- گرسیوز ترس بر دل سیاوش می‌اندازد و او را می‌فریبد و به افراسیاب بدگمان می‌کند. سیاوش به چاره‌جوئی می‌اندیشد چون دلش پاک و بی‌گناه و راستی جوی است.

۱ -گاو بیشه به چرم اندر است = دستش رو نشده , خود را نشان نداده

۲- بتر = بدتر

۳ -خیر خیر = بیهوده, بی سبب

٤- دل گسل = دل شکسته, ناامید

۱۳۴

سیاوش بدو گفت مندیش از این | که یار است با من جهان‌آفرین
وز آن پس سیاوش بدو کرد روی | که‌ای نیک‌دل مهتر راستگوی
سپهبد جز این کرده بودم امید | که بر من شب آرد به روز سپید
گر آزار بودیش در دل ز من | سرم برنه افراختی ز انجمن
ندادی به من کشور و تاج و گاه | بر و بوم و فرزند و گنج و سپاه
کنـون بـا تـو آیـم به درگـاه اوی | درخشان کنم تیره گون[1] ماه اوی
هر آنجا که روشن شود راستی | فـروغ دروغ آورد کـاســتی

سیاوش به گرسیوز گفت که نگران من نباش که جهان‌آفرین یار من است. او به گرسیوز روی کرده و می‌گوید ای نیک‌دل و ای مهتر راستگوی، سپهبد افراسیاب امید دیگری به من داده بود که شب سیاه را بر من روز گرداند. اگر در دل اندیشه‌ی آزار مرا داشت مرا به سالاری انجمن نمی‌گماشت و تخت و تاج و کشور و برو بوم و گنج و سپاه و هم دخترش را به من نمی‌داد. اکنون من با تو به درگاه او می‌آیم تا دل تاریکش را روشن کنم. روشنی راستی، از روشنی دروغ می‌کاهد.

- سیاوش گرسیوز را مهتر راستگو می‌خواند پس حرف‌های او را پذیرفته و تردید به دلش راه ندارد؛ اما خردمند است و می‌داند که راستی و روشنی که از در درآید دروغ از بین می‌رود.

---

۱ -تیره گون = مکدر, سیاه

بدو گفت هر چون که می‌بنگرم — به پادافره بد نه اندر خورم
بیایم کنون با تو من بی سپاه — ببینم که از چیست آزار[1] شاه
بدو گفت گرسیوزای نامجوی — تو را آمدن پیش او نیست روی
یکی پاسخ نامه باید نوشت — پدیدار کردن همه خوب و زشت
امید استم از کردگارِ جهان — شناسنده‌ی آشکار و نهان
که او بازگردد سوی راستی — شود دور از کژّی و کاستی
وگر بینم اندر سرش پیچ و تاب[2] — هیونی فرستم هم اندر شتاب
از این سوهمه دوستدار تواند — همه بنده در کار و بار تواند
وز آن سو پدرآرزومند توست — سپه بنده و شهر پیوند توست
به هر سو یکی نامه‌ای کن دراز — بسیجیده باش و درنگی مساز
سیاوش به گفتار او بگروید[3] — چنان جان بیدار او بِغنوید

سیاوش به گرسیوز می‌گوید هر چه می‌نگرم سزاوار کیفر نیستم. من با تو بی سپاه می‌آیم که ببینم دل آزردگی شاه برای چیست. گرسیوز به او می‌گوید ای نامجو نباید نزد او بیایی. بهتر است در پاسخ نامه‌ای بنویسی و همه خوب و زشت را بیان کنی. امید دارم از کردگار جهان که او به‌راستی روی بیاورد و از کژی و کاستی دست بردارد. اگر چنین نشد و در خشم ماند، با شتاب اسبی راهوار می‌فرستم. اینجا همه دوستدار تواند و همه دل بسته به کار و بار تو. از آن سوی پدر آرزومند توست. سپاه دل‌بسته‌ی تو و شهر در پیوند با تو. به هر یک نامه‌ای بنویس و شرح ماجرا را بگو. آماده باش و درنگ نکن. سیاوش گفتار او را شنید آن چنان که جان بیدارش به خواب رفت.

- انسان بی‌گناه ترسی از رویارویی ندارد. سیاوش می‌خواهد بی سپاه به‌سوی افراسیاب برود اما گرسیوز او را بازمی‌دارد و نیرنگ دیگری به کار می‌گیرد. او می‌داند با روبرو شدن سیاوش با افراسیاب نیرنگ او کارگر نخواهد بود. چون راستی که درآید از روشنایی دروغ کم می‌شود. سیاوش فریب سخنان گرسیوز را می‌خورد و جان بیدارش به خواب می‌رود.

---

۱ -آزار = دل آزردگی, مارت
۲- پیچ و تاب = درد و رنج, رنجش
۳ - بگروید = مایل شد, ایمان آورد

اندرز کردن سیاوش فرنگیس را (صفحه‌ی ۱۴۰)

چنین است کردار چرخ بلند / گهی شاد دارد گهی مستمند
گر ایوان من سر به کیوان کشید / همان زهر مرگم بباید چشید
اگر سال گردد هزار و دویست / به جز خاک تیره مرا جای نیست
ز شب روشنائی نجوید کسی / کجا بهره دارد ز دانش بسی

چرخ بلند کردارش این‌گونه است گاهی تو را شاد می‌دارد گاهی مستمند و بیچاره. اگر ایوان کاخ من سر به فلک بکشد زهر مرگ را باید بچشم. اگر هزار و دویست سال از عمرم بگذرد، به جز خاک تیره جایم نیست. کسی که بهره‌ی بسیار از دانش برده باشد از شب، امید روشنایی ندارد.

- سر آخر مرگ است و بالینمان خشت، انسان خردمند و آگاه، تیرگی مرگ را خوب می‌شناسد و می‌داند روشنی به آن راه ندارد.

جهانا ندانم چرا پروری / چو پرورده‌ی خویش را بشکری

ای جهان چرا پرورش می‌دهی تو که پرورده‌ی خود را شکار می‌کنی.

- اگر شکار مرگ شدن را بپذیریم، این‌که آیا برای مرگ پرورشمان می‌دهند در خور نگرش است.

گرفتار شدن سیاوش به دست افراسیاب (صفحه‌ی ۱۴۱)

سیاوش چنین گفت که این رأی نیست	همان جنگ را مایه[۱] و جای نیست
به گوهر بر آن روز ننگ آورم	که من پیش شه هدیه جنگ آورم
مرا چرخ گردان اگر بی‌گناه	به دست بدان کرد خواهد تباه
به مردی مرا روز آهنگ[۲] نیست	که با کردگار جهان جنگ نیست

ایرانیان از سیاوش می‌خواهند که با افراسیاب بجنگد، او می‌گوید که این رأی و اراده‌ی من نیست. جای و هنگام جنگ نیست. ننگ بر نژاد من اگر هدیه، جنگ پیش شاه ببرم. اگر چرخ گردان بنا دارد مرا بی‌گناه به دست بدان تباه کند، من مردی و مردانگی را از بین نمی‌برم زیرا با کردگار جهان نمی‌توان جنگید.

- آئین مردانگی و پیمان بستن و نشکستن، نباید از بین می‌رفت. سیاوش تن به این کار نداد تا با دفاع کردن و جنگیدن با افراسیاب خون بی‌گناهان ریخته نشود. او با این کار خود، آئین و کیش درست خود را به نمایش گذاشت تا همگان بدانند در راه راستی و مهر، جان را فدا کردن و تا ابد آفرین بر خود خریدن آئین اوست. در جمعی که بود، نفهمیدند و ندانستند. آرزوی او هنگام مرگ بر پا شدن دوباره‌ی رسم و آئین مردانگی و پهلوانی بود.

۱- مایه = سبب, دلیل
۲ -آهنگ = عزیمت, قصد

چه گفت آن خردمند با رأی و هوش | که با اختر بد به مردی مکوش
چنین گفت ز آن پس به افراسیاب | که‌ای پرهنر شاه با جاه و آب
چرا جنگجوی آمدی با سپاه | چرا کشت خواهی مرا بی‌گناه
سپاه دو کشور پر از کین کنی | زمان و زمین پر ز نفرین کنی
چنین گفت گرسیوز کم خرد | ز تو این سخن‌ها کی اندر خورد
گر ایدر چنین بی‌گناه آمدی | چرا با زره نزد شاه آمدی
پذیره شدن ز این نشان راه نیست | کمان و زره هدیه‌ی شاه نیست
سیاوش بدانست کان کار اوست | برآشفتن شاه بازار اوست

مرد خردمند و باهوش و صاحب اندیشه می‌گوید اگر اختر بد به سرت آمد با پایورزی در مقابلش نایست. سیاوش به افراسیاب می‌گوید که‌ای شاه پر هنر و پر از جاه، چرا با سپاه به جنگ آمدی و می‌خواهی مرا بی‌گناه بکشی. سپاه دو کشور را پر از کین خواهی می‌کنی و زمان و زمین را پر از نفرین. گرسیوز کم خرد گفت که این سخن‌ها کی در خور توست. اگر بی‌گناهی چرا با زره نزد شاه آمدی؟ به استقبال آمدن بدین گونه درست نیست و کمان و زره هدیه‌ی شاه نیست. سیاوش فهمید که این آتش را او روشن کرده و شاه را به او بدگمان کرده و شورانده است.

- نیرنگ گرسیوز کار خود را می‌کند و افراسیاب سیاوش را دشمن تاج‌وتخت می‌بیند. وارد جنگ نشدن سیاوش هم نشانه بود برای درست کاریش؛ اما افراسیاب کم خرد تنها چیزهایی را می‌بیند که پیش‌تر به او گفته شده بود. دلش از خرد تهی و آتش آز در آن شعله ور است. برای نگاه داشتن تاج‌وتختش به هیچ‌کس رحم نمی‌کند. حتی به فرزندش فرنگیس و نوه‌ای که در شکم دارد. حتی حاضر نمی‌شود سیاوش را به بند بکشد. از افراسیاب همین انتظار می‌رود. او کشنده‌ی برادرش اغریرس نامدار است. به گفته‌ی فردوسی بزرگ هیچ تاج‌وتخت و کاخی برای شاهان نمانده. بی‌خردی افراسیاب در کشتن سیاوش چون خورشید تابنده روشن است.

سیاوخش از بهر پیمان که بست | سوی تیغ و نیزه نیازید دست
نفرمود کس را ز یاران خویش | که آرد یکی پای در جنگ پیش

سیاوش به دلیل پیمانی که بسته بود سوی نیزه و شمشیر دست نبرد و به یارانش اجازه نداد که درجنگ پای پیش بگذارند.

- پیمان بستن و بر سر پیمان بودن در میان ایرانیان بسیار اهمیت داشته است. سیاوش حتی دم مرگ هم از پیمانش نمی‌گذرد. او در میان دشمن، تنها به‌سوی مرگ می‌رود اما از آئین خود دست برنمی‌دارد. شگفت است، به همان اندازه که آزمند و ستمکار در ستم خود پایورز است، انسان نیک و درستکار برای آئین درستی و دادگری جان می‌دهد. سر آخر آفرین و نفرین است که می‌ماند.

چنین گفت با شاه یکسر سپاه | کز او شهریارا چه دیدی گناه
چه کرده است با تو نگویی همی | که بر خون او دست شویی همی
چرا کشت خواهی کسی را که تاج | بگرید بر او زارو هم تخت وعاج
به هنگام شادی درختی مکار | که زهر آورد بار او روزگار

سپاه همگی از افراسیاب می‌پرسند که از سیاوش چه گناهی دیدی؟ با تو چه کرده که نمی‌گوئی و می‌خواهی خونش را بریزی؟ چرا می‌خواهی کسی را بکشی که تاج‌وتخت بر او بگریند. هنگام شادی درختی نکار که روزگار، از آن بار زهربدهد.

- همان‌گونه که می‌بینیم سپاه هم بر بی‌گناهی سیاوش گواهند. شاید اگر افراسیاب با سپاه رایزنی می‌کرد پلیدی گرسیوز آشکار می‌شد و خون بی‌گناهی چون سیاوش ریخته نمی‌شد و هم خون بسیارانی در کین خواهی او سخن این جاست که افراسیاب ابداً نمی‌خواهد بشنود. ترس از دست دادن تخت و تاج دل و مغزش را پر کرده.

ز دانا شنیدم یکی داستان
خرد شد بدین گونه همداستان

که آهسته دل[1] کی پشیمان شود
هم آشفته را هوش درمان شود

شتاب و بدی کارِ اهرمن است
پشیمانی و رنج جان و تن است

سری را که باشی بدو پادشا
به تیزی بریدن نباشد روا

مکن شهریارا تو تیزی مکن
به نوی میفکن همی کینه بن

به بندش همی دار تا روزگار
بر این مر تو را باشد آموزگار

چو باد خرد بر دلت بر وزد
از آن پس ورا سر بریدن سزد

مفرمای و اکنون تو تیزی مکن
که تیزی[2] پشیمانی آرد به بُن

سری را کجا تاج باشد کلاه
نشاید بُرید ای خردمند شاه

چه بُرّی همی تو سر بی‌گناه
که کاوس و رستم بود کینه‌خواه

پدر شاه و رستمش پرورده است
به نیکی مر او را برآورده است

ببینیم پاداش این زشت کار
بپیچی، به فرجام این روزگار

پیلسم پهلوان پیر لشکر، به افراسیاب می‌گوید که از مرد دانا حرفی شنیده‌ام که با خرد هم داستان است. هوش، دل آشفته را درمان می‌کند و دل آرامی هیچگاه پشیمانی ندارد. شتاب و بدی کردن کار اهریمن و نتیجه‌اش پشیمانی و رنج و درد دادن به تن است. سری را که تاج بر سر دارد روا نیست که با خشم از تن جدا کنی. ای شهریار، با خشم و کین تندوتیزی نکن و بنیان کینه‌ای نو را برپا نکن. تا مدتی دربند نگهدارش، شاید درس دیگری گرفتی. اگر پس از آن خرد بر دلت چیره شد و باز فرمان به کشتن او داد، آنگاه سراز تنش جدا کن. شتاب نکن. شتاب و خشم، پشیمانی به بار می‌آورد. ای شاه خردمند، سری را که تاج شاهی بر سر دارد بریدن سزا نیست. اگر سر این بی‌گناه را از تن جدا کنی، کاوس و رستم کینه خواه خواهند بود. پدرش شاه است و رستم تهمتن پرورانندە او به نیکی. پادافره و کیفر این کار زشت را سر آخر از روزگار خواهی دید.

- چگونه است که فردی که حرف‌های گرسیوز دگرگونش کرده، سخنان سپاهیان و پند پیلسم پهلوان در او اثر نمی‌کند؟ به جز آن که چشم خردش را کور کرده است. چسبیدن به تخت و تاجی که اساسش دادگری و آبادانی نیست. اگر بود کوششی هرچند کمبنیه از سوی افراسیاب دیده می‌شد تا واقعیت را ببینند.

---

۱ -آهسته دل = دل آرام، نرمی

۲ -تیزی = تندی، شتاب

زاری کردن فرنگیس پیش افراسیاب (صفحه‌ی ۱۴۲)

دلت را چرا بستی اندر فریب — همی از بلندی نبینی نشیب
سرِ تاجداری مبُر بی‌گناه — که نپسندد این داورِ هور و ماه
مکن بی گنه بر تن من ستم — که گیتی سپنج است و پُر باد و دم[1]
یکی را به چه افکند با کلاه — یکی بی کله بر نشاند به گاه
سرانجام هر دو به خاک اندرند — ز اختر به چنگ مغاک اندرند
به گفتار گرسیوز بد نهان — درفشی مکن خویشتن در جهان
که تا زنده‌ای بر تو نفرین بود — پس از مردنت دوزخ آئین بود
شنیدی کجا زآ فریدون گُرد — ستمکاره ضحاک تازی چه برد
همان از منوچهر شاه بزرگ — چه آمد به تور و به سلم سترگ
کنون زنده بر گاه کاوس شاه — چو دستان و چون رستم کینه‌خواه
زمین از تهمتن بلرزد همی — که توران به جنگش نیرزد همی
درختی نشانی همی بر زمین — کجا برگ خون آورد بار کین

فرنگیس همسر سیاوش به پدرش افراسیاب گفت: «از این فراز، نشیب را نمی‌بینی؟ چرا دل به فریب سپرده‌ای؟ یزدان پاک دارنده‌ی خورشید و ماه نمی‌پسندد که سر بی‌گناهی را از تن جدا کنی. به من بی‌گناه ستم نکن که جهان ناپایداراست و پر از رویدادهای ناخوش. یکی را با تاج به چاه می‌افکند و یکی بی کلاه را بر تخت می‌نشاند. هر دو سر آخر خوراک خاکند. بافریب گرسیوز بدگمان، خودت را رسوای عالم نکن. پس از مردنت در دوزخ گرفتار می‌شوی و جهانیان بر تو نفرین خواهند کرد. شنیدی که از فریدون گرد بر سر ضحاک چه آمد؟ منوچهر بزرگ با تور و سلم چه کرد؟ اکنون شاه کاوس، رستم و زال دستان و همان تهمتنی که زمین زیر پایش می‌لرزد کینه خواه خواهند شد. این جنگ را برای توران نخواه. درختی می کاری که برگش خون است.»

- اندرزهای فرنگیس را شنیدیم که به‌خوبی آینده‌ی این کار، کشتن سیاوش را ترسیم می‌کند. افراسیاب دلش تهی از خرد است و حتی به فرزند نامهربان. پند و اندرزهای فرنگیس و یادآوری ضحاک و فریدون و سرانجام سلم و تور هم تلنگری به مغز سبک افراسیاب وارد نمی‌کند.

۱- باد و دم = غرور، خودستایی

کشته شدن سیاوش به دست گروی (صفحه‌ی ۱۴۲)

سیاوش بنالید بر کردگار ... که‌ای برتر از گردش روزگار
یکی شاخ پیدا کن از تخم من ... چو خورشید تابنده بر انجمن
که خواهد از این دشمنان کین من ... کند در جهان تازه آئین من
همی‌شد پس پشت او پیلسم ... دو دیده پرازخون و دل پر زغم
سیاوش بدو گفت پدرود باش ... زمین تار و تو جاودان پود باش
درودی ز من سوی پیران رسان ... بگویش که گیتی دگر شد به سان
به پیران نه زین گونه بودم امید ... همی پند او باد شد من چو بید
کنون، پیش گرسیوز ایدر دمان ... پیاده چنین خوار و تیره‌روان
نبینم همی یار با من کسی ... که بخروشدی زار بر من بسی

سیاوش پیش از کشته شدن سخن می‌گوید. او با ناله از یزدان می‌خواهد که: «ای برتر از چرخش روزگار، از نژاد من فرزندی بپرور که مانند خورشید بر مردم بتابد. از دشمنان کین مرا بجوید و در جهان آئین مرا تازه کند.» پیلسم پشت سرش است دو دیده پر ازخون و دلش پر از غم. سیاوش به او گفت تو تندرست باش، زمین تارو تو همیشه تا جاودان پود باش و جهان را سامان بده و با او بدرود گفت. به پیران درود برسان و بگو که جهان دگرگون شد. از تو به‌گونه‌ای دیگر امید داشتم. پند او برای من مانند باد بود برای بید. اکنون این چنین نزد گرسیوز پیاده و خوار افتاده‌ام، هیچ‌کس را نمی‌بینم که یار من باشد و بر من به زاری بگرید.

- پندهای سیاوش پیش از کشته شدن و خواست و آرزویش از یزدان، برپاشدن آئین اوست؛ زیرا بین مردمی کشته می‌شود که کیش او را نمی‌بینند و زیر پا گذاشته‌اند. آئین او کیش یزدان است. درجایی دیگر از پیلسم می‌خواهد که اگر جهان تار است او همیشه پود باشد. هر گاه جهان به گسستگی روی آورد او مانند پود به جهان سروسامانی بازگرداند. می‌گوید پند پیران که او را در توران نگه داشت و موجب پیوند خویشی با افرسیاب کرد، مانند بادی بود و او چون بید.

چپ و راست هر سو بتابم همی ‌ ‌ ‌ ‌ سر و پای گیتی نیابم همی
یکی بد کند نیک پیش آیدش ‌ ‌ ‌ ‌ جهان بنده و بخت خویش آیدش
یکی جز به نیکی جهان نسپرد ‌ ‌ ‌ ‌ همی از نژندی فرو پژمرد
مدار ایچ تیمار با جان به هم ‌ ‌ ‌ ‌ به گیتی مکن جاودان دل دژم
که ناپایدار است و ناسازگار ‌ ‌ ‌ ‌ چنین بود تا بود این روزگار
یکی دان از او هرچه آید همی ‌ ‌ ‌ ‌ چو جاوید با تو نپاید همی

هر چه به چپ و راست می‌نگرم سرو پای جهان را پیدا نمی‌کنم. یکی بدی می‌کند برایش نیکی پیش می‌آید و جهان بسته‌ی او می‌شود و بختش بیدار. دیگری جز به راه نیکی جهان نمی‌سپارد اما از اندوه می‌پژمرد. هیچ بهبودی با جانت دمساز نمی‌شود، برای همیشه دلت را اندوهگین نسازکه جهان ناپایدار است و ناسازگار. تا بوده روزگار این چنین بوده. هر چه از او می‌رسد تفاوتی نمی‌کند زیرا تا جاودان با تو نیست.

- نابرابری‌ها در جهان تا جاودان اندوهگینت نسازد. جهان ناپایدار و ناسازگار است. شادی و غمش گذراست. جهان با تو تا جاودانه نیست. اندیشیدن به ناپایداری جهان از اندوه می‌کاهد و هنگام شادی و دارندگی، آز را از انسان دور می‌کند.

رهانیدن پیران فرنگیس را (صفحه‌ی ۱۴۳)

۱۴۶

خردمند پیران بیامد چو باد کسی کش خرد بد دلش گشت شاد
چو چشم گرامی به پیران رسید شد از آب دیده رخش ناپدید
بدو گفت با من تو بد ساختی چرا زنده در آتش انداختی
ز اسب اندر افتاد پیران به خاک همه جامه‌ی پهلوی کرد چاک
ببوسید پای و سر او به مهر روانش پر آتش پر از آب چهر
همی‌گفت که این کارها نغز نیست بد است این‌که سالار را مغز نیست
نه بس این‌که سرو سهی[1] را فکند که بر شاخ گل[2] نیز سازد گزند

پیران خردمند که دلش از خرد و آگاهی شاد بود نزد فرنگیس آمد. فرنگیس با زاری به او گفت با من بد کردی و مرا در آتش انداختی. پیران از اسب به خاک افتاد و جامه‌اش را پاره پاره کرد. سر و روی او را مهربانانه بوسید. درحالی‌که جانش پر از آتش و چهره‌اش پر از اشک بود. گفت این کارها پسندیده نیست خیلی بد است که در سر شهریار مغز نیست و خرد وجود ندارد. کشتن سیاوش کم نیست که به آزردن و آسیب رساندن به شاخ گل خود، دخترش نیز دست می‌زند.

- پیران خردمند از تهی‌مغز بودن افراسیاب می‌گوید. از کشتن سیاوش و آسیب و آزار رساندن به فرنگیس. گویا همه دلاوران و سپاه به بی‌گناهی سیاوش باور دارند مگر خود افراسیاب.

۱- سرو سهی = در اینجا سیاوش
۲ - شاخ گل = در اینجا فرنگیس دختر افراسیاب

چه آمد ز بد بر تو ای نیکخوی — که آوردت این روز بد را به روی
چرا بر دلت چیره شد خیره دیو[۱] — ببرد از دلت شرم کیهان خدیو[۲]
بکشتی سیاوخش را بی‌گناه — به خاک اندر انداختی نام و جاه
بسا پهلوانان کز ایران زمین — که با لشکر آیند پر درد و کین
جهان آرمیده ز دست بدی — شده آشکارا ره ایزدی
پشیمان شوی زین به روز دراز — بپیچی همانا به گرم و گداز
کنون زو گذشتی به فرزند خویش — رسیدی به آزار پیوند[۲] خویش
به فرزند با کودکی در نهان — درفشی مکن خویشتن در جهان
که تا زنده‌ای بر تو نفرین بود — پس از زندگی دوزخ آئین بود

پیران نزد افراسیاب می‌رود و می‌گوید که چه کسی این روز بد را برایت رقم زد؟ چرا دیو گستاخ بر دلت پیروز شد و شرم از یزدان پاک را، از دلت برد. با کشتن سیاوش نام و جاه و جلال خود را به خاک اندرافکندی. پهلوانان ایران‌زمین به خون‌خواهی، با لشکر پر از درد و کین به این جا خواهند آمد. جهان از بدی دور و راه ایزدی آشکار شده بود. مدتی می‌گذرد و تو پشیمان می‌شوی و در سوز و گداز می‌افتی. از آن گذشته به آزار دخترت پرداخته‌ای که خویش توست و کودکی در نهان دارد. تا زنده‌ای بر تو نفرین می‌کنند و پس از آن آئین تو دوزخی خواهد بود.

- پیران هم چون دلاوران دیگر افراسیاب را نکوهش می‌کند و او را از آزار فرزندش بازمی‌دارد. به او می‌گوید با کشتن سیاوش بی‌گناه جاه و جلالت را به خاک افکندی، دخترت را آزار می‌دهی. تا ابد نفرین برای خود خریدی. شاهان و پهلوانان ایران، جمشید، فریدون، ایرج، منوچهر، سام، رستم، سیاوش و...افراسیاب؟

---

۱ - خیره دیو = دیو گستاخ, لجوج
۲ - کیهان خدیو = یزدان
۳ - پیوند = خویش, بستگان

اندر زادن کی خسرو (صفحه‌ی ۱۴۳)

۱۴۸

چه دانست کو جان نهد بر سرش — وز آن کشت نیکو بد آید برش
بپاشید تخم نکوئی به خاک — زمین شور بود جایگاهش مغاک
تفـو بـاد بـر ایـن گـزند جـهان — بتـر ز آشـکارا مـر او رل نهـان

پیران از به دنیا آمدن کی خسرو شادمان است نمی‌داند که از این نورسیده به او بد می‌رسد. تخم نیکوئی برخاک می‌پاشد اما زمین شوره‌زاراست و جایگاه او خاک تیره می‌شود. تفو بر آسیب‌های این جهان. بدتر از آسیب‌های آشکارش، آزارهای نهان اوست.

- پیران تمام کوشش خود را می‌کند که کی خسرو زنده بماند. غافل از این‌که روزگار چه بر سرش می‌آورد. درجهان انسان‌ها و رویدادها پیش می‌روند و سرنوشت‌ها را رقم می‌زنند. پیران که خردمند و آگاه است نمی‌داند که جهان حیله گر برایش چه خوابی دیده است. روزی می‌رسد که پیران باید گزینش کند. یا راه و آیین ایزدی که دادگری است و راه کی خسرو و آیین سیاوش، یا پیوند و خویشی و راه اهریمنی که راه افراسیاب است. سرانجام یا باید زیر پوشش آئین راستی قرار بگیریم یا در برابر آن. گزینش با ماست.

آوردن پیران کی خسرو را پیش افراسیاب (صفحه‌ی ۱۴۴)

۱۴۹

چه گفت آن خردمند بسیار هوش — تو خود زین میندیش و وینسان مکوش
که پـروردگار از پـدر بـرتر اسـت — همـان زاده را مـهر بر مـادر اسـت

بنگر که مرد خردمند و باهوش چه گفته است. همه‌چیز را دست یزدان بسپارخود به آن نیندیش و نگران نباش. بدان که پروردگار از پدر برتر و از مادر مهربانتر است.

- جایی که مهر پروردگار را داری خود را رها کن و به چگونگی انجام کارها نیندیش.

بازگشتن کی خسرو به سیاوشگرد (صفحه‌ی ۱۴۴)

چنین است کردار این چرخ پیر / ستاند ز فرزند پستان شیر
چو پیوسته شد مهر دل بر جهان / به خاک انـدر آرد همی ناگهان
از او تو به جز شادمانی مجوی / به باغ جهـان، بـرگ انده مبوی
مرنجان روان کاین سرای تو نیست / به جز تنگ تابوت جای تو نیست
ز گیتی تو را شادمانی است بس / که او هیچ مهـری ندارد به کـس
یکی را سرش بر کشد تا به ماه / فراز آورد زان سـپس زیـر چـاه
چنین است کـردار چرخ برین[1] / گهی این بر آن و گهـی آن بر این

کردار این چرخ پیر این‌گونه است که از فرزند پستان را می‌گیرد و هنگامی که دلش به جهان مهر پیدا کرد ناگهان او را به خاک می‌سپارد. اندوهگین نباش و تنها به شادمانی بپرداز. روانت را نرنجان زیرا از این جهان بهره‌ی تو تنها تابوتی تنگ است. جهان هیچ مهری به کسی ندارد پس برای تو، شادمانی رواست. سر یکی را به ماه می‌ساید و سپس در ته چاه سرنگون می‌سازد. کردار چرخ گردان این‌گونه است. گاهی این بر آن گاهی آن بر این.

- هنگامی که چرخ گردون سر آخر تو را به خاک می‌کشاند نه به فراز آن فکر کن نه به فرودش. او مهر بر کسی ندارد پس شاد باش و از اندوه دوری کن. فردوسی بزرگ بارها و بارها از سر به فلک کشیدن و افتادن در ته چاه می‌گوید. برای ما هم پیش‌آمده یا می‌آید. شادی را برگزینیم و اندوه نخوریم. شادی و اندوه ما در گذر است.

---

۱ - چرخ برین = چرخ والا, چرخ رفیع

شکایت فردوسی از پیری خود (صفحه‌ی ۱۴۵)

۱۵۱*

کسی را که سالش به دو سی رسید / امید از جهانش بباید برید
چو آمد به نزدیک سر تیغ شصت / مده می که از سال شد مرد مست
به‌جای عنانم عصا داد سال / پراکنده شد مال و برگشت حال
همان دیده بان بر سر کوهسار / نبیند همی لشکر بی‌شمار
کشیدن نداند ز دشمن عنان [۱] / اگر پیش مژگانش آید سنان [۲]
پر از برف شد کوهسار سیاه / همی لشکر از شاه بیند گناه
گراینده دو تیر پای نوند / همان شصت بدخواه کردش به بند
سراینده ز آواز برگشت سیر / همش لحن بلبل هم آوای شیر
چو برداشتم جام پنجاه و هشت / نگیرم به جز یاد تابوت و دشت
همی خواهم از داور کردگار / که چندان امان یابم از روزگار
کزین نامور نامه‌ی باستان / بمانم به گیتی یکی داستان
که هر کس که اندر سخن داد داد / ز من جز به نیکی ندارد به یاد

کسی که شصت ساله می‌شود باید از جهان دل بکند. کسی که شصت ساله است از می سالیان گذشته مست است، به او نباید «می» داد. به‌جای لگام دهانه‌ی اسب، عصا به دست گرفته، مال پراکنده شده و حال و روزش دگرگون گشته است. دیدبان بر سر کوهساراست اما چشمش لشکر بی‌شمار را نمی‌بیند. نمی‌تواند افسار دشمن را در دست بگیرد و اگر سرنیزه جلوی دیدگانش قرار بگیرد دهانه‌ی اسب دشمن را نمی‌شناسد. موهای سیاه، سپید گشته و او گناه را به گردن یزدان می‌اندازد. شصت سالگی بود که دو پای تیز رو را به بند کشید و سراینده‌ی آواز، لحن بلبل و شیر را از دست داد. از هنگامی که جام پنجاه و هشت سالگی را سر کشیدم تنها به یاد دشت و تابوتم. از یزدان پاک زمان می‌خواهم تا بتوانم این کتاب باستانی را به یادگار بگذارم تا هر کس که به دنبال دادگری است از من به نیکی یاد کند.

- رد پائی شایسته‌تر از شاهنامه برای ایرانیان و جهانیان؟ روانت شاد مرد بزرگ و نیک جهان. فردوسی خود می‌داند تنها کسانی که در پی دادگری هستند او را می‌شناسند و از او به نیکی یاد می‌کنند. از یزدان می‌خواهیم که ما را در پی گرفتن راه تو یاری رساند.

---

۱ -عنان = افسار، دهنه
۲ -سنان = سرنیزه، نیزه

رسیدن رستم به نزد کاوس (صفحه‌ی ۱۴۵)

بدو گفت خوی بد ای شهریار پراکندی و تخمت آمد به بار
تو را عشق سودابه و بدخوئی ز سر برگرفت افسر خسروی
کنون آشکارا ببینی همی که بر موج دریا نشینی همی
از اندیشه و خوی شاه سترگ در آمد به ایران زیانی بزرگ
کسی کو بود مهتر انجمن کفن بهتر او را ز فرمان زن
سیاوش به گفتار زن شد به باد خجسته زنی کو ز مادر نزاد
ز شاهان کسی چون سیاوش نبود چنو راد و آزاد و خامش نبود
دریغ[1] آن سر و بازو و یال[2] او دریغ آن برو چنگ و کوپال او
دریغ آن چنان نامور شهریار که چون او نبیند دگر روزگار

رستم نزد کاوس شاه رفته و می‌گوید که‌ای شهریار خوی بد پراکندی و اکنون به بار نشست. عشق سودابه و بدخوئی تو تاج شاهانه را از سرت بر گرفت. اکنون آشکارا می‌بینی که بر موج دریا سواری. از اندیشه و سرشت تو ای شاه، زیانی بزرگ به ایران رسید. کسی که بزرگ انجمن است کفن برایش شایسته‌تر است تا فرمانبری از زن. سیاوش به گفتار یک زن بر باد رفت. فرخنده زنی که از مادر زاده نمی‌شود. پادشاهی، به راد مردی و آزادی و آرامش دوستی سیاوش نبود.
دریغ و افسوس از سر و بازو و زور و کوپالش. دریغ از چنگ و قد و بالایش. افسوس از نامور پادشاهی که دیگر روزگار به خود نمی‌بیند.

- رستم به‌خوبی سیاوش را می‌شناسد چون دست‌پرورده‌ی خود اوست. پس از گذشتن از آتش و آشکار شدن بی‌گناهی سیاوش، سودابه همچنان در دربار ماند. رستم شاه را نکوهش می‌کند. درباره‌ی دیدگاه فردوسی بزرگ به «زن» بسیار گفته شده است. با نگاهی ژرف به این‌گونه سرودها، به ارزش زن در شاهنامه و همپا بودنش با مرد پی می‌بریم.

ز پاکی و از پارسائی زن که هم غمگسار است هم رایزن

---

۱ -دریغ = افسوس, پشیمانی
۲ -یال = زور, قدرت

و یا

اگر پارسا باشد و رایزن یکی گنج باشد پراکنده زن

داوری کردن دراین‌باره تنها با نگاه کردن به سرودهایی که در نکوهش زن ناپارسا آمده، روا نیست. آن هم گفته‌ی خود فردوسی بزرگ نیست، نقل قول از شخصیت‌های شاهنامه است. در اینجا سیاوش کشته شده و سودابه همچنان نزد کاوس شاه است با این‌که بی‌گناهی سیاوش در گذر از آتش ثابت شده است. رستم از سودابه بد می‌گوید و از پادشاهی که باوجود دانستن بی‌گناهی فرزند هم چنان با اوست، شکوه دارد.

نبرد رستم و افراسیاب

لشکر کشیدن سرخه به جنگ رستم (صفحه‌ی ۱۴۶)

۱۵۳

بدو گفت پس شاه توران سپاه | کــه‌ای نامور زاده‌ی رزمــخواه
یکی داستان دارم از روزگار | کــه هــر جــای دارم همــی یادگار
ســگ کاردیــده بگــیرد پلنــگ | ز روبه رمــد[1] شیر نادیده جنگ

افراسیاب، سرخه پهلوان توران را پیش می‌خواند و به او می‌گوید که‌ای نامور رزمجو، داستانی از دوران پیشین همیشه و همه جا به یادگار دارم. سگی با تجربه و جنگ دیده پلنگ را شکار می‌کند، درحـــالی‌که روباه ازدست شیری که نبرد نکرده می گریزد.

- دشمن باتجربه را نباید خوار شمرد که اگرشیر جنگ ناکرده‌ای، روباه از چنگالت می گریزد. ارزش کارآمدی و تجربه را دست کم نگیریم. سگ با تجربه در جنگ پیروز می‌شود اما شیر نبرد نکرده شکست می‌خورد. با این‌که شیر قوی پنجه‌تر و قدرتمندتر ازسگ است.

۱- رمد = می رمد , می گریزد

۱۵۴

یکی داستان زد براو پیلتن / که هر کس که سر برکشد ز انجمن
هنر باید و گوهر نامدار / خرد یار و فرهنگش [۱] آموزگار
چو این چهار گوهر[۲] به جا ی آورد / به مردی جهان زیر پای آورد
از آتش نبینی جز افروختن / جهانی چه پیش آیدش سوختن
فرامرز نه شگفت اگر سرکش است / که پولاد را دل پر از آتش است
چو آورد [۳] با سنگ خارا کند / ز دل راز خویش آشکارا کند

هنگامی که تهمتن سر و دست فرامرز را خون آلود می‌بیند می‌گوید: «کسی که می‌خواهد سر انجمن باشد باید هنر جنگاوری، نژاد نامدارداشته باشد و خرد یارش و علم و ادب آموزگارش باشد.
اگر این چهار گوهر یا جوهر را داشته باشد، به مردانگی جهان را زیر پای خود در خواهد آورد. از آتش جز شعله ور شدن نمی‌بینی حتی اگر جهانی در برابرش پیش بیاید خواهد سوزاند. شگفت یست اگر فرامرز سرکش است، دل پولاد پر از آتش است. هنگامی که پولاد به جنگ سنگ خارا می‌رود، راز دل خویش، نیروی خود را آشکار می‌سازد.

- برای سر انجمن بودن خرد، نژاد، علم و ادب و هنر می بایست داشت. آنگاه است که می‌توانی مانند آتش جهان را زیر فرمان خود در آوری. نیروی پولاد در نبرد با سنگ خارا پدیدارمی‌شود، اندیشه‌ی انسان با گفتار و کردار، با خرد و علم و ادب.

۱۵۵*

جهانا چه خواهی ز پروردگان [۴] / چه پروردگان داغ دل بردگان [۵]

ای جهان از کسانی که می‌پرورند چه می‌خواهی؟ نه پرورندگان بلکه داغ دل دیدگان.

- پرورندگان همیشه با مهر کسان را می‌پرورند، جهان داغ بر دلشان می‌گذارد.

۱- فرهنگ = آداب دانی , معرفت
۲ -گوهر = اصل , جوهر
۳- آورد = نبرد , جنگ
٤- پروردگان = پرورش دهندگان
۵ -داغ دل بردگان = داغ دل دیدگان

کشته شدن پیلسم به دست رستم (صفحه‌ی ۱۴۸)

۱۵۶

چو بشنید پیران غمی گشت سخت
بیامد بر شاه خورشید بخت
بدو گفت که این مرد برنا ی تیز
همی با تن خویش دارد ستیز
همی در گمان افتد از نام خویش
نبیند همی کارو فرجام خویش
کسی سوی دوزخ نپوید به پای
دگر خیره سوی دژم اژدهای
گر او با تهمتن نبرد آورد
سر خویشتن زیر گرد آورد
بود زین سخن نیز بر شاه ننگ
شکسته شود دل سپه را به جنگ
برادر تو دانی که کهتر بود
فزون تر براو مهر مهتر بود

پیلسم برادر پیران می‌خواهد به جنگ رستم برود. پیران غمگین شده نزد افراسیاب می‌رود و می‌گوید: «این مرد جوان جنگجو با تن خویش سر ستیز دارد. از نام خود در گمان پیروزی افتاده است و سرانجام کار خود را نمی‌بیند. کسی به پای خود به‌سوی دوزخ و به اشتباه به‌سوی اژدهای خشمگین نمی‌رود. اگر او به جنگ تهمتن برود سر خود را از دست خواهد داد و این برای شاه ننگ خواهد بود و سپاه از پیروزی درجنگ ناامید می‌شوند. تو می‌دانی که مهر برادر بزرگتر بر برادر کوچکتر بیشتر است.»

- گاهی انسان ازداشتن نام بزرگ یا پیوند خویشی با بزرگی، مغرور شده و احساس قدرت بیشتر از توان خود می‌کند. زیبا نیست خود را آن چنان ببینیم که نیستیم. کوشش برای بهتر شدن و یادگیری دانش و بکار گیری خرد نهاد ما را پر مایه‌تر می‌سازد. به آنچه خود هستیم ببالیم.

پادشاهی رستم در توران و نشستن بر تخت افراسیاب (صفحه‌ی ۱۴۹)

۱۵۷

در گنج دینار و پر مایه تاج — همان جامه و دیبه[1] و تخت عاج
یکایک ز هر سو به چنگ آمدش — بسی گوهر از گنج گنگ آمدش
سپه سر بسر زان توانگر شدند — چو با یاره[2] و تخت و افسر شدند
بدو گفت هر کس که تاب آورد — دگر یاد افراسیاب آورد
همانگه سرش را ز تن دور کن — وزو کرکسان را یکی سور[3] کن

رستم بر تخت افراسیاب می‌نشیند. گنج و دینار و تاج و عاج و جامه و دیبا به چنگ می‌آورد و گوهرهای بسیاری از گنگ. سپاه توانگر می‌شوند و تخت و تاج و دستبند به دست می‌آورند. رستم فرمان می‌دهد: «هر کس از راستی سرپیچید و از افراسیاب یاد کرد سرش را از تن دور کنید و برای کرکسان جشن و سور بر پا کنید.»

- خون سیاوش بی‌گناه ریخته شد. درخت کین کاشته شد و امروز به بار نشست.

۱- دیبه = دیبا، حریر
۲ یاره = گردنبند، طوق
۳ سور = جشن، میهمانی

کسی کو خرد جوید و ایمنی | نیازد سوی کیش اهریمنی
چو فرزند باید که داری به ناز | ز رنج ایمن از خواسته بی‌نیاز
تو بی‌رنج را رنج منمای هیچ | همه مردی و داد دادن بسیج
که گیتی سپنج است و جاوید نیست | فری برتر از فر جمشید نیست
سپهر بلندش بپا ی آورید | جهان را جز او کدخدای آورید

کسی که جویای خرد و ایمنی است، به‌سوی کیش اهریمنی رو نمی‌آورد. همان‌گونه که فرزند را نوازش می‌کنی و از رنج دور و از خواسته بی‌نیاز می‌کنی، بی‌گناهان را در رنج نینداز و برای پراکندن مردی و دادگری آماده باش. جهان گذراست و پایدار نیست و فر و شکوهی چون فرجمشید نیست اما سپهر بلند او را از پای در آورد و پادشاه دیگری جز او بر تخت نشست.

- رستم بر تخت نشسته است اما به‌خوبی آگاه است که کاری جز پراکندن داد و مردانگی ندارد.

رفتن زواره به شکارگاه سیاوش (صفحه‌ی ۱۴۹)

۱۵۹

بدو گفت ایدر به کین آمدیم و یا لب پر از آفرین آمدیم
چو یزدان نـیکی دهش زور داد ز اختر تو را گردش هور داد
چرا باید ایـن کشور آباد ماند یکی را بر این بوم و بر شاد ماند
فرامش مـکن کین آن شهریار که چون او نبینی به صد روزگار

زواره به شکارگاه سیاوش رفته و دلخون باز می‌گردد و به رستم می‌گوید: «ما برای کین خواهی آمدیم یا آفرین گوئی؟ حال که یزدان بخشایش گر، به تو زور داده و از اختر، گردش خورشید را به تو داده، چرا باید این کشور آباد بماند و حتی یک نفر در این جا شادمان بماند؟ کین شهریار سیاوش که در صد روزگار همتایش نخواهد آمد را فراموش نکن.»

- تا کی کین خواهی می‌تواند ادامه داشته باشد؟ یک گزینش اشتباه پیامدهائی به این دهشتناکی. در فرهنگ ایرانی «گزینش» بسیار در خور نگرش بوده است. این واژه را در شاهنامه بسیار می‌بینیم.

هرآنجا که بد مهتری با گهر
همه پیش رفتند پر خاک سر

که بیزار گشتیم ز افراسیاب
نخواهیم دیدار او را به خواب

از آن خون که او ریخت بر بی‌گناه
کسی را نبود اندر آن رأی و راه

به این تخم بد ما پراکنده‌ایم
به جان و به دل مر تو را بنده‌ایم

چو چیره شدی بی گنه خون مریز
مکن با جهان دار یزدان ستیز

کین خواهی تا جایی ادامه یافت که هر جا که مهتر یا با نژادی بود، خاک بر سر ریزان نزد تهمتن رفتند. گفتند که ما از افراسیاب بیزار گشتیم حتی نمی‌خواهیم او را درخواب ببینیم. او خون سیاوش بی‌گناه را ریخت، اما کسی با این کار هم رأی نبود. ما نژادمان این است اما همه دل‌بسته‌ی تو هستیم. حال که پیروز شدی خون بی‌گناهان را نریز و با یزدان پیکار نکن.

- هنگام پیروزی خشک و تر را با هم سوزاندن خردمندانه نیست. یزدان پاک نیز کشتن بی‌گناهان را نمی‌پسندد.

چو دل بر نهی[۱] بر سرای کهن — کند ناز و بر تو بپوشد سخن
گرت دل نه با رأی اهرمن است — سوی آز منگر که او دشمن است
بپوش و بباش و بنوش و بخور — تو را بهره‌این است از این رهگذر
تهمتن به این گشت هم داستان — که فرخنده موبد بزد داستان
چنین گفت خرم دلی رهنمای — که خوشی گزین زین سپنجی سرای
نگه کن که در خاک جفت تو کیست — به این خواسته چند خواهی گریست

تهمتن سران را بخواند و گفته‌ی موبد را به آنان گوشزد کرد که اگر بر جهان دل ببندید ناز می‌کند و سخن را بر تو آشکار نمی‌کند. اگر دلت با اهریمن نیست به‌سوی آز نرو که دشمن است. از این جهان فانی بهره‌ی تو بودن و خوردن و نوشیدن و پوشیدن است. تهمتن با گفتگوی موبد هم داستان بود وگفت که شادمان باد دلی که از این سرای گذرا خوشی را برگزیند. ببین که درخاک با چه کس جفت هستی. بر مال و خواسته ات خواهی گریست.

- تنها بهره‌ی ما در جهان خوشی و شادمانی است. برای همین ایرانیان به هر بهانه‌ای جشن و سور بر پا می‌کردند. راز جهان بر تو آشکار نمی‌شود. اگر می‌خواهی دلت با اهریمن خو نگیرد آز را از دلت دور کن زیرا آز وافزون‌خواهی سر رشته‌ی تمام کژی هاست. زمان پیری مال و خواسته‌ای که اندوخته کرده‌ای در کنارت است اما توانائی استفاده از آن را نداری. زمانی نرسد که بر مال و ثروت خود گریان شوی.

۱- برنهی = بر ببندی

رفتن گیو به توران به جستن کی خسرو (صفحه‌ی ۱۵۱)

به یزدان بنالید گودرز پیر
که‌ای دادگر مر مرا دست گیر

سپردم تو را هوش و جان و روان
چنین نامبردار پور جوان

مگر کشور آید ز تنگی رها
به من باز بخشش تو ای پادشاه[۱]

بسا رنجها کز جهان دیده‌اند
ز بهر بزرگی پسندیده‌اند

سرانجام بستر جز از خاک نیست
ازو بهره زهر است و تریاک نیست

چو دانی که‌ایدر نمانی دراز
به تارک [۲] چرا بر نهی تاج آز

همان آز را زیر خاک آوری
سرش با سر اندر مغاک آوری

تو را زین جهان شادمانی بس است
کجا رنج تو بهر دیگر کس است

تو رنجی و آسان دگر کس خورد
سوی گور و تابوت تو ننگرد

براو نیز شادی همی بگذرد
همان مرگ زیر پیش [۲] بسپرد

ز روز گذر کردن اندیشه کن
پرستیدن دادگر پیشه کن

به نیکی گرایی و میازار کس
ره رستگاری همین است و بس

منه هیچ دل بر جهنده [٤] جهان
که با تو نماند همی جاودان

اگر چند ماهی بباید شدن
پس آن شدن نیست باز آمدن

گیو به توران می‌رود که کی خسرو را بیابد. گودرز پیر، پدر گیو به یزدان نالید که‌ای دادگر دست مرا بگیر. هوش و جان و روان خود، چنین جوان نامبرداری را به تو سپردم تا شاید برای کشور گشایشی بشود، ای آفریدگاراو را به من بازگردان. از این جهان بسیاری رنج‌ها دیده‌اند و برای بزرگی آن را پسندیده‌اند. بستر آخر خاک است و بهره‌ی جهان زهر. هنگامی که می‌دانی زمان درازی زندگی نمی‌کنی چرا تاج آز بر سرت بگذاری. سر آز را زیر خاک بیاور و در خاک تیره دفن کن. در جهان شادمانی برای تو بس است زیرا حاصل رنج تو برای دیگران است. تو رنج می‌بری و دیگری آسان می‌خورد و به تابوت و گور تو هم نظر نمی‌کند. بر او نیز شادی می‌گذرد و مرگ زیر پایش را خالی می‌کند. به روز رفتن بیندیش و یزدان را بپرست. نیکی کن و کسی

۱- پادشاه = در اینجا ایزد
۲ -تارک = فرق سر , میان سر
۳- پیش = پایش
٤ -جهنده = ناپایدار , جهش کننده

را نیازارکه‌این تنها راه رستگاری است. دل به هیچ جانداری در جهان نسپار که تا جاودان با تو نمی‌ماند. باید رفت و برگشتنی در کار نیست.

- پندها در مورد کوتاهی دوران زندگی است، شادی کردن و اندوه نخوردن و از سوئی دیگر، کشتن آز در وجود تا در این مدت کوتاه بهترین کار را در جهان انجام دهیم با این‌که می‌دانیم حاصل رنج ما برای آیندگان است. این‌گونه زندگی کردن چه آرامش خاطر و چه احساس ارزشمند بودنی به همراه دارد.

کنون ... ما هم پر و بد سال ... بیکار
پر ... گفت بر دختر دل آراست ... بر داره ... که کوی ... هوا
که اندر ... باشد ... هم ایدر سپاه و هم ایدر کلاه
کنون کرد خویش ... ... سواران و مردان دانش پژوه
ز ... دور بخشش ... همه دانش و داد ...

که کل عمر من جز ... خار نیست ... بدین ... ... بیکار نیست
ستاره ... بر داختم کرد راست ... چنین بود ... بخت ...
که زینت بر حلم کردان ... هم ایدر ...
بیاموز و بشنو ز هر دانشی ... ز هر دانشی راستی
بگفت این و بخاست ... ... [illegible]

نشستن زال بتخت بلد

خروشیدن زال ... کرنای ... بر آمد ز هیلمند بر دست راب
سپهبد سوی جنگ بنهاد روی ... لشکری ...

بشد زال با او دو منزل براه ... بیامد نامه چون کرد سپاه
بیامد زال ... بر کرفت ... شگفتی ...

بغر بود تا باز کردد ز راه ... شود شاد دل سوی تخت و کلاه
بیامد بر اندیشه دستان سام ... که تا چون زید تا بود نیک نام

نشست از بر نامور تخت عاج ... بسر بر نهاد آن فروزنده تاج
ابا یاره و گرزه کاوس ... ابا طوق زرین و ...

ز هر کشوری موبدان بخواند ... بر موبدان ... چنین ...
ستاره شناسان و دین آوران ... سوی آنکه در دل ...

شب و روز بودند با او بهم ... زدندی همه رای بر بیش و کم
چنان گشت زال از بس آموختن ... که گفتی ... ز روشن

برای و بدانش بجایی رسید ... که چون خویشتن در جهان کس ندید
بر ... سان ... گشت کردان سپهر ... ز سام و ... گسترده ...

چنان بد که روزی چنین کرد رای ... که در پادشاهی بجنبد ز جای
بروز ... و ... کردان ... که با او یکی بود ...

سوی کشور هندوان کرد رای ... سوی کابل و دنبر و مرغ و مای
بهر جایگاهی بیاراستی ... می و رود و رامشگران خواستی

گشاده در گنج و افکنده رنج ... بر آیین و رسم سرای سپنج
ز زاول بکابل رسید آن زمان ... گرازان و خندان و دل شادمان ۴۹

یکی پادشا بود مهراب نام ... زبردست و با گنج و گسترده کام
ببالا بکردار آزاد سرو ... برخ چون بهار و برفتن تذرو

برخ ... داشت و مغز ... دو کتف یلان و هش موبدان
چو آگه شد از کار دستان سام ... ز کابل بیامد بهنگام شام

ابا گنج و اسبان آراسته ... غلامان و هر گونه خواسته
ز دینار و یاقوت و مشک و عبیر ... ز دیبای زربفت و خز و حریر

یکی تاج پر گوهر شاهوار ... یکی طوق زرین زبرجد نگار
چو آمد بدستان سام آگهی ... که مهراب آمد ...

پذیره شدش زال و بنواختش ... بیایین یکی پایگه ساختش
سوی خیمه ... باز آمدند ... گشاده دل و بزم ساز آمدند

یکی جایگاهی نهاد از جهان ... که ... بر خوان ...
کسار نده می ... دو جام ... نگه کرد مهراب را پور سام

خوش آمد همانا ش دیدار اوی ... دل ... کشت در کار اوی
چو مهراب برخاست از خوان زال ... نگه کرد زال اندر آن بر و یال

چنین گفت با مهتران زال زر ... که زیبنده تر زین کمر بندد که
یکی نامدار از میان مهان ... چنین گفت کای پهلوان زمان

۱۶۳

تو را کردگاری است پروردگار   تویی بنده‌ی کرده‌ی[1] کردگار
چو گردن به اندیشه زیر آوری   ز هستی مکن پرسش و داوری
نشاید خور و خواب و با او نشست[2]   که خستو[3] نباشد به یزدان که هست
دلش کور باشد سرش بی‌خرد   خردمندش از مردمان نشمرد
ز هستی نشان است بر آب و خاک   ز دانش مکن خویشتن در مغاک
چو سالار ترکان به دل گفت من   به بیشی بر آرم سر از انجمن
چنان شاهزاده جوان را بکشت   به پیش آمدش روزگار درشت
هم از پشت او داور کردگار   درختی نو آورد یازان به بار
که با او بکرد آنچه بایست کرد   برآورد از مـغز و ایـوانش گرد
جز از رأی و فرمان او راه نیست   خور و ماه از این دانش آگاه نیست

تو بنده و بسته‌ی کردگاری و او پروردگار توست. هنگام اندیشیدن، در مورد هستی پرسش و داوری نکن. شایسته نیست با کسی که اعتراف به بودن یزدان نمی‌کند خور و خواب داشته باشی؛ زیرا او دلش کور است و سرش بی‌خرد و خردمندان او را جزو مردم نمی‌دانند. از هستی بر آب و خاک نشان است، با دانش خویش را در خاک نکن. هنگامی که سالار ترکان در دل، خود را برتر از نامداران دیگر دید، چنان شاهزاده جوانی را کشت و روزگارش سخت شد. از نژاد او داور کردگار درختی نو به بار آورد که ببالد و بار دهد که با خونریز پدرش کاری کند که باید و سر و تخت و کاخش را نابود کند. جز از فرمان و اراده‌ی او راهی نیست و خورشید و ماه از این راز آگاه نیستند.

- راز هستی را با دانش نمی‌توان یافت اما نشانش بر آب و خاک هست. از سیاوش پسری به وجود می‌آید که به‌فرمان و اراده‌ی یزدان، خونریز پدر را به خاک و خون بکشاند. پسری که در دامان فرنگیس دختر خود افراسیاب پرورش می‌یابد. تیرگی که از حد می‌گذرد، تابش نور آغاز شده و چشم را می‌نوازد. هم چنان که ذره‌ای نور در آشپزخانه‌ی ضحاک تابیدن می‌گیرد و با نجات جوانان و فرستادنشان به کوه به خورشید آزادی تبدیل می‌شود.

---

۱ -کرده = آفریده
۲- نشست = نشست و برخاست
۳ - خستو =اعتراف کردن

یافتن گیو کی خسرو را (صفحه‌ی ۱۵۱)

بسی با دل خویش اندیشه کرد   که من دور ماندم ز خواب و ز خورد
همی گفت مانا[1] که دیو پلید   بر پهلوان بد که این خواب دید
دگر گفت با دل که ازچند گاه   شدم من بدین مرز جویای شاه
ز کی خسرو ایدر نیابم نشان   چه دارم همی خویشتن را کشان
همی برفشانم به خیره روان   خمیده[2] روانم چو خم[3] کمان
همانا که خسرو ز مادر نزاد   و گر زاد دادش زمانه به باد
ز جستن مرا رنج و سختی است بهر[4]   انوشه[5] کسی کو بمیرد به زهر
دلی پر ز غم گرد آن مرغزار[6]   همی گشت شه را شده خواستار

گیو درتوران به دنبال کیخسرو می‌گردد با خود می‌اندیشد: «من از خواب و خورد دور مانده‌ام. خواب دیدن پهلوان گودرز کی خسرو را، شاید هنگامی‌بوده که دیو پلید کنارش بوده.» و با خود گفت: «روزگار درازی است که برای یافتن شاه به این مرزوبوم آمده‌ام. چرا خودم را این‌سو آن سو می کشانم. هنگامی که از شاه نشانی نمی‌یابم. بیهوده جان می‌گذارم و روانم را همچون کمان خمیده می‌کنم. شاید شاه از مادر زاده نشده و یا اگر زاده شده از دست رفته باشد. از این جستجو تنها بهره ام رنج و سختی است. خوش آن‌کسی که با نوشیدن زهر بمیرد.» دلش پر از غم در آن مرغزار در جستجوی شاه بود.

- در زندگی لحظه‌هایی فرامی‌رسد که انسان می‌اندیشد کوشش او بی فایده است. نا‌امید می‌شود و همه انرژی خود را از دست می‌دهد. از زندگی سیر می‌شود. گاهی در همان زمان، کوشش او به بار می‌نشیند و او را از غم می‌رهاند. خون در شریان زندگیش روان می‌گردد و غم و اندوه را از دلش می‌زداید. به‌ویژه هنگامی که کاری بس بزرگ در حال انجام است، کاری که با انجامش بسیاری مردم از اندوه رها شده و به آسایش می‌رسند.

۱- مانا = همانا
۲ - خمیده = منحنی , کمانی
۳ - خم = خمیدگی , انحنا
٤ - بهر = بهره , سهم
٥ - انوشه = جاودان , بی مرگی
٦- مرغزار = چراگاه , سبزه زار

آمدن پیران از پی کی خسرو (صفحه‌ی ۱۵۳)

۱۶۵

مرا این همه از پی خسرو است — که او از بزرگان گیتی نو است
فلک روشن از نامور بخت اوست — زمین بنده‌ی پایه‌ی تخت اوست
گر ایدون[1] که خواهد جهان دار ما — به‌خوبی گراید همه کار ما
به نیروی یزدان و دیهیم و شاه — نترسم من از جنگ توران سپاه
تو با شاه بر شو به بالای تند — ز پیران و لشکر مشو هیچ کند
جهـان دار پیـروز یار مـن است — سـر اخـتر انـدر کـنار من است
به نیـروی یزدان جـان آفرین — ســواری نمــانم بر افـراز[2] زین

گیو به فرنگیس می‌گوید: «روزگاری دراز در پی شاه بوده‌ام که از بزرگان نوین جهان است. فلک از بخت آن نامور روشن است و زمین بسته به پایه‌ی تخت پادشاهیش. اگر یزدان بخواهد همه کارها به‌خوبی پیش می‌رود. به نیروی دادار و تاج و پادشاه، من از جنگ با توران هراس ندارم. تو با شاه تندوتیز به بالای کوه برو و نگذار که پیران و لشکرش حرکت شما را کند کنند. جهان دار پیروز یار من است و اختر و بخت من روشن. به نیروی یزدان، آفریننده‌ی جهان نمی‌گذارم سواری بر زین باقی بماند.

- گیو پس از سالها کوشش و سر آخر هنگام ناامیدی شاه را یافته است. او آرمان بزرگی دارد. نمی‌تواند با بروز هر مشکلی از پای درآید. با تمام اراده و نیرویش، امید رساندن شاه به مردم ایران را در دل‌وجان دارد. بر آن می‌شود که امید پیران و لشکر توران برای دست یابی به شاه را ناامید کند. آرمان او شخصی نیست او ناجی مردم ایران را نگاهبانی می‌کند و بایسته است او را سالم به ایران برساند.

۱- ایدون = این گونه, هم چنین
۲- برفراز = بالای, روی

جنگ پیران با گیو (صفحه‌ی ۱۵۴)

کز این ننگ تا جاودان مهتران   بگوینـد بـا رود رامـشگران
که تنها همی گیو خسرو ببرد   همه نامتان ننگ باید شمرد

گیو به پیران می‌گوید که سرت به باد خواهد رفت تا جاودان مهتران و هم سرود خوانان، سرگذشت تو را بازگو می‌کنند و می‌خوانند که گیو به تنهایی خسرو ایران را برد. تا همیشه ننگ بر نامتان می‌ماند.

- گیو داماد رستم است. اراده‌ی او بر این است که شاه ایران را از توران ببرد، او به تنهایی. آرمانی که انجامش، ننگ برای تورانیان به همراه می‌آورد.

گرفتار شدن پیران در دست گیو (صفحه‌ی ۱۵۴)

همی‌گفت که‌ای شاه دانش پژوه / چو خورشید تابان میان گروه
تو دانسته ای درد و تیمار من / ز بهر تو با شاه پیکار من
اگر بنده بودی به درگاه شاه / سیاوش نگشتی به گیتی تباه
تو و مادرت هر دو از چنگ دیو / برون آوریدم به رأی و به ریو[1]
ز بهر سیاوش بدم خون فشان / فرنگیس را جو از این ها نشان
سزد گر من ازچنگ این اژدها / به فر و به بخت تو یابم رها

پیران به کی خسرو می‌گوید که‌ای پادشاهی که در جستجوی دانشی و مانند خورشید در گروه می درخشی تو از درد و غمخواری من نسبت به خودت و پیکار با افراسیاب برای ماندنت آگاهی. اگر در درگاه افراسیاب بودم سیاوش به چنگال دیو گرفتار نمی‌شد. با هر رأی و نیرنگی بود تو و مادرت را از چنگال او می رهانیدم. من در مرگ سیاوش دلم خون بود این را از مادر جویا شو. سزاست اگر اکنون از چنگ گیو به شکوه و بخت تو رهایی یابم.

- نیکی کردن در جهان به یادگار می‌ماند. روزهائی که پیران یار سیاوش بود و در روزهای سختی و دشواری همراهش بود و او را داماد خود کرد، پاسخ نیکی کردنش را امروز می‌بینند؛ زیرا فرنگیس و کی خسرو کیش سیاوش را دارند نه افراسیاب.

۱- ریو= نیرنگ, خدعه

رها کردن فرنگیس پیران را از گیو (صفحه‌ی ۱۵۵)

۱۶۸

بدو گفت گیو ای سر بانوان — انوشه بزی شاد و روشن روان

یکی سخت سوگند خوردم به ماه — به تاج و به تخت سرافراز شاه

که گر دست یابم براو روز کین — کنم ارغوانی به خونش زمین

بدو گفت کی خسرو ای شیرفش[1] — روان را ز سوگند یزدان مکش

کنون دل به سوگند گستاخ کن — به خنجر وراگوش سوراخ کن

چو از خنجرت خون چکد بر زمین — هم از مهر یاد آیدت هم ز کین

بشد گیو و گوشش به خنجر بسفت[2] — ز سوگند برتر درستی بجست

گیو به فرنگیس می‌گوید که‌ای سر بانوان، شاد و جاودان بزی با روان روشن. من به ماه سوگند خورده‌ام و به تاج‌وتخت شاه سرافراز که روز کین خواهی اگر دستم برسد زمین را ازخونش رنگین کنم. کی خسرو می‌گوید ای دلاوری که چون شیری، از سوگندی که خورده ای دست نکش. اکنون سوگند خود را اجرا کن. گوش او را با خنجر سوراخ کن و زمین را از خونش رنگین که با این کار هم مهربانی کرده‌ای و هم به سوگندت وفادار بوده‌ای. گیو گوش پیران را با خنجر سوراخ کرد و از اجرای سوگند بهتر، درستی را برگزید.

- ایرانیان به پیمان و سوگند بسیار پایبند بوده‌اند. می‌توان درستی را برگزید و راهی دیگر برای اجرای سوگند و پیمان یافت. اگر ضحاک به پیمان خود با ابلیس گردن نمی نهاد کشنده‌ی پدر نمی‌شد که از شکستن پیمان بسیار بدتر بود. برخی پیمان‌ها از ریشه نادرست هستند مانند پیمان ضحاک با ابلیس که هرچه بگویی فرمان می‌برم.

---

۱ -شیرفش = شیر مانند , شجاع

۲ -بسفت = سوراخ کرد

اگر خواهی این بادپای دوان — دو دستت ببندم به بند گران
که نگشاید این بند من هیچکس — گشاینده گلشهر خواهیم و بس
کجا مهتر بانوان تو اوست — وزو نیست پنهان ترا مغز و پوست
بدان گشت همداستان پهلوان — به سوگند بخرید اسب و روان
بدو داد اسب و دو دستش ببست — وزان پس بفرمود تا برنشست
فرنگیس و کی خسرو و خوب‌چهر — به بر در گرفتند او را به مهر
بدو گفت خسرو که بدرود باش — جهان تار و تو در میان پود باش
اگـر دادگســتر دهـد دادمـان — نباشـد دریـغ از تـو جـان و روان

گیو به پیران می‌گوید اگراین اسب بادپای را می‌خواهی باید دست‌هایت را با بندی سخت ببندم و این بند را تنها گلشهر که مهتر بانوان توست بگشاید که تو چیزی پنهان از او نداری. پیران سوگند می‌خورد و با این‌سوگند اسب و جانش را می‌خرد. گیو یل اسب را به او داد، دو دستش را بست و فرمان داد تا بر اسب بنشیند. فرنگیس و کی خسرو و خوش سیما او را با مهر در بر گرفتند و خسرو به او گفت که تندرست باشی و جهان تار باشد و تو پود در میانش. اگر یزدان دادگستر به ما داد ارزانی دارد، از تو جان و روانمان را دریغ نداریم.

- هر چه بکاری بدروی.

آمدن افراسیاب از پس کی خسرو (صفحه‌ی ۱۵۵)

ورا داد پاسـخ که آمـد پدیـد — سخن هر چه گوشم ز دانا شنید
چو یزدان کسی را کند نیکبخت — ابی[1] کوشش او را رساند به تخت

افراسیاب می‌پرسد گیو چگونه وارد توران شده و از کی خسرو می‌داند؟ سپهرم، دلاور توران پاسخ می‌دهد که از دانا شنیدم که چون ایزد کسی را نیکبخت کند با کوشش او را به تخت پادشاهی می‌رساند.

- یزدان که یار باشد نیازی به دوستداران نیرومند نیست. او تو را به برترین جایگاه می‌رساند.

زمانـی سـر و پایـم انـدر کمند — به دیگر زمـان زیر سوگند بند
ندانم چه راز است نزد سپهر — بخواهد بریدن ز من پاک مهر
که یک تن به آیـد ز ترکان هزار — همانا که کین دارد این روزگار

پیران به افراسیاب می‌گوید: «زمانی سر و پایم در کمند بود و زمانی دیگر در بند سوگند اسیر بودم. نمی‌دانم راز چرخ گردون چیست که می‌خواهد مهر پاکش را از من ببرد که‌یک تن بتواند بهتر از هزار ترک سوار بجنگد. این نشانه‌ی کینه‌ی روزگار با من است.»

- پیران می‌تواند به‌جای بداندیشی و دیدن ناگواری شکست ترکان، به این بیندیشد که چگونه مهر و داد فرنگیس و کی خسرو نجاتش داد و این پاسخ نیکی‌هایش درگذشته بود. سخنان پیران نشان می‌دهد که از رهایی کی خسرو و فرنگیس شادمان نیست. از طرفی افراسیاب و خویشاوندی او و از سوی دیگر کی خسرو و فرنگیس. دو آئین و روش متفاوت. باید دید برای پیران کدام ارزشمندتر است.

۱- ابا = با

نـشان آمـد از گـفته‌ی راسـتان ‌‌‌ ‌‌ که دانا بگفت از گه باستان
که از تخمه‌ی تور و وز کی قباد ‌‌ یکی شاه سر بر زند با نژاد
که توران زمین را کند خارسان ‌‌ نماند بر این بوم و بر شارسان
دل او به ایـران گـراید به مـهر ‌‌ به توران نماید پر از کیـنه چهر

کی خسرو به‌سوی ایران می‌رود. از گفته‌ی راستان که دانا از دوران باستان گفته بود نشان آمد؛ که «از نژاد تور و کی قباد شاهی با نژاد پدیدار می‌شود که توران زمین را مانند خارستان می‌کند و بر این بوم و بر خرمی نمی‌ماند. دل او در گرو مهر ایران است و به توران چهره‌ای کین خواه نشان می‌دهد.»

- پیش بینی اختر شناسان درباره‌ی کی خسرو. او هم از توران نژاد دارد هم از ایران؛ اما هم او، هم مادرش از ستمی که بر سیاوش، پدر کی خسرو رفته و ریختن خون آن بی‌گناه، از افراسیاب و آز پرستی او بیزارند و به ایران مهر دارند و به آئین سیاوش.

گفتگوی گیو با باژبان (صفحه‌ی ۱۵۶)

بدو گفت گیو آنچه خواهی بخواه   گذر ده که تنگ اندر آمد سپاه
چو بشنید از او باژبان[1] گفتگوی   سوی گیو کرد آنگهی تیز روی
نخـواهم ز تـو گـفت باژ اندکـی   از این چارچیزت بخواهم یکی
زره خواهم از تو گر اسب سیاه   پرستار یا ریدک[2] همچو ماه
بدو گفت گیو ای گسسته خرد[3]   سخن زین نشان خود کی اندر خورد
که باشی که شه را کنی خواستار   چنین باد پیمای ای خاکسار[4]
دگر مادر شاه خواهی همی   به باژ افسر ماه خواهی همی
سه دیگر چو شبرنگ بهزاد را   که دریابد او روز تگ[5] باد را
چهارم که جستی به خیره زره   زره باید از هر کسی با گره
نگردد چنین آهن از آب تر   نه آتش بر او بر بود کارگر
نه نیزه نه شمشیر هندی نه تیر   همی باژ خواهی بر این آبگیر[6]
کنـون آب ما را و کشتـی تو را   بـدین مـایه راه درشتی تـو را

گیو می‌خواهد کی خسرو را از رود جیحون بگذراند. او به باجگیر می‌گوید تا سپاه نرسیده ما را از رود بگذران و هر چه می‌خواهی بگو. باجگیر رو به گیو کرده به تندی می‌گوید باج اندک نمی‌خواهم، یکی از این چهار چیز را به من بده. زره، اسب سیاه، پرستار یا جوانک زیباروی. گیو به اومی‌گوید ای بی‌خرد این چه سخنان ناشایستی است که می‌گویی. تو که باشی که خواستارشاه شده‌ای. ای خاکسار یاوه گو. مادر شاه را می‌خواهی باج بگیری؟ اسب بهزاد را که در روز نبرد باد پیماست؟ چهارم زره می‌خواهی که هر کسی باید داشته باشد؟ زرهی که از آهن است، خیس نمی‌شود و آتش بر آن کارگر نیست؟ در این برکه برای باج نیزه و شمشیرهندی و تیر نمی‌خواهی. اکنون کشتی برای تو و آب برای ما و این‌گونه گستاخی و درشتی بماند برای تو.

۱- باژبان = باج گیر , خراج گیر
۲ - ریدک = پسر جوان , غلام بچه
۳ - گسسته خرد = بی خرد , نادان
٤ - خاکسار = بی قدر , پست
۵ - تگ = حمله , یورش
٦ - آبگیر = برکه ی تالاب

- گیو خون باجگیر را نمی‌ریزد. کشتی را بردارد و جان پادشاه را نجات دهد و او را به ایران برساند. فریدون هم با روزبانان ضحاک چنین رفتاری دارد. فریدون بزرگ بدون رساندن آسیب به روزبانان ضحاک، خود را به آب می‌زند و لشکر به دنبالش. کی خسرو نیز هم مرام و هم منش فریدون بزرگ است.

بدو گفت کی خسرو این است و بس / پناهـم بـه یـزدان فـریادرس
فرود آمد از باره‌ی راه جوی / بنالید و بر خاک بنهاد روی
همی گفت پشت و پناهم تویی / نماینـده‌ی داد و راهـم تـویی
به آب اندرون رهگشایم تویی / به خشکی همی رهنمایم تویی
درشتی و نرمی مرا فر توست / روان و خرد سایه‌ی پر توست
بگفت این و بر پشت شبرنگ شد / به چهره به سان شب آهنگ[1] شد
به آب اندرافکند خسرو سیاه / چو کشتی همی راند تـا بـاژگاه[2]
پس او فرنگـیس و گیو دلیر / برون شد ز جیحـون و از آبگیر
به آن سو گذشتند هر سه درست / جهان‌جوی خسرو سر و تن بشست
بر آن داستان بر نیایش گرفت / جهان آفـرین را سـتایش گـرفت

کی خسرو می‌گوید که این‌گونه است و پناه من، یزدان فریادرس است. از اسب پائین می‌آید، روی بر خاک می نهد و می‌گوید که تو پشت و پناه منی، نشان دهنده‌ی راه و داد تو هستی. در درون آب رهگشا و در خشکی راهنمایم هستی. سفت و سختی، نرمی و لطافت فر تو و روان و خرد سایه‌ی پر توست. این را گفت بر پشت شبرنگ، اسبش سوار شد و چهره‌اش مانند مرغ سحر خوان شد. اسب را به آب زد و تا لب رود راند. پشت او فرنگیس و گیو دلیر از جیحون و آبگیر خارج شدند. هر سه سالم به آن سوی رود رسیدند. پادشاه جهان‌جوی، سرو تنش را شست و جهان‌آفرین را ستایش کرد.

- کی خسرو مانند فریدون به آب زد و همراهانش فرنگیس و گیو پهلوان نیز با او به آن سوی رود رسیدند. باور داشتن به‌راستی و درستی و آرمان داشتن امید را در انسان می‌پرورد.

۱- شباهنگ = مرغ سحر , بلبل
۲ -باژگاه = باژخانه , گمرک

175

پشیمان شد از خام گفتار[1] خویش | تبه دید از آن کاربازار خویش
به پوزش بیامد بر شهریار | چو آمد به نزدیکی رودبار[2]
بدو گفت گیو ای سگ کم خرد | تو گفتی که این آب مردم برد
چنین نامور با گهر شهریار | همی از تو کشتی کند خواستار
ندارد کنون هدیه‌ی تو مباد | رسد روز که این روزت آید به یاد

باج خواه از گفتار خام خود پشیمان می‌شود و بازار کار خویش را تباه می‌بیند. با هدایای بسیار، به پوزش، نزدیک ساحل نزد شهریارمی‌آید. گیو به او می‌گوید ای سگ کم خرد، تو گفتی آب مردم را می‌برد. چنین شهریاری با گهر و با نژاد از تو کشتی خواست. او نیازی به هدایای تو ندارد. روزی می‌رسد که این روز را به یاد می‌آوری.

- خواست های ناروا هنگامی که کسی نیاز به‌یاری ما دارد، ناشایست ترین کار است و کسی که این کار را می‌کند زبون ترین.

۱ -خام گفتار = بیهوده گو, یاوه گو
۲ -رودبار = ساحل, شهر لب رود

رسیدن کی خسرو نزد کاوس (صفحه‌ی ۱۵۷)

سرانجام پیران بیامد ز کوه — مرا برد نزدیک آن کین پژوه
بترسیدم از کار و کردار اوی — بپیچیدم از خشم و آزار اوی
ز هر جای پرسید و هر چیز گفت — خرد با هنر کردم اندر نهفت
ز سر گر بپرسید گفتم ز پای — ز خورد ار بپرسید گفتم ز جای
ببردش ورا هوش و دانش خدای — مـرا بـی‌خـرد یافت آن تـیره رای[1]
چو بی مایه[2] دریافت مغز سرم — به نفرین فرستاد زی مادرم
اگر ویژه ابری بود رودبار — کشنده پدر چون بود دوستدار
نخواند مرا موبد از آب پاک — که او را پرستم پدر زیر خاک

کی خسرو از بودن در توران به کاوس کی می‌گوید: سرانجام پیران بیامد و مرا نزد افراسیاب کینه خواه برد. از کار و کردار او ترسیدم و از خشم و آزارش به خود پیچیدم. از هر دری سخنی راند و چیزی پرسید. پنهانی خرد را با هنر در آمیختم، اگر از پای پرسید من ازسر گفتم اگر از خوراک پرسید از جای و سرا گفتم. یزدان هوش و دانشش را برد و آن بداندیش مرا بی‌خرد دید. وقتی مرا بی‌مغز دید با نفرین مرا نزد مادرم فرستاد. اگر او چون ابر ویژه‌ای در ساحل باشد، چطور می‌توانم دوستدار او باشم وقتی کشنده‌ی پدرم است. موبد مرا از نژاد پاک نخواند اگر من او را نگهدارنده باشم و پدرم زیر خاک باشد.

- کی خسرو با زیرکی از دست افراسیاب جان به در برده و مهر ایران را به دل دارد. او کینه خواه پدر است. شگفت‌انگیز نیست که شاه جوان و خردمند و آگاه توانسته باشد خود را نادان و بی‌خرد نشان داده و آگاهی را از دل و مغز نیایش ربوده باشد. تفاوت کی خسرو و افراسیاب را در نبردها و کین خواهی سیاوش خواهیم دید.

۱- تیره رای = بد رای , نادرست
۲- بی مایه = بی دانش , کم دانش

سرکشی کردن توس از کی خسرو (صفحه‌ی ۱۵۷)

غمی شد دل توس و اندیشه کرد که امروز اگر من بسازم نبرد
بسی کشته آید ز هر دو سپاه ز ایران نه برخیزد این کینه‌گاه
نباشد جز از کام افراسیاب سر بخت ترکان برآید ز خواب
بدیشان رسد تخت شاهنشهی سرآید همه روزگار بهی
خردمند مردی و جوینده راه فرستاد نزدیک کاووس شاه
که از ما کسی گر برین دشت جنگ نهد بر کمان چوب تیر خدنگ
یکی کینه خیزد که افراسیاب همه شب نبیند جز این را به خواب

توس پسر کاوس کی، از بر تخت نشستن کی خسرو غمگین می‌شود. می‌اندیشد اگر به ناگاه سخن از نبرد بگوید، بسیار از دو سپاه کشته می‌شوند و ایران نباید جایگاه این کینه باشد. این کار تنها به سود افراسیاب خواهد بود و بخت ترکان بیدار می‌شود و دنیا به کامشان. تخت پادشاهی به آن‌ها می‌رسد و روزگار بهروزی ما سر می‌آید. مرد جوینده راه و خردمندی را نزد کاوس شاه می‌فرستد که اگر کسی از ما بر این دشت تیر در کمان نهد و جنگ را آغاز کند شوری به پا می‌شود که افراسیاب خوابش را هم نمی‌بیند.

- ادعای پادشاهی کردن توس. درست است که توس پسر کاوس است و کی خسرو نوه، شرط پادشاه شدن تنها فرزند شاه بودن نیست. هوش و درایت و فر ایزدی و فر شاهی داشتن اساس پادشاهی است.

رفتن گودرز و توس پیش کاوس از بهر پادشاهی (صفحه‌ی ۱۵۸)

بدو گفت گودرز کای کم خرد | ترا بخرد[1] از مردمان نشمرد
به گیتی کسی چون سیاوش نبود | چنو راد[2] و آزاد و خامش[3] نبود
کنون این جهان‌جوی فرزند اوست | هم اوی است گوئی به چهر و به پوست
گر از تور دارد ز مادر نژاد | هم از تخم شاهی نپیچد ز داد
به ایران و توران چنین مرد نیست | چنین خام گفتارت از بهر چیست
به جیحون گذر کرد کشتی نخست | به فرّ کیان و به رأی درست
چو شاه فریدون کز اروندرود | گذشت و نیامد به کشتی فرود
ز مردی و از فره‌ی ایزدی | ازو دور شد چشم و دست بدی
دگر کو به خون پدر بر میان | ببندد کمر همچو شیر ژیان
از ایران بگرداند او رنج و تاب | بود بر کفش هوش افراسیاب
میان کیان دشمنی افکنی | وزان خویشتن در منی[4] افکنی

گودرز به توس می‌گوید که‌ای کم خرد، خردمندان تو را جزو مردان به حساب نمی‌آورند. در جهان کسی چون سیاوش جوانمرد و آرام و آزاد نبود. اکنون فرزندش به چهره و پوست مانند اوست، جهان‌جوی است. اگر از سوی مادر نژادش از تور است اما از شاهی و داد گری سر نمی‌پیچد. در ایران و توران چنین مردی نمی‌بینی. این گفتار خام برای چیست. به فر کیان و اراده‌ی درست از جیحون گذشت مانند گذشتن فریدون از اروندرود و به کشتی سوار نشد. از مردی و فره‌ی ایزدی او بود که چشم و دست بد از او دور شد. دیگر این‌که او خون‌خواه پدراست و مانند شیر ژیان کمر به خونخواهی او بسته. او رنج و درد را از ایران دور می‌کند و جان افراسیاب در کف اوست. چرا بین پادشاهان دشمنی می‌افکنی و در خودت خودستایی می‌پرورانی.

- گودرز توس را از اختلاف انداختن بین کیان دور می‌دارد و به او پند می‌دهد که دست از خودستائی بردارد. توس بسیاری از ویژگی‌های کاوس را دارد.

۱- بخرد = خردمند, دانا
۲- راد = جوانمرد, بخشنده
۳- خامش = ژرف اندیش , فرزانه
۴- منی = خودستایی , لاف زن

بدو گفت توس ای یل شوربخت — چه گوئی سخن‌های بی‌مغز[1] و سخت
نه خسرو نژادی نه والا سری[2] — پدرت از سپاهان بد آهنگری
چو بر ما کمر بست سالار گشت — پس از پتک داری سپهدار گشت

توس به گودرز می‌گوید که‌ای پهلوان شوربخت، این سخن‌های بی‌مغز و درشت چیست که می‌گویی؟ تو نه از نژاد پادشاهانی و نه از بزرگان. پدرت آهنگری در سپاه بود. چون کمر خدمت به ما بست پهلوان شد. او پس از پتک داری سپهدار شد.

- در گفتار و کردار توس بی‌خردی نمایان است. با این دیدگاه و گفتار، او چگونه می‌تواند پادشاه جهان باشد. او کاوه‌ی آهنگر و کار بزرگ او را درک نکرده و او را خوار می‌شمارد.

بدو گفت گودرز باز آر هوش — سخن بشنو و پهن بگشای گوش
مرا نیست ز آهنگری ننگ و عار — خرد باید و مردی ای باد سار[3]
نیـای من آهنگـر کـاوه بود — که بافر و برز و ابـا یاره بود
بدریـد او عـهد ضحاک را — چنان اژدهـا دوش ناپاک را
برافراخت آن کاویانـی درفـش — که نازد بدو تـوس زرینه کفش

گودرز پاسخ توس را چنین می‌دهد که هوشت را به کار بگیر و سخنان مرا بشنو. خوب گوش‌هایت را باز کن. من از آهنگری ننگ و عار ندارم. خرد باید داشت و مردانگی، ای بی وقار. نیای من کاوه‌ی آهنگر بود. او با فر و شکوه و با برز و دستبند بود. او بود که ضحاک، آن اژدها دوش ناپاک را از زمین برکند. او بود که درفش کاویانی را برافراخت که تو، توس زرینه کفش امروز به آن می‌نازی.

- کبر و غرور و خودپسندی و زیاده‌خواهی توس، موجب می‌شود این سخنان بی‌خردانه را بر لب بیاورد. گودرز آگاهانه پاسخ او را می‌دهد. اگر کاوه آهنگر بود، تو سپهدار امروز به او می‌نازی. چه چیز انسان را به برتری و شکوه می‌رساند به جز دادگری و رفتار ایزد پسندانه.

---

۱ -بی مغز = احمقانه, تهی
۲- والاسری = مهتری, سرافرازی
۳- بادسار= تندرو , سبک سر

۱۸۱

دو فرزند ما را کنون بر دو خیل[۱] … بباید شدن تا در اردبیل
بمرزی که آنجا دژ بهمن است … همه ساله پرخاش آهرمنست
به رنج است ز اهریمن ایزدپرست … نیارد بدان مرز موبد نشست
از یشان یکی کان بگیرد به تیغ … ندارم ازو تخت شاهی دریغ
شنیدند گودرز و توس این سخن … که افکند سالار هشیار بن
بدان هر دو گشتند هم داستان … نزد زان نکوتر کسی داستان

کاوس کی می‌گوید که دو فرزند من کی خسرو و توس، با دو سپاه به اردبیل بروند. در مرز آنجا دژی هست به نام بهمن که همواره به دنبال پیکار اهریمنانه هستند. ایزدپرستان از این اهریمنان در رنجند و نمی‌شود در آن مرز موبد بنشیند. هر کدام از فرزندان که توانستند دژ را بگیرند تخت شاهی را از او دریغ نمی‌کنم. گودرز و توس این سخن را که پادشاه هشیار راند شنیدند و با آن هم داستان شدند. راه‌حلی بهتر و نیکوتر از این نبود.

- آزمایشی هوشیارانه، زیرا برای گرفتن دژ بهمن هم هوش نیاز بود و هم دلاوری. برای شکست اهریمن هم فر ایزدی و هم فر شاهی نیاز است.

۱- خیل = سپاه , قشون

باز آمدن کی خسرو به فیروزی (صفحه‌ی ۱۵۹)

بدو گفت که این کوس و زرینه کفش | خجسته هم این کاویانی درفش
ز لشکر ببین تا سزاوار کیست | یکی پهلوان از در کار کیست
بدو ده که ما را از این مایه بس | گنه کرده را عمر سرمایه بس
ز گفتارها پوزش آورد پیش | بپیچید از آن بیهده رأی خویش
جـهان دار پیـروز بنـواختش | بخندیـد و بر تخـت بنشـاندش
جز از تو کسی را سزاوار نیست | به دل در مرا از تو آزار نیست

توس نزد کی خسرو می‌رود کوس، کفش زرینه و درفش کاویانی را به او می‌دهد و می‌گوید به هر که سزاوار می‌دانی بده. تاکنون نزد من بوده بس است. از گفته‌های خود، ادعای بیهوده و از سرپیچی خود پوزش می‌خواهد. کی خسرو می‌خندد و او را بر تخت می‌نشاند و نوازش می‌کند و می‌گوید جز تو کسی سزاوار این‌ها نیست و من از تو آزرده نیستم.

- مدارا کردن را بسیار در شاهنامه می‌بینیم. مهربانی کی خسرو با توس و برگرداندن سالاری سپاه به او پس از آن سخنان ناروا، نشانه‌ی همین مدارا ست.

بر تخت شاهی نشاندن کاوس کی خسرو را (صفحه‌ی ۱۵۹)

جهان را چنین است ساز و نهاد ‌ ‌ ‌ ز یک دست بستد[۱] به دیگر بداد[۲]
بدردیم از این رفتن اندر فریب ‌ ‌ ‌ زمانی فراز و زمانی نشیب
اگر دل توان داشتن شادمان ‌ ‌ ‌ جز از شادمانی مکن ناتوان[۳]
بخوبی بیارای به بیشی ببخش ‌ ‌ ‌ مکن روز را بر دل خویش پخش
بخور هر چــه داری فزونــی بده ‌ ‌ ‌ تو رنجیده‌ای بهر دشمن منه
تــو را داد فــرزند را هــم دهد ‌ ‌ ‌ همان شاخ کز بیخ تو بر جهد
نبینی که گیتی پر از خواسته است ‌ ‌ ‌ جهانی به‌خوبی بیاراسته است
کمی نیست در بخشش دادگر ‌ ‌ ‌ همی شادی آرای و اندوه مخور

ساز و نهاد جهان این‌گونه است. با یک دست می‌دهد با دست دیگر می‌گیرد. از فریب خوردن‌ها در رنج و دردیم. گاهی فراز، گاهی نشیب. اگر می‌توانی دلت را شادمان نگه‌داری، در این کار سستی نکن. جهان را به نیکی و خوبی آراسته کن و بسیار ببخش. روز و شب را بیهوده نگذران. به‌اندازه‌ی نیاز بخور و افزونیش را ببخش. حاصل رنجت را برای دشمن باقی نگذار. به تو داده به فرزندت هم می‌دهد، فرزندت، همان شاخی که از ریشه‌ی توست. نمی‌بینی که جهان پر از خواسته و هم به‌خوبی و نیکی آراسته است. دادگر کم نمی‌بخشد پس تو هم شادی بیافرین و اندوه نخور.

- داد و دهش، شاد بودن و اندوه نخوردن، انبار نکردن خواسته و نداشتن آز پندهای فردوسی بزرگ در سراسر شاهنامه است. به اندازه‌ای مهم و حیاتی است که فردوسی بزرگ بارها و بارها از آن سخن می‌راند. چشم و دل را از دیو آز دور نگه‌داریم.

۱ -بستد = می گیرد
۲- بداد = می دهد
۳- ناتوان = درمانده , سست

کی خسرو

پادشاهی کی خسرو شصت سال بود (صفحه‌ی ۱۶۰)

دل دشمنان گشته از وی دو نیم | دل دوستان پر ز امید و بیم
به پیش جهان دار داور به پای | همی‌بود و می‌گفت که ای رهنمای
ز دام بلایم تو کردی رها | بجستم ز چنگ و دم اژدها
بلندی تو داری تو ده زور و فر | که خواهم از و باز خون پدر
از وی و ز گرسیوز و از گروی | کنم خون روان و بمالم به روی
دل پیر کاوس شادان کنم | روان سیاوش فروزان کنم

دل دشمنان از کی خسرو به دو نیم شده و دل دوستان پر از امید و ترس. امید به مهربانی و ترس از اینکه مبادا کار نادرست انجام دهند و کیفر ببینند. یزدان را همواره نیایش می‌کرد و می‌گفت: تو از دام بلا رهایم کردی و توانستم از چنگ و دم اژدها فرار کنم. بزرگی از توست پس زور و فر به من بده تا از افراسیاب و گرسیوز و گروی، کین خون پدر را باز گیرم. خونشان را روان کنم و چهره‌ام را با آن رنگین کنم. دل کاوس پیر را شاد و روان سیاوش را فروزان کنم.

- کی خسرو با آرمان خونخواهی پدر از یزدان یاری می‌جوید و از او زور و فر پادشاهی می‌خواهد تا به آرمانش دست یابد. او برپاکننده‌ی آیین سیاوش است.

به پالیز[1] چون برکشد سرو شاخ — سر سبز شاخش برآید به کاخ
به بالای او شاد باشد درخت — چو بیندش بینا دل[2] و نیک‌بخت
سزد گر گمانی برد بر سه چیز — کزین سه گذشتی چهار است نیز
هنر با نژاد است و با گوهراست — سه چیزست و هر سه به بند اندراست
هنر کی بود تا نباشد گهر — نژاده کسی دیده‌ای بی‌هنر
گهر آن که از فر یزدان بود — نیازد به بد دست و بد نشنود
نژاد آن که باشد ز تخم پدر — سزد کاید از تخم پاکیزه بر
هنر آن که آموزی ازهر کسی — بکوشی و پیچی ز رنجش بسی
ازین هر سه گوهر بود مایه‌دار[3] — که زیبا بود خلعت کردگار
چو این هر سه پائی خرد بایدت — شناسنده‌ی نیک و بد بایدت
چو این چار با یک تن آید به هم — بر آساید از آز و از رنج و غم
مگر مرگ کز مرگ خود چاره نیست — وزو تیزتر نیز پتیاره نیست
جهان‌جوی از این چار شد بی‌نیاز — همش بخت سازنده بود از فراز

هنگامی که شاخه‌ی سرو در باغ قد می‌کشد، سر شاخ سبزش به کاخ می‌رسد. درخت با دیدن بر و بالای او و هم بینا دلی و نیکبختی او، شاد می‌شود. سزاوار است که سه چیز را در نظر داشته باشد و پس از آن مورد چهارم را. هنر و نژاد و گوهر، سه چیزی هستند که دربند یکدیگر هستند.
اگر گوهر نباشد، هنر چگونه می‌تواند باشد. انسان با نژادی را بی‌هنر دیده‌ای؟ گوهر از فر یزدان است. انسان با گوهر، به گفتار و کردار بد دست نمی‌زند و بد نمی‌شنود. نژاد آن است که از تخم پدر و سزاوار است که از تخم پاکیزه باشد. هنر آن است که از هر کسی می‌آموزی و در راه آموختن رنج بسیار می‌بری. هر که از این سه گوهر مایه دارتر است، شایسته‌ی هدیه‌ی کردگار است. اگر این هر سه را داشته باشی، باید خردمند باشی که بتوانی نیک و بد را از هم تمیز دهی.

۱- پالیز = بوستان , کشتزار
۲ -بینا دل = دل آگاه , هشیار
۳ -مایه دار = پرمایه , پر ارزش

اگر کسی هر چهار ویژگی را با هم داشته باشد، از رنج و غم و آز در آسایش خواهد بود. به جز مرگ که ناچار به پذیرش آنیم و آفتی از آن تلخ‌تر وجود ندارد. جهان‌جوی از هر چهار ویژگی بی‌نیاز است و بختش بلند و سازنده.

- در این پند استاد سخن در می‌یابیم که (گوهر = فر یزدان)، (نژاد = تخم پدر)، (هنر= آموختنی) است. هر سه ویژگی را داشته باشی نیازمند خرد هستی که بد و خوب را تمیز دهی. هر کس این چهار ویژگی را داشته باشد دچار آز نمی‌شود و از هر رنج و غمی در آسایش خواهد بود به جز مرگ که چاره‌ای ندارد.

پیمان بستن کی خسرو با کاوس به کین افراسیاب (صفحه‌ی ۱۶۱)

به پیمان موبد به عهد ردان[۱] — به گفتار بیدار دل بخردان
که هرگز نپیچم سوی مهر او — نبینم به خواب اندرون چهر اوی
نباشم بر آن ره که او رفته است — کز آئین او جانم آشفته است
بکوشم به خون پدر خواستن — دل‌وجان بدین کینه آراستن
میان را ببندم بدین کار سخت — مگر یار باشند گردون و بخت
نیاسایم از جنگ او یک زمان — مگر کار دیگر شود ز آسمان
نه خشنو[۲] شوم زو به تخت و کلاه — نه آرام گیرم به بی گاه و گاه
مگر کو ز روی زمین گم شود — روان سیاوخش خرم شود
بر اینم و زین بر نگردم به دل — همی تا بود در جهان آب و گل
بر این گفته‌ی من گواهی دهید — خرد را بر این پادشاهی دهید

کی خسرو به کاوس می‌گوید: «سوگند به پیمان ردان و بزرگان، به گفتار خردمندان بیدار دل و به پیمان موبد که هرگز به‌سوی افراسیاب مهر پیدا نکنم و حتی در خواب رویش را نبینم. بر آن نیستم که به راهی که او رفته بروم زیرا می‌کوشم که خون پدر را از آن‌ها بستانم و دل‌وجان را بیارایم. از آئین او جانم آشفته و پریشان است. به این کار دشوار، کمر برمی‌بندم اگر بخت و گردون یار من باشند یک زمان از جنگ با او نمی‌آسایم مگر آسمان کار دیگر کند. نه از تخت و کلاه او خوشنود می‌شوم و نه هرگز آرام می‌گیرم. مگر او از روی زمین گم بشود و روان سیاوخش خرم. بر این هستم و هرگز دلم بر نمی‌گردد تا زمانی که در جهان آب و گلم هست. گواه این گفته‌های من باشید و خرد را بر این پادشاهی ارزانی کنید.»

- در این سوگند نامه تمامی پند فردوسی بزرگ را می‌توان یافت. گوهر و نژاد و هنر و خرد. پدیدار شدن ویژگی‌های سیاوخش در کی خسرو.

۱ -ردان = بزرگان, خردمندان
۲- خشنو = خشنود, خرسند

گنج‌ها بخشیدن کی خسرو پهلوانان را (صفحه‌ی ۱۶۲)

۱۸۷

بگو ای بداندیش خونخواره مرد — چو تو در جهان این بدی‌ها که کرد
که خون برادر بریزی چو آب — جهان را سراسر کنی هم خراب
بریدی سر نوذر نامدار — که بود از کیان جهان یادگار
چو با رستم آمد سیاوش به جنگ — که بر تو جهان را کند تار و تنگ
بدان‌گونه رنگی[1] برانگیختی — ز هرگونه گنج و درم ریختی
برآشفت کاوس از آن آشتی — ز رستم گمان برد پنداشتی
بپیچید گردن ز فرمان شاه — بیامد تو را کرد پشت و پناه
پناه تو جست ای بد بدنشان — که گم باد نامت ز گردنکشان
سر شهریاری چنان ارجمند — بریدی بسان سر گوسپند
از آن پس به خون من آراستی — ندیده جهان مرگ من خواستی
چنین چند گویم ستمهای تو — همانا که دوزخ سزد جای تو
چو خواهی نگردد دلم پر ز جوش[2] — نباشم بدین کین ز تو کینه کوش[3]
گروی زره آن که از تخم تور — کسی را که در گیتی افکند شور
چو گرسیوز و چون دمور[4] و سران — که بستند بر کین ابا هم میان
فرستی برم تا به خون پدر — سرانشان ببرم به درد جگر
و گر پیچی از رأی و گفتار من — بیارای لشکر به پیکار من

کی خسرو به گرگین می‌گوید: «نزد افراسیاب برو و بگو ای مرد خونخوار بداندیش، در جهان چه کسی به‌اندازه‌ی تو بدی کرده است؟ خون برادر را چو آب ریختی و سراسر جهان را خراب کردی. نوذر را که از کیان جهان، یادگار بود سر بریدی. رستم و سیاوش به جنگ تو آمدند تا جهان را برایت تنگ و تار کنند. از هرگونه گنج و درم ریختی و نیرنگ کردی. کاوس گمان بر رستم برد و از آشتی برآشفت. سیاوش از فرمان شاه سرپیچی کرد و به تو پناه آورد. ای بد، بد نشان که نامت گم باشد از گردنکشان. سر شهریار ارجمندی چون سیاوش را مانند گوسپند بریدی.»

۱- رنگی = نیرنگ , خدعه
۲- جوش = خشم , آشفتگی
۳ -کینه کوش = کینه جو
٤- دمور = دلاور تورانی

پس از آن به خون من تشنه شدی. مرگ مرا خواستی که هنوز به جهان نیامده بودم. چقدر از ستم‌های تو بگویم جایت دوزخ باد. اگر می‌خواهی دلم پر از خشم و کینه‌جوئی نشود، گروی زره از تخمه‌ی تور که سر سیاوش را برید و درجهان شور و بلوا ایجاد کرد، گرسیوز و دمور و سرانی که با هم همدست شدند و کینه‌توزی کردند را نزدم بفرست. تا به خون پدر، با درد جگر، سرهاشان را از تن جدا کنم. اگر از رأی و گفتار من سر می‌پیچی برای جنگ با من، لشکر آماده کن.

- فرمانی دادگرانه که اگر افراسیاب انجام می‌داد خون‌های بسیاری ریخته نمی‌شد. او کین پدر را می‌خواهد پس با کشتن قاتلان پدر آرام می‌شود. کی خسرو نیازی به جنگ و ریختن خون‌های بسیار نمی‌بیند؛ اما آیا افراسیاب تن به این کار می‌دهد؟

آراستن کی خسرو لشکر خود را (صفحه‌ی ۱۶۳)

دل شاه گشت از فرامرز شاد ... همی کرد با او بسی پند یاد
تو فرزند بیدار دل رستمی ... ز دستان سامـی و از نیرمـی[۱]
گر ایدونک با تو نجویند جنگ ... بر ایشان مکن کار تاریک و تنگ
به هر جایگه یار درویش باش ... همه راد با مردم خویش باش
ببین نیک تا دوستدار تو کیست ... خردمند و اندوه‌گسار[۲] تو کیست
به خوبی بـیارای و فـردا مگوی ... که کژی پشیمانی آرد به روی
تـرا دادم ایـن پادشـاهی بدار ... به هرّ جای خیره مکن کارزار
مشو در جوانی خریدار گنج ... به بی رنج کس هیچ منمای رنج
مجو ایمنی در سرای فسوس[۳] ... که گه سندروس است و گاه آبنوس
ز تو نام باید که مـاند بلـند ... نگر دل نداری به گیتی نژند
مــرا و تـرا روز هــم بگذرد ... دمـت چرخ گـردان همی بشمرد
دلت شاد باید تن و جان درست ... سه دیگر ببین تا چه بایدت جست
جهان‌آفرین از تو خشنود باد ... دل بد سگالت پر از دود باد

دل شاه از فرامرز شاد شد و به او پند بسیار داد. تو فرزند رستم بیداردل هستی. از سام نریمان و زال دستانی. اگر کسی با تو نجنگید کار را بر ایشان تنگ و تاریک نکن. در هر جایگاهی یار درویش باش و با مردم خویش جوانمرد. خوب بنگر که دوستدار تو و غمگسار تو کیست و خردمندان را بشناس. نیکی را پراکنده کن و این کار را به فردا نگذار که کژی و سستی، پشیمانی به بار می‌آورد. این پادشاهی را به تو دادم نگهدارش باش و بیهوده به دنبال جنگ کردن نباش. در جوانی خریدار گنج نشو و هرگز برای مردم بی‌رنج، رنج نخواه. در این سرا به دنبال ایمنی نباش که زمانی به تاری سندروس و گاهی به تیرگی آبنوس می‌گذرد و چرخ گردان نفس‌های ما را می‌شمرد. دلت شاد و تن و جانت تندرست باد. پس از تن و جان، سومی را خود جستجو کن و ببین که در پی چه باید باشی. جهان‌آفرین از تو خوشنود باشد و دل بداندیشانت پر از دود.

۱- نیرم = نریمان , جد رستم
۲ -اندوه گسار = غمخوار , دلجو
۳- فسوس = تزویر , نیرنگ

- پند کی خسرو گران‌مایه به فرامرز پسر رستم پس از پادشاهی دادن. دوری از جنگ، مدارا کردن، نیکی کردن و به دنبال نام نیک بردن از این جهان. پس از تندرستی جان و تن و شادمانی دل به جستجوی چه چیز دیگری هستیم.

۱۸۹

بسی پند و اندرز گفتش بدوی — که‌ای نامور پور پرخاشجوی[1]
به خیره میازار جان‌کسی — نباید که پیچی ز افرا[2] بسی
به هر سو که باشد یکی نامجوی — نوندی فرست از پیش پو به پوی[3]
نخستین به نرمی سخنگوی باش — به داد و به کوشش بی آهوی باش
چو کارت به نرمی‌نگردد نکوی — درشتی کن آنگاه و پس رزمجوی
همه کارها را سرانجام بین — چو بدخواه چینه[4] نهد دام بین
منه تو رهی کان نه آئین بود — که تا ماند آن بر تو نفرین بود
در داد بر داد خواهان مبند — ز سوگند مگذر نگه‌دار پند
چو نیکی نمایدت کیهان خدای — تو با هر کسی نیز نیکی نمای
نگیری تو بدخواه را خیره خوار — که نر اژدها گردد او وقت کار
بکش آتش خرد پیش از گزند — که گیتی بسوزد چو گردد بلند
یکی راز مگشای در بر بسیچ — بداندیش را خوار مشمر تو هیچ
مرا نیز هنگام آسودن است — تو را رزم بدخواه پیمودن است
به گردون گردان رسد نام تو — گر آید مر این کار بر کام تو
بیاموختش رزم و بزم و خرد — همی‌خواست کز روز رامش برد
از آن پس به پدرود با یکدگر — بسی بوسه دادند بر چشم و سر

۱- پرخاشجوی = جنگجو , ستیزه جو
۲- افرا = درخت خرما
۳- پو به پوی = گام به گام , راه به راه
٤- چینه = دانه , طعمه

رستم فرزندش فرامرز را پند می‌دهد که‌ای نام‌آور جنگجو، جان‌کسی را بیهوده نیازار. نباید از تحسین کردن و آفرین گفتن دوری کنی. هر جایی که نامجویی هست پیامی بفرست، نخست با نرمی سخن بگو و در کوشش و داد، بدون ایراد عمل کن. اگر کار با نرمی پیش نرفت آنگاه درشتی کن و به دنبال رزم باش. به سرانجام همه‌ی کارها بیندیش که اگر بدخواه دام چیده باشد ببینی. درراهی که برابر آئین پاکی و درستی نیست گام بر ندار که تا ابد دچار نفرین خواهی شد. در داد را بر روی دادخواهان نبند و به سوگند خود پایبند باش. پند بشنو. یزدان به تو نیکی می‌کند تو هم با همه به نیکی رفتار کن. بدخواه را بیهوده خوار نشمار که در هنگام کار زورمند می‌شود. آتش کوچک را پیش از آسیب رساندن خاموش کن که اگر بزرگ شود جهانی را می‌سوزاند. هیچ رازی را در انجمن آشکار نکن و بداندیش را دست کم نگیر. اکنون هنگام آسودن من و جنگاوری توست. اگر این‌گونه عمل کنی نام نیک تو در جهان باقی خواهد ماند. رستم به فرزندش رزم و بزم و خرد آموخت و خواست که روز را به آرامش سپری کند. سپس سرو چشم یکدیگر را بوسه باران کردند و بدرود گفتند.

- خوار نشمردن بدخواهان و خاموش کردن آتش کوچک، در داستان سیاوش به‌خوبی نمایان است. پندهای پهلوانی چون رستم باید این‌گونه باشد. پندهای شاهنامه برای همه‌ی مردم جهان اندرز است.

۱۹۰

گرازان[۱] بیامد به پرده سرای — سری پر ز باد و دلی پر ز رای
چو رستم بیامد بیاورد می — به جام بزرگ اندرافکند پی
همی گفت شادی ترا مایه بس — به فردا نگوید خردمند کس
کجا سلم و تور و فریدون کجاست — همه ناپدیدند با خاک راست
بپوئیم و رنجیم و گنج آکنیم — به دل بر همی آرزو بشکنیم
سرانجام زو بهره خاک است و بس — رهایی نیابد ازو هیچکس
شب تیره سازیم با جام می — چو روشن شود بشمرد روز پی[۲]
بگوییم تا برکشد نای توس — تبیره[۳] برآرند با بوق و کوس
ببینیم تا دستگردان سپهر — بدین جنگ سوی که یازد به مهر
بکوشیم و ز کوشش ما چه سود — کز آغاز بود آنچه بایست بود

رستم با دلتنگی از دشت، با گام‌هائی سنگین و با دلی پر از اراده و سری پر از غرور به سوی پرده سرا آمد. جام بزرگی آورد و گفت شادی ما را بس. فردا کسی به ما خردمند نمی‌گوید. سلم و تور و فریدون کجا هستند؟ همه ناپدیدند و برابر با خاک. راه می‌پوئیم و رنج می‌کشیم و گنج انباشته می‌کنیم و آرزوهای دلمان برآورده نمی‌شوند. سرانجام خاک بهره‌ی ماست و هیچکس از آن رهایی ندارد. شب تیره را با می سر کنیم و چون روز شد بگوییم توس، نای و تبیره با بوق و کوس برآورد. تا ببینیم که دست سپهر گردان در این جنگ با ما از سر مهر برمی‌آید؟ کوشش می‌کنیم اما از کوشش ما چه سود که از آغاز آنچه که باید بوده است.

- رستم از جنگ می‌گوید به گونه‌ای که فرقی نمی‌کند پیروز میدان باشد یا نباشد. او می‌داند که کار درست انجام می‌دهد برابر با آئین و باورش. آرمان گام برداشتن در راه آیین درستی و راستی است.

۱- گرازان = خرامان, جلوه کنان
۲- پی = رد , دنبال
۳- تبیره = تنبور, طبل کوچک

رفتن توس به ترکستان و جنگ بافرود پسر سیاوش (صفحه‌ی ۱۶۵)

دگر گفت با توس که‌ای نامدار — یکی پند گویم ز من یاد دار
تو را رفت باید به‌فرمان من — نباید گذشتن ز پیمان من
نیازرد باید کسی را به راه — چنین است آئین تخت و کلاه
کشاورز یا مردم پیشه ور — کسی کو به رزمت نبندد کمر
نباید که بر وی وزد باد سرد[۱] — مکوشید جز با کسی هم نبرد
نباید نمودن به بی‌رنج رنج — که بر کس نماند سرای سپنج

کی خسرو به توس اندرز می‌دهد که‌ای نامدار پند مرا به یاد داشته باش. باید به‌فرمان من عمل کنی و از پیمان من نگذری. آئین پادشاهی این‌گونه است نباید در راه کسی را بیازاری. کشاورز یا صنعتگرانی که با تو سر جنگ ندارند. با هیچ‌کس به جز هم نبردان درشتی نکن و آن‌ها را در رنج نینداز. نباید که به بی‌آزاران رنج برسانی که این سرای گذرا برای کسی نمی‌ماند.

- آزار نرساندن به بی‌آزاران پندی است از شاهان بزرگ به سرداران سپاه. کی خسرو تنها به کین خواهی پدرش سیاوش برخاسته است. افراسیاب گروی زره، کشنده‌ی سیاوش و همدستانش را تحویل کی خسرو نمی‌دهد. اکنون که جنگ آغاز می‌شود سفارش کی خسرو، آزار نرساندن به مردم عادی است. این پادشاهان کجا و آنان که چون ضحاک دانایان را به بردگی می‌گیرند و در رنج و دشواری قرارشان می‌دهند.

---

[۱] باد سرد= آسیب, گزند

۱۹۲

چنین گفت پس توس با شهریار	که از رأی تو نگذرد روزگار
به راهی روم کم[۱] تو فرمان دهی	نـباید ز فـرمان تو جز بهی

توس به شهریار کی خسرو می‌گوید که از رأی تو روزگار نیز نمی‌گذرد. به راهی می‌روم که تو فرمان دهی. از فرمان تو جز بهروزی و پیروزی نمی‌رسد.

- ای‌کاش توس به پیمان خود باقی می‌ماند که از نافرمانی شاه دادگر و خردمند بلا برمی‌خیزد.

آگاهی یافتن فرود از آمدن توس (صفحه‌ی ۱۶۵)

۱۹۳

نژاد تو از مادر و از پدر	همه تاجدار و همه نامور
برادرت چون کینه جوید همی	روان سیاوش بشوید همی
تو را پیش باید به کین تاختن	کمر بر میان بستن و ساختن
برت را به خفتان رومی بپوش	بر او دل پر از جوش و سر پر خروش
گر او کینه جوید همی از نیا	تو را کینه زیباتر از کیمیا[۲]
به پیـش سـپاه بـرادرت رو	تو کین خواه نو باش و او شاه نو

جریره مادر فرود، دختر پیران، به فرود برادر کی خسرو می‌گوید: «نژاد تو از پدر و مادر همه تاجدار و نامورند. برادرت به کینه خواهی سیاوش برخاسته و می‌خواهد داد او را بستاند. تو باید کمر بربندی و برای کین خواهی خون پدرت پیش بیفتی و آماده شوی. زره رومی بپوش، دلت را پر از جوش و سرت را پر از خروش کن. اگر او می‌خواهد از نیایش افراسیاب کینه پدر را بجوید، برای تو نیز این کین خواهی از کیمیا ارزنده‌تر است. به پیش سپاه برادرت برو. تو کینه خواه نو باش و اوشاه نو.»

- جریره برادر را به راه کی خسرو پند می‌دهد که او نیز به کین پدر کمر ببندد. خبری از آز و جویای تخت و کلاه بودن، بین پسران سیاوش نیست. هر دو پیرو آئین پدر هستند.

۱- کم = که مرا
۲ - کیمیا = اکسیر

رفتن فرود و تخوار به دیدن لشکر (صفحه‌ی ۱۶۶)

از افراز چون کژ بگردد سپهر | نه تندی به کار آید از بن نه مهر
جوانی که جانش بخواهد پرید | کجا می‌تواند به پیـری رسـید

هنگامی که چرخ گردون از فراز و بلندی به نشیب بیفتد، نه تندی کارساز است نه مهر. جوانی که جانش را از دست می‌دهد کی به پیری خواهد رسید.

- با چرخ گردون نمی‌توان جنگید هنگامی که به کژی می‌گراید و از راستی دور می‌گردد.

آمدن بهرام به نزد فرود به کوه (صفحه‌ی ۱۶۶)

فرودش چنین پاسخ آورد باز | که تندی ندیدی تو تندی مساز
سخن نرم گوی ای پسندیده مرد | میارای لب را به گفتار سرد
نه تو شیر جنگی نه من گور دشت | بدین گونه بر ما نباید گذشت
فزونی نداری تو چیزی ز من | به گردی و مردی و نیروی تن
سر و پای و دست و دل و مغز و هوش | زبان سراینده[1] و چشم و گوش
نگه کن مرا تا مرا نیست هست | اگر هست بیهوده منمای دست

فرود پاسخ تندی بهرام را این‌گونه می‌دهد: «از من تندی ندیدی پس تند نشو. ای مرد نیکو، آرام ونیک سخن بگو و لب‌هایت را با گفتار سرد آلوده نکن. تو شیر جنگی نیستی و من هم گور نیستم. نباید این‌گونه رفتار کرد. تو از گردی و مردی و زورمندی، چیزی بیش از من نداری. مرا سرو پای و دست و دل، مغز و هوش و زبان سخنگو و چشم و گوش هست یا نه اگر هست با من بیهوده در نیاویز.»

- خردمندی و دلاوری فرود کم از پدرش سیاوش نیست. به بهرام می‌گوید مرا بیازمای و با من در نیاویز.

۱- سراینده = شاعر, گویا

صحنه زاری و مویه برای مرگ اسکندر، اواسط
قرن هشتم هجری، در نسخه ای از شاهنامه
ایلخانی دموت در نگارخانه فری واشنگتن آمریکا

کشته شدن ریو نیز بر دست فرود (صفحه‌ی ۱۶۷)

چنین است کردار گردان فلک — یکی بر مه آرد یکی بر سمک[1]
بر این داستان زد یکی پر خرد — که از خوی بد مرد کیفر برد

کردار فلک گردان این‌گونه است، یکی را به ماه برمی‌آورد و دیگری را در ته زمین فرو می‌برد. مرد دانا و پر خرد دراین‌باره می‌گوید که از سرشت بد به انسان کیفر می‌رسد.

- سرشت و طینت بد حتی اگر نهفته باشد بی‌گمان کیفر خواهد داشت.

کشته شدن فرود (صفحه‌ی ۱۶۹)

به مادر چنین گفت مرد جوان — که از غم چنین چند باشی نوان
مرا گر زمانه شده است اسپری[2] — زمانم ز بخشش فزون نشمری
اگر کشته خواهد مرا چرخ زار — نشاید ابا آسمان کارزار
به روز جوانی پدر کشته شد — مرا هم چو او روز برگشته شد
به دست گروی آمد او را زمان — سوی جان من بیژن آمد دمان
بکوشم بمیرم مگر مردوار — نخواهم از ایرانیان زینهار
سرانجام هر زنده مردن بود — خود این زندگی دم شمردن بود

مرد جوان فرود به مادرش می‌گوید: «از غم تا کی می‌شود نالید. اگر زمان من سپری شده باشد، بیش از این به عمر من افزوده نخواهد شد. اگر چرخ گردون مرا زار و کشته بخواهد نمی‌شود با آسمان جنگید. پدرم در جوانی کشته شد من هم مانند او روزم برگشته شد. روزگار پدرم به دست گروی سر آمد روزگار من به دست بیژن. من از ایرانیان زنهار نمی‌خواهم و می‌کوشم مردانه بمیرم. هر زنده‌ای سرانجامش مردن و این زندگی سراسر دم شمردن است.»

- سرنوشت فرود نیز مانند پدر شد. او نیز از آئین خود سر باز نزد.

۱- سمک = ماهی
۲- اسپری = سپری , گذشتن

دل هر که بر من بسوزد همی — ز جانم رخش برفروزد همی
همه پاک بر باره[1] باید شدن — تن خویشتن بر زمین بر زدن
که تا بهر بیژن نباشد یکی — نمانم من ایدر مگر اندکی
که برنده‌ی پاک جان من اوست — به روز جوانی زمان من اوست
بگفت این و رخسارگان[2] کرد زرد — برآمد روانش به تیمار و درد
دریغ آن سوار و جوانی او — به رزم اندرون کامرانی او

فرود می‌گوید که هر که مرا ببیند دلش بر من می‌سوزد و رخش می‌افروزد. همه بر بالای دژ بروید و خود را به پایین پرت کنید تا بهره‌ای، حتی از یکی از شما، به بیژن نرسد. من اندکی زنده هستم. اوست که جان پاک مرا در روزگار جوانی می‌گیرد. این را گفت و گونه‌هایش زرد شد و درد از روانش برآمد. دریغ از آن سوار و جوانی او و در رزم پیروزیش.

- فرود سیاوش، مانند پدر دلیر و پایبند آئین درستی.

---

۱ -باره = بارو, دژ
۲- رخسارگان = گونه ها

به دستانگری[1] ماند این چرخ پیر
گهی چون پلاس[2] است گه چون حریر
به بازیگری ماند این چرخ مست
که بازی نماید به هفتاد دست
زمانی به خنجر زمانی به تیغ
زمانی به باد و زمانی به میغ
زمانی به دست یکی ناسزا
زمانی خود آرد ز سختی رها
زمانی دهد تخت و گنج و کلاه
زمانی غم و خواری و بند و چاه
هم او زجر و شهد و هم او جاه و گاه
همه گاه گمراه و گاهی به راه
همی خورد باید کسی را که هست
منم تنگ‌دل تا شدم تنگ‌دست
اگر خود نزادی خردمند مرد
ندیدی ز گیتی چنین گرم و سرد
سرانجام خاک است بالین اوی
دریغ آن دل و رأی و آئین اوی
بزاد و به سختی و ناکام زیست
بدان زیستن زار باید گریست

این چرخ پیر حیله‌گری مکار است، گاهی به زیر پای تو مانند زیرانداز کهنه و گاهی چون حریر است. این چرخ مست به بازیگری می‌ماند که هفتاد دست بازی درمی‌آورد. زمانی خنجر گاهی شمشیر، هنگامی با باد و سپس با ابر. گاهی به دست دیگری ناسزا می‌دهد و گاهی خود از سختی رهایت می‌کند. زمانی تخت و تاج و کلاه می‌دهد و گاهی غم و خواری و اسیری و چاه. هم زجرت می‌دهد و هم شهد، هم به جاهت می‌رساند و هم به گاه و تخت، همیشه گمراهت می‌کند و تنها گاهی راه را نشانت می‌دهد. اگر چیزی داری باید خورد زیرا از تنگدستی، دل‌تنگی برمی‌آید. چشیدن سردی و گرمی روزگار انسان را خردمند می‌سازد. سرانجام بالین خشت است، دریغ آن دل و جرئت و اراده و آئین خردمند. زاده شد، به‌سختی و ناکامی زیست. به این زیستن باید بازاری گریست.

- همه‌ی خوشی‌ها و ناخوشی‌ها از این چرخ پیر مکار است. فراز نشیب‌هایی که همه آن را تجربه می کنند. فردوسی بزرگ این تجربه‌ها را موجب خردمندی انسان می‌داند.

۱- دستانگری = حیله گری، مکاری
۲- پلاس = گلیم، زیر اندا

کشتن جریره پرستندگان خود را (صفحه‌ی ۱۷۰)

به بد بس دراز است دست سپهر   به بیدادگر برنگردد به مهر

دست سپهر بسیار بر بدی دراز است. او به بیدادگر مهر نمی‌ورزد.

- دست سپهر با نیکنامان هم گاهی نامهربان است. پس بی دادگر حسابش روشن است.

چنین گفت گودرز با توس و گیو   همان نامداران و گردان نیو

که تیزی نه کار سپهبد بود   سپهبد که تیزی کند بد بود

خرد باید اندر سر مرد کار   که تندی و تیزی نیاید به کار

ز تندی پشیمانی آردت باز   تو در بوستان تخم تندی مکار

جوانی بدین‌سان ز تخم کیان   بدین فر و بالا و برز و میان

به دادی به‌تندی و تیزی به باد   زرسپ آن سپهدار نوذر نژاد

ز تیزی گرفتار شد ریو نیز   نبود از بدبخت مانیده[1] چیز

هنر با خرد در دل مرد تند   چو تیغی که گردد به زنگار کند

گودرز به توس و گیو و نامداران و گردان پهلوان چنین اندرز می‌دهد که تندی و تیزی کار سپهبد نیست، تندی و درشتی از سپهبد کار بدی است. باید در سر خرد داشت با درشتی و خشونت کار پیش نمی‌رود. درشتی پشیمانی به بار می‌آورد. در بوستان تخم تندی و درشتی نکارید. جوانی چنین از تخم کیان، با این فر و برز و بالا و کمر، زرسپ سپهداری که از نژاد نوذر بود با تندی و درشتی بر باد رفت. ریو نیز گرفتار خشونت و تندی شد و از بخت بد نماند. انسانی که هنر جنگاوری و خرد دارد اما تندخو است، مانند شمشیری می‌ماند که زنگار گرفته و کند شده باشد.

- هنر وخرد می‌تواند دلاور را در رزم به دادگری و پیروزی برساند اما اگر تندخو باشد، درشتی او مانند زنگار روی شمشیرش می‌نشیند و آن را کند می‌کند.

---

۱ - مانیده = مانده , رها شده

چنین است هرچند مانیم دیر — نه پیل سرافراز ماند نه شیر
همه مـرگ رائـیم پیـر و جوان — که مرگ است چون شیر و ما آهوان
دل سنگ و سندان[1] بترسد ز مرگ — رهایی نیابد از او بیخ و برگ
نمانـند انـدر سـرای سـپنج — چه با شادمانی چه با درد و رنج
چو دانـی که ناچار بایـدت رفت — همان به که کاری بسازی به تفت[2]

هرچند عمر دراز هم داشته باشیم، همان‌گونه که نه پیل سرافراز می‌ماند و نه شیر، ما هم رفتنی هستیم. همه پیر و جوان خوراک مرگیم که مرگ مانند شیر و ما مانند آهوئیم. دل سنگ و سندان با همه سختی از مرگ در هراسند. ریشه و برگ هم از مرگ رهایی نمی‌یابند. چه با شادمانی و چه با رنج و درد، در این سرای ناپایدار کسی نمی‌ماند. حال که می‌دانی به‌ناچار باید رفت، بهتراست با شتاب‌کاری انجام دهی.

- تا زمان باقی است و در این سرای گذرا، سرگردان روزهای اندوه‌بار و شادمانیم، کاری کنیم کارستان. آنچه از ما می‌ماند یا برای ما آفرین می‌خرد یا نفرین.

شبیخون کردن پیران بر ایرانیان (صفحه‌ی ۱۷۳)

چنین است این گنبد[2] تیز گرد[4] — گهی شادمانی دهد گاه درد

این آسمان تندرو، گاه شادمانی می‌دهد گاه درد.

- روزگار با چرخش خود شادی و درد می‌پراکند. این چنین است نهاد چرخ گردون.

---

۱ - سندان = ابزار آهنگران
۲- تفت = با شتاب, تند
۳ -گنبد = آسمان
٤- تیزگرد = تندرو , تند گردنده

چنین است آئین و رسم جهان — که کردار خویش از تو دارد نهان
کجا با تو در پرده بازی کند — ز تیزی و از بی‌نیازی کند
به رنج درازیم و در چنگ آز — چه دانیم باز آشکارا ز راز
ز باد آمدی رفت خواهی به گرد — چه دانی که با تو چه خواهند کرد

رسم و آئین جهان این‌گونه است که کردار خود را از تو پنهان می‌دارد. در پرده و پوشیده، از سر درشتی و بی‌نیازی، بازی می‌کند. در چنگ آز اسیریم و با رنج دراز دمساز، چه بر ما پوشیده باشد چه آشکار. از باد می‌آیی و به گرد می‌روی. چه می‌دانی با تو چه خواهند کرد.

- از باد آمدن و به گرد رفتن، چه می‌دانیم بر سر ما چه خواهد آمد.

بازخواندن کی خسرو توس را و سپردن لشکر به فریبرز (صفحه‌ی ۱۷۳)

بنام خداوند خورشید و ماه — که او داد بر نیک و بد دستگاه
وزاوی است پیروزی و هم شکست — به نیک و به بد زو بود کام ودست[1]
جهان و مکان و زمان آفرید — پی[2] مور و کوه گران آفرید
خرد داد و جان و تن زورمند — بزرگی و دیهیم و تخت بلند
رهایی نیابد سر از بند اوی — یکی را همه فر و اورند اوی
یکی را دگر شوربختی بود — نیاز و غم و درد و سختی بود
یکی را ز چاه آورد سوی گاه — یکی را ز ماهی برد سوی ماه
ز رخشنده خورشید تا تیره خاک — همه داد بینیم ز یزدان پاک

کی خسرو به فریبرز نامه می‌نویسد «به نام خداوند خورشید و ماه که او نیک و بد را سازماندهی می‌کند. پیروزی و شکست از اوست. از اوست که از نیکی شادمان می‌شوی و به بد دست می‌یابی. جهان و زمان و مکان را آفرید و پای مور به آن ظریفی و کوه به این سنگینی را آفرید. خرد و جان و تن زورمند آفرید و بزرگی و تخت و تاج بخشید. یکی را فر و شکوه و تخت می‌دهد که از بند آن رهایی نمی‌یابد. یکی را از قعر چاه به تخت می‌رساند و یکی را از زیرزمین به‌سوی ماه می‌کشاند. از خورشید درخشان تا خاک تیره همه از یزدان داد می‌بینیم.

- گاهی نیاز، غم، درد، سختی و شوربختی بهره‌ی تو و گاهی رسیدن به تخت و تاج قسمت توست. در نشیب و فراز زندگی درآمد و شدیم و ناگزیر از آن. از خورشید تابان تا خاک تیره، همه از داد یزدان بهره‌مندیم.

---

۱ - کام و دست = مراد و دسترس
۲- پی = پا

درنگ خواستن فریبرز از پیران در جنگ (صفحه‌ی ۱۷۴)

بگویش که کردار گردان سپهر — همیشه چنین بود با کین و مهر
یکی را بر آرد به چرخ بلند — یکی را کند خوار و زار و گزند
کسی کو بلاجوی گردان بود — شبیخون[1] نه آئین مردان بود
شبیخون نجویند کند آوران — کسی کو گراید به گرز گران
تو گر با درنگی درنگ آوریم — ورت رأی جنگ است جنگ آوریم
یکی ماه باید زمان درنگ — که تا خستگان[2] بازیابند جنگ

فریبرز، رهام را به‌سوی پیران می‌فرستد و پیام می‌دهد که به پیران بگو که همیشه کردار سپهر گردان با کین و مهر بوده است. یکی را به عرش می‌نشاند و یکی را خوار و زار می‌کند و به او آسیب می‌رساند. شبیخون زدن آئین مردان نیست. کند آوران که به گرز گران مایلند به دنبال شبیخون نیستند. اگر اهل درنگ هستی، درنگ کنیم و اگر اراده‌ی تو بر جنگ است بجنگیم. یک ماه درنگ کنیم تا مجروحان تندرستی خود را بازیابند و بتوانند دوباره بجنگند.

- درنگ و آتش‌بس در جنگ، برای زخمی‌ها زمان بهبودی زخم‌هایشان است. خستگی از تن بگیرند و دوباره دو سپاه وارد جنگ شوند.

۱- شبیخون = تهاجم , یورش , شب تازی
۲- خستگان = مجروحان , زخمی ها

۲۰۷

چنین گفت پیران به روهام گرد — که این کار را خرد نتوان شمرد
شما را بد این پیش‌دستی به جنگ — ندیدیم با توس جای درنگ
به مرز اندر آمد چو گرگ سترگ — همی کشت بی باک خرد و بزرگ
چه مایه بکشت و چه مایه ببرد — بد و نیک این مرز یکسان شمرد
بیامد که خون سیاوخش شاه — بخواهد ز سالار توران سپاه
پسر را بکشت از پدر زارتر — که هرگز مبیناد تاج و کمر

پیران پاسخ بهرام را این چنین می‌دهد به روهام پهلوان می‌گوید که این کار کوچکی نیست. شما جنگ را آغاز کردید. با توس جای درنگ ندیدیم؛ مانند گرگی گستاخ به مرز آمد و بی باک کوچک و بزرگ را به خاک و خون کشید. بسیار کشت و بسیار برد. بد و نیک را یکسان شمرد. آمد که از سالار سپاه توران خون سیاوش بخواهد اما پسرش فرود را زارتر از پدر کشت تا هرگز به پادشاهی نرسد.

- سخنان پیران در مورد کشتار توس. برای کین خواهی خون پدر، پسر را نمی‌کشند. بی‌خردی توس و نافرمانی از پیمان کی خسرو، خون بی‌گناه دیگری را بر زمین ریخت.

شکست ایرانیان در جنگ با ترکان (صفحه‌ی ۱۷۴)

۲۰۸*

چنین است کردار این چرخ پیر — به هرچ[۱] او بگردد بود ناگزیر
ابر کس بگردش ورا مهر نیست — همی دشمن و دوست نزدش یکی است
چو ز افراز شد بخت سر بر نشیب — سزد گر بود مرد را زو نهیب[۲]

کردار این چرخ پیر این‌گونه است که به هر چه بخواهد ما ناگزیریم. به مردم پیرامونش مهری ندارد و دشمن و دوست نزد او یکی است. وقتی که بخت از فراز به نشیب روانه می‌شود بایسته است که مرد از او بترسد.

- از این چرخ گردون ایمنی بهره‌ی ما نیست. به فرازش شاد نتوان بود اما از نشیبش باید ترسان بود.

---

۱ - هرج = هر چه
۲- نهیب = بانگ , فریاد

جلد دوم

داستان کاموس کشانی

داستان کاموس کشانی آغاز داستان (صفحه‌ی ۱۸۰)

به نام خداوند خورشید و ماه
که دل را به نامش خرد داد راه

خداوند هستی و هم راستی
نخواهد ز تو کژی و کاستی

خداوند کیوان و بهرام و شید
ازویم امید و بدویم نوید

ستودن مر او را ندانم همی
از اندیشه جان برفشانم همی

ازو گشت پیدا مکان و زمان
پی مور بر هستی او نشان

ز گردنده خورشید تا تیره خاک
همان باد و آب آتش تابناک

به هستی یزدان گواهـی دهند
روان تو را آشنایی دهند

سـوی آفریننـده‌ی بی‌نـیاز
بباید که باشی همی در گداز

ز دستور و گنجور و از تاج‌وتخت
ز کمی و بیشی و از کام و بخت

هم او بی‌نیاز ست و ما بنده‌ایم
به‌فرمان و رایش سرافکنده‌ایم

چو جان و خرد بی‌گمان[1] کرده است
سپهر و ستاره برآورده است

ز حکمی که او کرد برنگذرند
و گر فرق[2] کیوان به پی بسپرند

جز او را مدان کردگار بلند
کز و شادمانی و زو مستمند

شب و روز و گردان سپهر آفرید
خور و خواب و تندی و مهر آفرید

سر مایه‌ی مردی و جنگ از اوست
خردمندی و راد و فرهنگ از اوست

چنین آمد این گنبد تیز گرد
گهی شادمانی دهد گاه درد

شگفتی به گیتی ز رستم بسی است
کزو داستان بر دل هرکسی است

به گیتی ندیدم چون او یک سوار
که باشد به رزم اندرون پایدار

بـه خشکی چو پیل و به دریا نهنگ
خردمند و بیدار دل مرد جنگ

---

۱ - بی گمان = بی تردید

۲ - فرق = بالای سر , روی سر

به نام آفریدگار خورشید و ماه که با نام او خرد در دل جای گرفت. او خداوند تمام هستی و راستی است و از تو انتظار دروغ و کاستی ندارد. آفریننده‌ی خورشید و کیوان و بهرام که همه‌ی امید و بشارتم از اوست. اگر با اندیشیدن به اوجانم از دست برود بازهم ستایشم درخور او نیست. زمان و مکان را او آفرید. پای مور نشانی از هستی اوست. از خورشید تابان تا خاک تیره، باد و آب‌وآتش درخشنده، همه و همه بر هستی یزدان گواه‌اند و روان تو را باوجود ایزد آشنا می‌سازند.

همیشه باید در پیشگاه آفریننده‌ی بی‌نیاز در سوزوگداز باشی. از تخت و تاج، نگهبان گنج و مشاور و وزیر و هم از کمی و بسیاری، خواست و آرزو و بخت بی‌نیاز است. ما بنده و بسته‌ی او هستیم و سر به‌فرمان و اراده‌ی او. چون او بی‌گمان آفریننده‌ی جان و خرد است و هم آسمان و ستاره‌ها، پس آن‌ها از فرمان آفریننده‌ی خودروی نمی‌گردانند حتی اگر پای آن‌ها بر سر آسمان باشد. غیر از او را آفریننده ندان که شادمانی و نیازمندی و نوا از اوست. آفریننده‌ی شب و روز، سپهر گردان، خور و خواب و خشم و مهر است. اساس و شالوده‌ی مردانگی و جنگاوری از اوست و هم خردمندی، جوانمردی، پهلوانی و فرهنگ. این گنبد تیز رونده گاهی به ما شادی می‌دهد گاه درد و اندوه. رستم آفریده‌ی شگفت‌انگیز جهان است که همه از او داستان‌ها شنیده و به دل نشانده‌اند. در جهان سواری چون او ندیدم که این‌گونه در رزم پایدار باشد. در خشکی چون پیل، در دریا چون نهنگ و مرد جنگی چنین خردمند و بیداردل.

- سفارش به ستایش دادار، آفریننده‌ی جان و خرد. کمی و بسیاری و هم شادی و اندوه در جهان، نشانه‌های هستی یزدان در گیتی همواره در پندهای آشکار فردوسی بزرگ آورده شده‌اند. این باراز رستم هم می‌شنویم. پهلوانی که استاد سخن در دو سرود همه‌ی ویژگی‌های خوب و ستوده‌اش را بیان می‌کند و منش یل ایران را شکوفا.

خوار کردن خسرو توس را (صفحه‌ی ۱۸۰)

دلیران ایران به ماتم شدند / پر از غم به درگاه رستم شدند
به پوزش که این ایزدی کار[1] بود / که را بود آهنگ جنگ فرود
که دانست نام و نشان فرود / کزو شاه را دل بخواهد شخود
تو خواهشگری کن به نزدیک شاه / مگر سر بپیچد ز کین سپاه
نه فرزند کاوس کی ریو نیز / به جنگ اندرون کشته شد زار نیز
چنین است انجام و فرجام جنگ / یکی تاج یابد یکی گور تنگ

دلیران ایران بسیار ناراحت شدند و با اندوه بسیار با پوزش‌خواهی نزد رستم آمدند که این کار خواست خدا بود وگرنه چه کسی در پی به جنگ بافرود بود؟ چه کسی نام و نشان فرود را می‌دانست که بخواهد دل شاه را ریش کند؟ تو از شاه بخواه که دست از کینه و دشمنی بردارد. نه‌تنها فرزند کاوس که ریو نیز به زاری در این جنگ کشته شد. نتیجه‌ی جنگ و پایان جنگ همین است، یکی دارای تاج می‌شود و دیگری در گور تنگ جای می‌گیرد.

- فرود برادر کی خسرو به دلیل بی‌تدبیری و نافرمانی توس از کی خسرو در جنگ کشته می‌شود. پسر و ریو داماد توس نیز از پای درمی‌آیند. درست است که جنگ، پیروزی و شکست دارد اما در هر دو حال بسیاران در گور تنگ جای می‌گیرند.

۱- ایزدی کار = کار ایزد

بخشیدن خسرو گناه توس و ایرانیان را (صفحه‌ی ۱۸۰)

بدو گفت کای خسرو بآفرین ز تو شادمان تخت و تاج و نگین
ز توس و ز لشکر بیازرد شاه به من بخش هرچند بدشان گناه
چو فرزند و داماد را کشته دید ز مغز و دلش شد خرد ناپدید
یکی آن که تندرست و هشیار نیست دگر آن که جان پسر خوار نیست
چو در پیش او کشته شد ریو نیز زرسپ[1] آن سوار سرافراز نیز
گر او بر فروزد نباشد شگفت ازو شاه را کین نباید گرفت
و دیگر کزآن بدگمان شد سپاه که فرخ برادر نشد پیش شاه
چنان دان که کس بی زمانه نمرد دلت را بدین غم نباید سپرد
چه بیرون شود جان چه بیرون کنند نماند و گر سیصد افسون[2] کنند
بدو گفت خسرو که‌ای پهلوان دلم پر ز تیمار[3] شد زان جوان
کنون پند تو داروی جان بود و گرچه دل از درد پیچان بود

رستم به کی خسرو می‌گوید: «ای پادشاه بافر و شکوه و ای کسی که تخت و تاج به تو شادمان است، می‌دانم که از توس و لشکر آزرده شده‌ای و می‌دانم که گناهکارند. هنگامی که توس فرزند و دامادش را کشته می‌بیند، از مغز و دلش خرد دور می‌شود. یکی آن که توس تندرست و هشیار نیست و دیگر آن که جان پسر بی‌ارزش نیست. هنگامی که ریو و زرسپ سرافراز در برابر چشمانش کشته می‌شوند، اگر خشمگین نشود جای شگفت است. شاه نباید از او کینه به دل بگیرد و دیگر این‌که چون برادر فرخنده نزد شاه نیامد، سپاه بدگمان شدند. این را بدان که کسی که زمانش سر نیامده باشد نمی‌میرد، نباید دلت را به اندوه بسپاری. اگر زمان مرگ فرا برسد، چه جان از بدن برود چه کسی جان را از بدن بیرون کند، با سی صد افسون و نیرنگ نمی‌توان او را زنده نگاه داشت. کی خسرو به رستم می‌گوید که‌ای پهلوان دلم از داغ آن جوان پر از اندوه شد. با این‌که دلم از درد در پیچ و تاب است، اما پند تو چون داروی جانم است.»

- پادشاه دادگر بودن با خودکامگی توفیر دارد. او گوش شنوا دارد و در پی خونخواهی نیست. پند پهلوانش را می‌شنود و می‌پذیرد، زیرا گفته‌های رستم خردمندانه است.

۱- زرسپ = پسر منوچهربرادر نوذر
۲ - افسون = حیله , مکر
۳- تیمار = درد و اندوه

پیغام پیران به لشکر ایران (صفحه‌ی ۱۸۱)

سپهدار پیران یکی چرب‌گوی — ز ترکان فرستاد نزدیک اوی
بگفت آنکه من بافرنگیس و شاه — چه کردم ز خوبی به هر جایگاه
ز درد سیاوش خروشان بدم — چو بر آتش تیز جوشان بدم
کنون بار تریاک زهر آمدست — مرا زو همه رنج بهر آمدست
دل توس غمگین شد از کار اوی — بنالید از آن درد و پیکار اوی
فرستاده را گفت پس پهلوان — که رو پیش پیران روشن روان
بگویش که گر راست گوئی سخن — مرا با تو پیکار ناید ز بن
بر شاه ایران شوی با سپاه — مکافات یابی به نیکی ز شاه
سراینده‌ی پاسخ آمد چو باد — به نزدیک پیران ویسه نژاد
بگفت آنچه بشنید با پهلوان — ز توس و ز گودرز روشن روان
چنین داد پاسخ که من روز و شب — به یاد سپهبد گشایم دو لب
شوم هرچه هستند پیوند من — خردمند کو بشنود پند من
به ایران گذارم بر و بوم و رخت — سر نامور بهتر از تاج‌وتخت
ازین گفت‌ها بود مغزش تهی — همی جست نو روزگار بهی

پیران سپهدار توران، فرستاده‌ای نزد توس می‌فرستد و می‌گوید: «من در موقعیت‌های بسیار به فرنگیس و شاه نیکی کرده‌ام. از درد سیاوش چون آتشی شعله‌ور در جوش و خروش بودم. اکنون پاسخ تمام آن خوبی‌ها رنج است و زهر.» توس از درد و پیکار او غمگین می‌شود. به فرستاده می‌گوید برو و به پهلوان پاک‌دل بگو من با تو سر جنگ ندارم. اگر راست می‌گویی با سپاه نزد شاه ایران برو، او پاداش نیکی‌های تو را خواهد داد. فرستاده به سرعت باد بازگشت و گفته‌های توس و گودرز روشن ضمیر را به پیران ویسه باز گفت. پیران گفت: «من شبانه روز بر لبم نام سپهبد افراسیاب است. هر چه که باشند خویشان من هستند. چگونه سرزمین و زندگی را بگذارم و به ایران بروم. نامدار بودن بهتر از داشتن تاج‌وتخت است. هر که پند مرا بشنود، خردمند است. مغز پیران از این گفته‌ها تهی و به دنبال روزگار نو و نیک برای خود بود.»

- نمی‌توان آدم خوبی بود و ادعای دادگری و خردمندی داشت اما در این راه گام برنداشت. پیران یا در راه و آئین سیاوش است یا نیست که اگر باشد نمی‌تواند با نام افراسیاب بخوابد و بیدار شود. آئین و کیش سیاوش کجا و دل سیاه افراسیاب کجا. انسان‌هایی چون پیران بسیارند که تکلیفشان با خودشان روشن نیست. تا این سردرگمی به کجا ببردشان. فریدونی شوند یا ضحاکی. روزی فرامی‌رسد که مجبور می‌شوند گزینش کنند.

سپاه فرستادن افراسیاب به نزد پیران (صفحه‌ی ۱۸۱)

چنین گفت با توس گودرز پیر — که‌ای پهلوان این سخن یاد گیر
که پیران نراند سخن جز فریب — چو داند که تنگ اندر آمد نشیب
درفش[۱] جفا پیشه[۲] آمد پدید — سپه بر لب رود صف برکشید

گودرز پیر به توس می‌گوید که پهلوان این را بدان که سخنان پیران از روی فریب و نیرنگ است. هنگامی که رو به شکست رفت، پرچم جفا کاری او نمایان شد و با سپاه بر لب رود آمد.

- نمی‌توان گفت که من در جبهه‌ی شما هستم اما در برابرتان لشکرکشی می‌کنم و به جنگ شما می‌آیم. این آن فریبی است که گودرز از آن یاد می‌کند.

۱- درفش = پرچم , بیرق
۲ - جفا پیشه = جفاکار

شبیخون کردن ایرانیان (صفحه‌ی ۱۸۶)

ببايد گزيدن سواران مرد ز بالا شدن سوی دشت نبرد
بسان شبیخون یکی رزم سخت بسازیم تا چون بود یار بخت
اگر یک به‌یک تن به کشتن دهیم و گر تاج گردنکشان بر نهیم
چنین است فرجام آوردگاه یکی خاک یابد یکی فر و جاه

پیران به جنگ ایرانیان آمده و در کوه هماون جای می‌گیرد. گودرز، پهلوان پیر به سپهدار لشکر توس می‌گوید: «باید سوارانی را گزینش کنیم واز بالای کوه به‌سوی دشت رفته و جنگی ناگهانی و سخت، تدارک ببینیم شاید بخت یار ما شود. یا همه کشته می‌شویم و یا تاج دلاوری بر سر می‌گذاریم. آخر و فرجام جنگ همین است، یکی سرش را از دست می‌دهد و دیگری به فر و مقام دست می‌یابد.»

- در سرودها بسیار می‌بینیم که فرجام جنگ یا رفتن از این سرای گذرا است و یا یافتن فر و جاه. بایسته و شایسته است این نبردها در راه آبادانی و دادگری در جهان برای خود و آیندگان باشد. در آن صورت توفیر نمی‌کند کشته شوی یا به جاه و مقام برسی. راه، راه درستی است و دادگری.

آگاهی یافتن کی خسرو از کار سپاه (صفحه‌ی ۱۸۶)

به پاسخ چنین گفت رستم به شاه — که بی‌تو مبادا نگین و کلاه
به ایران به کین من کمر بسته‌ام — به آرام یک روز ننشسته‌ام
تو شاه جهان هستی و من رهی[۱] — میان[۲] بسته‌ام تا چه فرمان دهی
چو بشنید کی‌خسرو آواز اوی — به رخ بر نهاد از دو دیده دو جوی
بدو گفت بی‌تو نخواهم زمان[۳] — نه اورنگ[۴] ونه تاجوتخت کیان
فلک زیر خم کمند تو باد — سر تاج داران به بند تو باد
جهان گنج و گنجور[۵] شمشیر توست — سر سروران جهان زیر توست
بیاورد گنجور خسرو کلید — سر بدره‌های درم بردرید

رستم به کی خسرو این‌گونه گفت که تخت و تاج بدون تو نباشد. من به دادخواهی ایران کمر بسته‌ام و در این کار یک روز آرام نمی‌گیرم. تو شاه جهانی و من رهروی تو. در راه تو کمر بسته‌ام تا چه فرمان دهی. کی‌خسرو با شنیدن این سخنان اشک مانند دو جوی، روی گونه‌هایش جاری شد و به او گفت که بدون تو نه تاجوتخت پادشاهی می‌خواهم و نه عمری که بمانم. فلک زیر پیچش کمند تو و سر پادشاهان بسته به تو است. جهان گنج توست و شمشیرت نگه‌دارنده‌ی آن گنج. سر سروران جهان از توست که برپاست. گنجور کی خسرو، کلید گنج را آورد و سرکیسه‌های درم را باز کرد. شاه ایران همه را به رستم سپرد.

- پادشاه ایران به‌گونه‌ای رستم را ستایش می‌کند که گوئی او پادشاه است و کی خسرو زیردست. با مهر و اعتماد و یکرنگی گنج را به او می‌سپارد. قدرشناس رستم است زیرا او هم مانند خودش دغدغه‌ی تخت و کلاه ندارد، تنها به دنبال دادخواهی و دادگری و برپائی شادی و درستی در جهان است. این ویژگی بزرگان و بخردان است زیرا دنیای ناپایدار را خوب می‌شناسند و به سرای گذرا دل نمی‌بندند.

۱- رهی = راهوار
۲ - میان = کمر
۳ - زمان = عمر، زنده ماندن
٤ - اورنگ = تخت پادشاهی
۵ - گنجور = نگهدارنده ی گنج

به زن خواستن فریبرز فرنگیس مادر کی خسرو را (صفحه‌ی ۱۸۷)

بر آن کار دستور شد شهریار   به رستم چنین گفت کای نامدار
هر آن کس که از رأی تو بگذرد   زمـانه ورا زیـر پی بسـپرد
نـیاید ز گفـتار تـو جز بـهی   کـه بادی هـمه سـاله بـافرهی
تو دانی که ما را براو رأی نیست   مر این گفته را پیش او جای نیست
بگویـم به مـادر اگـر بشـنود   همان پندها کز خرد درخورد

فریبرز، پسر کی کاوس از رستم می‌خواهد تا فرنگیس را از کی خسرو خواستگاری کند. پادشاه به رستم این‌گونه پاسخ می‌دهد که‌ای نامدار، هر کس که از رأی و اراده‌ی تو بگذرد، زمانه او را پایمال می‌کند. از سخنان تو به جز نیکی و بهروزی بر نمی‌آید. سال‌ها بافر و شکوه زندگی کنی. می‌دانی که من بر این اراده نیستم و این گفته پیش مادرجایی ندارد؛ اما من به او می‌گویم و پندهایی که در خور خرد باشد به او خواهم گفت، شاید بشنود.

- فریبرز برادر سیاوش است. رستم پیام آور این پیشنهاد ازدواج است. جایگاه رستم، خردمندی و آگاهیش برای پادشاه شفاف و روشن است. می‌گوید کسی که از رأی تو بگذرد زیر پای زمانه از بین می‌رود؛ اما پاسخ دهنده مادر است اگر بشنود. اگر بتواند برادر سیاوش را جای سیاوش بپذیرد.

شه بانوان تا زمانی دراز — غمی بود و پاسخ نمی‌داد باز

همی زد به لب هر زمان سرد باد — ز شرم پسر هیچ پاسخ نداد

وز آن پس چنین گفت با پیلتن — که‌ای پر هنر مهتر انجمن

به ایران اگر چه چنو[1] مرد نیست — به‌جای سیاوخش[2] در خورد[3] نیست

ولیکن ز گفتار ای پهلوان — گره بست گوئی مرا بر زبان

چه فرماید اکنون شه نامور — به‌فرمان او بست باید کمر

بر آن رام شد مادر شهریار — برافروخت رخ چون گل اندر بهار

پادشاه بانوان فرنگیس تا مدتی دراز اندوهگین بود و پاسخ نمی‌داد. از شرم پسر خاموش بود و بر لبانش حسرت و افسوس. سپس به رستم گفت که‌ای مهتر و بزرگ سپاه، ای جنگاور، اگر چه او مرد بزرگی از ایران است اما در خور جایگاه سیاوش نیست؛ اما پهلوان، تو با گفتارت گوئی گره بر زبان من می‌بندی. هر چه شاه فرمان دهد به‌فرمان او باید کمر بست. مادر پادشاه رام شد و گونه‌هایش چون گل انار برافروخت.

- فرنگیس پس از یادآوری جایگاه سیاوش و همتا نبودن برادر با او، می‌گوید هر چه شاه فرمان دهد. شاه می‌گوید باید دید مادر چه می‌گوید. با این‌که جایگاه مادر در فرهنگ ایران ویژگی خود را دارد اما او فرمان شاه را برتر از پاسخ خود می‌داند. فرمان شاه آگاه و خردمند و دادگر، فرمانی است که همگان در برابر آن سر فرود می‌آورند.

۱- چنو = چون او

۲- سیاوخش = سیاوش

۳ - در خورد = سزاوار , درخور

رأی زدن ایرانیان در کار خود (صفحه‌ی ۱۸۹)

۲۱۸

چو بر گنبد چرخ شد آفتاب — دل توس و گودرز شد پر شتاب
که امروز ترکان چرا خامشند — به رائی درون یا ز می بیهشند
اگرشان به پیکار یار آمدست — چنان دان که بد روزگار آمدست
تو ایران سپه را همه کشته گیر — و گر زنده از رزم برگشته گیر
بدو گفت گیو ای سپهدار شاه — چه بودت که اندیشه کردی تباه
کز اندیشه‌ی بد سخن دیگرست — ترا کردگار جهان یاورست
جهان‌آفرین را پرستنده‌ایم — بسی تخم نیکی پراکنده‌ایم
چو رستم بیاید برین رزمگاه — سر آید بدی‌ها همه بر سپاه
نباشد ز یزدان کسی ناامید — اگر شب شود روی روز سپید
به یک روز کز ما نجستند جنگ — مکن دل ز اندیشه بر خیره تنگ
نبستند بر ما در آسمان — مشو بدگمان از بد بدگمان
وگر بخشش کردگار بلند — چنان است کاید به ما بر گزند
بپرهیز از اندیشه‌ی نابکار — ز ما برنگردد بد روزگار
که کار خدائی نه کاری است خرد — قضا[1]ی نبشته نشاید سترد

پس از بالا آمدن آفتاب توس و گودرز دلشان به شور افتاد که چرا ترکان خاموشند. آیا می‌نوشیده‌اند یا در حال مشورت هستند. اگر در اندیشه‌ی پیکارند پس روزگار بدی در انتظار ماست. یا سپاه ایران همه کشته می‌شوند و یا از رزم شکست‌خورده باز می‌گردند. گیو فرزند گودرز به او می‌گوید که تو را چه شده که گمان بد به دل راه می‌دهی. هنگامی که کردگار جهان یاور توست از اندیشه‌ی بد گفتگو کردن روا نیست. ما پرستنده‌ی آفریدگار جهانیم و بسیار تخم نیکی پراکنده‌ایم. رستم که به میدان جنگ بیاید، همه‌ی بدی‌ها از سر سپاه دور می‌شود. شب جایش را به روز سپید می‌سپارد، نباید از یزدان ناامید شد. چون یک روز با ما نبرد نکرده‌اند دلت را تنگ و اندیشه‌ات را بد نکن. در آسمان را بر ما نبسته‌اند. از اندیشه‌ی آدم بداندیش بدگمان نشو. اگر اراده‌ی یزدان این است که به ما آسیب برسد، روزگار آن بد را از ما دور نمی‌کند. کار خدائی کاری بزرگ است و سرنوشت نبشته شده را نمی‌توان پاک کرد.

---

۱ - قضا = تقدیر , سرنوشت

- کاری که انجام می‌دهیم اگر درست است و به آن ایمان داریم، مهم نیست نتیجه‌اش چه می‌شود و چه بر سر ما می‌آید. سخنان گیو درهمین باره است. می‌گوید ما می‌جنگیم، رستم به ما می‌پیوندد و ما پیروز می‌شویم. اگر خواست یزدان مرگ ماست ما را از پذیرش آن چاره نیست.

رسیدن رستم نزد ایرانیان (صفحه‌ی ۱۹۲)

۲۱۹ همه گرم و در دست و تیمار و رنج — براین است رسم سرای سپنج
چنین است کردار گردان سپهر — گهی جنگ و زهرست و گه نوش و مهر
اگر کشته گر مرده هم بگذریم — سزد گر به چون و چرا ننگریم
چنان رفت باید که آید زمان — مشو تیز با گردش آسمان
جهان دار پیروزگر یار باد — سر بخت دشمن نگونسار[1] باد

رستم به لشکر ایران پیوست. همه با غم خواری و صمیمیت دست در دست هم گذاشتند. تهمتن به یلان ایران گفت: «این رسم سرای ناپایدار است. کار سپهر گردان همین است، گاهی جنگ وزهر، گاهی نوش و مهر. چه بمیریم و چه کشته شویم شایسته است که درباره‌ی مرگ به دنبال چون وچرا نباشیم. هنگامی که زمان مرگ فرامی‌رسد باید رفت، از گردش آسمان نمی‌شود سرپیچید. جهان دار پیرزوگر یارمان باشد و سر بخت دشمن واژگون.

- درباره‌ی مرگ بی‌چاره‌ایم. هر زمان که فرا برسد. کار درست و راست را انجام می‌دهیم، زمانه که سر آمد از این سرای گذرا رخت بر می‌بندیم. چون و چرا ندارد.

۱- نگونسار = سرنگون , واژگون

لشکر آراستن تورانیان و ایرانیان (صفحه‌ی ۱۹۲)

چنین گفت رستم که گردان سپهر ——— ببینیم تا بر که گردد به مهر
چگونـه بـود گـردش آسـمان ——— که را زین بزرگان سر آید زمان
که تا چون نماید به ما چرخ چهر ——— چـه بازی کند پیر گشته سپهر
بنالـید کـای کردگـار بلنـد ——— به گیتی تویی برتر از چون و چند
نگارنـده[۱] ی گـونه گـون جـانور ——— فروزنده‌ی انجم[۲] و ماه و خور
در این رزم یـاری ده ای بی‌نیاز ——— که بی‌چاره مائیم و تو چاره‌ساز
مگر بخشش یارمندی[۲] دهـد ——— بـه فیروزیـم سـربلـندی دهـد

رستم گفت که تا ببینیم که سپهر گردان سر مهر با کدام سپاه دارد. گردش آسمان چگونه خواهد بود و کدام یک از این بزرگان زمانشان سر آمده. ببینیم تا چرخ گردان با ما چه می‌کند و سپهر پیر با ما چه بازی درمی‌آورد. سپس نالید که‌ای آفریدگار بزرگ تو در جهان از چون و چندها برتری. ای آفریننده‌ی گونه‌های متفاوت جانوران، ای روشن‌کننده‌ی ستارگان و ماه و خورشید و ای بی‌نیاز، ما را در این جنگ یاری ده که ما چاره نمی‌شناسیم و تو چاره‌سازی. مگربخشش تو به ما یاری‌رسان باشد و با پیروزی ما را سربلند کند.

- در نیایش پهلوانان ایران نشانی از خودکامگی نیست. آن‌ها همواره پیش از جنگ به نیایش یزدان می‌پردازند و از او یاری می‌جویند. پس از پیروزی نیز او را یاور و راهنمای خود می‌دانند. رستم می‌گوید ببینیم تا گردش آسمان چه خواهد بود و زمان کدام لشکر سر آمده. گاهی در جهان دیوها بر تخت می‌نشینند مگر ضحاک هزار سال بر تخت نبود و ستم نکرد. گاهی هم فریدون فرخ و جمشید و شاهان دیگر. مهم این است که در کدام سو هستیم، به گفته‌ی شاهنامه راستی و درستی یا کژی و کاستی؟ فریدونی هستیم یا ضحاکی؟ کاوه هستیم یا جزو جیره خواران ضحاک؟ گزینش با ماست.

۱ - نگارنده = آفریننده
۲ - انجم = ستارگان
۳ - یارمندی= یاری رسان , مدد رسان

کشته شدن الوا به دست کاموس (صفحه‌ی ۱۹۶)

هـر آن کـو فریـب زمـانه خورد ‌‌ ز دست اجل سینه‌ی خود درد
منه تـا توانـی ز خـط پای پیـش ‌‌ که آزرده گردی ز درد و ز ریش

هر کس فریب زمانه را بخورد، با دست مرگ، سینه‌ی خود را می‌شکافد. از خط راستی و درستی خارج نشو که از درد و زخم و آسیب، آزرده خواهی شد.

- کسانی هستند که سال‌ها با درستی و راستی زندگی می‌کنند، اما ناگهان فریب خورده و به کژی می‌گرایند. به فرجام کار نمی‌نگرند و سرانجام آزرده می‌شوند.

کشته شدن کاموس به دست رستم (صفحه‌ی ۱۹۶)

چنین است رسم سپهر و زمان ‌‌ گهی با غم و درد و گه شادمان
همه درد و رنج است و تیمار و غم ‌‌ به مردی نباشد تو را بیش و کم
تنت زیر بار گنه اندر است ‌‌ روانت به تیمار جاه اندر است
به مردی نباید شدن در گمان ‌‌ که بر تو دراز است دست زمان
همی تا توانی به نیکی گرای ‌‌ ستایش کن او را که شد رهنمای

این‌گونه است رسم و آئین آسمان و زمان، گاهی اندوه و گاهی شادمانی. جهان سراسر درد و رنج و اندوه است، مردی آن است که به بیش و کم نیندیشی تا تنت زیر بار گناه و روانت در اندوه جاه و مقام نماند. توهم و پنداشت خود بزرگ بینی نداشته باش که دست زمان بر تو دراز است. تا می‌توانی به نیکی روی بیاور و یزدان را که راهنمای توست ستایش کن.

- گاهی در زندگی خود را بیشتر از آنچه هستیم می‌بینیم. تنها درمان نیکی کردن است و این‌که از ستایش یزدان دور نمانیم. اگر بیندیشیم هر چه هست از اوست، دچار خود بزرگ بینی نمی‌شویم. هر چه بزرگتر، فروتن‌تر، تنها راه نامدار شدن و به رستگاری رسیدن همین است.

داستان رستم با خاقان چین و خبر یافتن خاقان از کشته شدن کاموس (صفحه‌ی ۱۹۶)

۲۲۳*

کنون ای خردمند روشن روان به جز نام یزدان مگردان زبان
که اوی است بر نیکوئی رهنمای از اوی است گردون گردان به‌جای
کجا آفرید او روان و خرد ستایش جز او را نه اندر خورد
همی بگذرد بر تو ایام تو سرایی جز این باشد آرام تو

اکنون ای خردمند روشن روان، جز نام یزدان بر زبان جاری نکن که او تو را به نیکوئی راهنمایی می‌کند و گردون گردان به‌فرمان او برقرار است. او آفریننده‌ی جان و خرد است و ستایش تنها سزاوار اوست. روزگار تو در این جهان می‌گذرد و در سرای دیگر آرام می‌گیری.

- در سر تاسر شاهنامه، بارها و بارها، فردوسی بزرگ ما را به ستایش یزدان، گذرا بودن این جهان و به نیکی گرائیدن سفارش می‌کند.

ابا آنکه از مرگ خود چاره نیست ره خواهش و پرسش و یاره نیست
ز مادر همه مرگ را زاده‌ایم به ناکام گردن بدو داده‌ایم
کس از گردش آسمان نگذرد و گر بر زمین پیل را بشکرد

ای کسی که چاره‌ای جز مرگ نداری، در این راه جای پرسش و خواهش نیست. از هنگام زاده شدن، مرگ با ما زاده شده و به‌ناچار و با ناکامی به آن گردن نهاده‌ایم. کسی از گردش آسمان در امان نیست حتی اگر روی زمین شکارچی پیل باشد.

- یکی از مواردی که فردوسی بزرگ همواره از آن سخن می‌گوید و به ما یادآور می‌شود مرگ است. همه به ناچار گردن به آن نهاده‌ایم. شایسته است توجه داشته باشیم، درست است که پندهای فردوسی بزرگوار درباره‌ی مرگ و ناچیز شمردن این سراست اما هر بار دلایل متفاوت ارائه می‌دهد. در این پند می‌گوید: «در این راه جای پرسش و خواهش نیست.» در پندهای آشکار استاد سخن دلایل متفاوت‌اند و هم درباره‌ی هر یک راهکار درست ارائه می‌دهد. درود بیکران بر روان پاکش.

فرستادن خاقان هومان را نزد رستم (صفحه‌ی ۱۹۷)

چرا آمدستی به نزدیک من — به چربی و نرمی و چندین سخن
اگر آشتی جست خواهی همی — بکوشی کزین کین بکاهی همی
نگه کن که خون سیاوش که ریخت — چنان آتش کین به ما بر که بیخت[1]
همان خون پر مایه گودرزیان — که بفزود چندین زیان بر زیان
بزرگان کجا با سیاوش بدند — نکردند پیکار و خامش بدند
گنه‌کار خون سر بی‌گناه — نگر تا که یابی ز توران سپاه
ز مردان و اسبان آراسته — کز ایران ببردند با خواسته
چو یک سر سوی ما فرستید باز — من از جنگ ترکان شوم بی‌نیاز
از آن پس همه نیک‌خواه منید — سراسر بر آئین و راه منید
نتازم به کین و نجویم نبرد — نیارم سر سرکشان زیر گرد
و زان پس بگویم به کی خسرو این — بشویم دل و مغزش از خشم و کین
فرستم گنه‌کار را نزد شاه — مگر مهرش آید ببخشد گناه

رستم به هومان می‌گوید چرا نزد من آمدی؟ این سخنان چرب و آواز نرم برای چیست؟ اگر به دنبال آشتی هستی و می‌خواهی کینه و دشمنی را از بین ببری، ببین چه کسی خون سیاوش را ریخت و آتش کینه در دل ما برافروخت و هم خون گود رزیان گران‌مایه را که بر دشمنی افزود. بزرگان توران کجا بودند؟ چرا خاموش ماندند و پیکار نکردند؟ ببین که کشنده‌ی سیاوش هماکنون در سپاه توران است. مال و خواسته، اسب‌های جنگی و مردان دلاور ما را بردند. اکنون اگر همگی را به‌سوی من بفرستید فکر جنگ از سر بیرون می‌کنم. با این کار نشان می‌دهید که نیک‌خواه من هستید و آئین و راه مرا پذیرفته‌اید. در آن صورت به دنبال نبرد و کینه خواهی نخواهم بود و سر نامداران توران را از تن جدا نخواهم کرد. پس از آن به‌سوی کی خسرو رفته دل و مغزش را از کینه‌جوئی پاک می‌کنم و گنه‌کار را نزد او می‌برم. شاید بر سر مهر بیاید و او را ببخشد.

- ایرانیان به دنبال کین خواهی سیاوش هستند اما به دنبال جنگ و خونریزی و کشتار نیستند. با نگرش به سخنان رستم دادگری او را مشاهده می‌کنیم. غارتی که کرده‌اید پس بدهید و هم کشنده‌ی سیاوش را. با این کار جلوی جنگ و خونریزی گرفته می‌شود و

۱- بیخت = ریخت , افشاند

دادگری برقرار. رستم می‌گوید با این کار در راه و آئین من هستید. سیاوش هنگام کشته شدن آرزو کرد از نژادش کسی بیاید و راه و روش او را برقرار کند. همان آئین رستم. سیاوش دست‌پرورده‌ی رستم بود.

۲۲۶

به پیران مرا دل بسوزد همی / دل از مهر او بر فروزد همی
ز خون سیاوش جگر خسته اوست / ز ترکان خردمند و آهسته[۱] اوست
سوی من فرستش هماکنون دمان / ببینیم تا بر چه گردد زمان
بدو گفت هومان که ای سرفراز / به دیدار پیرانت آمد نیاز
چه دانی تو پیران[۲] و کلباد[۳] را / گروی زره[۴] را و پولاد[۵] را
بدو گفت چندین چه پرسی سخن / سر آب را سوی بالا مکن
نبینی که پیکار چندین سپاه / ز بهر تو است اندر این رزمگاه

دلم برای پیران می‌سوزد و از مهرش در آتش است. او مرد خردمندی است و از ترکان دیگر آرام تر. جگرش از خون سیاوش در درد. هماکنون او را نزد من بفرست تا ببینیم آیا چرخ برمی‌گردد؟ هومان به او گفت که‌ای نام‌آور، نیاز به دیدار پیران پیدا کردی؟ تو پیران و کلباد و گروی زره و پولاد را از کجا می‌شناسی؟ رستم به او گفت: «این چه سخنی است؟ آب سر بالا نمی‌رود. نمی‌بینی چندین سپاه در این میدان برای نبرد با تو آمده‌اند؟»

- ایرانیان از آئین خود که همان دادگری است دست نمی‌کشند. نبرد آن‌ها برای برقراری داد است و آبادانی. تورانیان به دنبال تنها چیزی که نیستند راه و روش پادشاهان ایران است. خود را آشتی‌جو نشان می‌دهند چون در موضع ضعف هستند. این شگردی است که پلشت اندیشگان[۶] همیشه به کار می‌برند.

۱- آهسته = نرم خو , آرام
۲ - پیران = سرداران توران
۳ - کلباد = سرداران توران
٤ - گروی زره = قاتل سیاوش
٥ - پولاد = سرداران توران
٦- پلشت اندیشگان = بد اندیشان

آمدن پیران به نزد رستم (صفحه‌ی ۱۹۸)

۲۲۷

بدو گفت پیران که ای پیل تن — درودت ز یزدان و از انجمن
بگویم ترا گر نداری گران[1] — گله کردن کهتر از مهتران
بکشتم درختی به باغ اندرون — که بارش کبست[2] آمد و برگ خون
ز دیده همی آب دادم به رنج — بدو بد مرا زندگانی و گنج
سیاوش مرا چون پدر داشتی — به پیش بلاها سپر داشتی
بسا رنج و سختی و دردا که من — کشیدم از آن شاه و آن انجمن
گواه من اندر جهان ایزدست — گوا خواستن دادگر را بدست
که اکنون برآمد بسی روزگار — شنیدم بسی پند آموزگار
که من بد نکردم به جان‌کسی — بدین کار در رنج بردم بسی
به خسرو برای پهلوان بیش از این — بسی رنج بردم همی پیش از این
که تا خسرو از چنگ این اژدها[3] — به کرد[4] و به گفت من آمد رها
مرا آشتی بهتر آید ز جنگ — نباید گرفتن چنین کار تنگ
نگر تا چه بینی تو داناتری — به رزم دلیران تواناتری

پیران به رستم گفت: «ای پیلتن، از یزدان و از گروه بر تو درود. اگر از گله کردن زیردست بر مهتر ناراحت نمی‌شوی با تو سخن بگویم. درختی در باغ کاشتم که میوه‌اش تلخ و برگش خون شد. با رنج و سختی با دیده آبش دادم که او زندگی و گنج من بود. سیاوش مرا مانند پدر می‌نگریست و در برابر بلاها سپر من بود. بسیار رنج و سختی و درد از آن شاه و گروه کشیدم. گواه من یزدان است هرچند گواه گرفتن یزدان کار خوبی نیست. روزگار بسیاری گذشته و من از آموزگار پندهای بسیاری شنیده‌ام. به جان‌کسی بد نکردم و در این راه رنج بسیار بردم. ای پهلوان، پیش از این برای کی خسرو نیز بسیار در رنج بودم. به گفتار و کردار من بود که از چنگ اژدها در امان ماند. برای من آشتی از جنگ بهتر است. در این کار نباید شتاب کرد. تو از من داناتری و در رزم تواناتر، هر چه تو فرمایی.

---

۱ -گران = دشوار , سخت
۲ -کبست = حنظل , گیاه تلخ
۳ - اژدها = در اینجا افراسیاب
٤ -کرد = رفتار , عملکرد

- پیران در حق سیاوش و کی خسرو و هم فرنگیس خوبی کرده. اکنون می‌خواهد جلوی جنگ را بگیرد. این ستودنی است. سخن این جاست که بر کدام آئین است؟ اگر به سیاوش یاری‌رسانده و کیش او را باور داشته پس نمی‌تواند دربند افراسیاب اسیر باشد و آئین او را هم پذیرفته باشد. تفاوت از زمین تا آسمان است. دوستدار فریدون نمی‌تواند یار ضحاک باشد و دوستدار سیاوش یار افراسیاب. این داستان پیران را به کجا می‌برد؟

ز پیران چو بشنید رستم سخن — نه بر آرزو پاسخ افکند بن
بدو گفت تا من بدین کینه گاه — کمر بسته‌ام با دلیران شاه
ندیدستم از تو به جز نیکوئی — ز ترکان بی‌آزارتر کس تویی
پلنگ این شناسد که پیکار و جنگ — نه خوبست داند همی کوه و سنگ
چو کین سر شهریاران بود — سر و کار با تیرباران بود
کنون آشتی را دو راه ایدراست — نگر تا شما را چه اندر خوراست
یکی آنکه هر کس که از خون شاه — بگسترد بر خیره این رزمگاه
ببندی فرستی بر شهریار — سزد گر نفرماید این کارزار
گنه‌کار خون سر بی‌گناه — سزد گر نباشد بدین رزمگاه
و دیگر که با من ببندی کمر — بیایی بر شاه پیروزگر
ز چیزی که ایدر بمانی همی — که آن را گران‌مایه دانی همی
بجای یکی ده بیابی ز شاه — مکن یاد بنگاه[1] توران سپاه

رستم با شنیدن سخنان پیران پاسخی درخور می‌دهد: «از زمانی که با دلیران شاه در این رزمگاه کمر به کینه‌جوئی بسته‌ام، از تو جز نیکوئی ندیده‌ام. از تمام ترکان بی‌آزارتری. کوه و سنگ و پلنگ هم می‌دانند که جنگ خوب نیست. سخن بر سر کینه خواهی سر شاه است برای همین است که سر و کار با تیر باران است و کشتن. اکنون دو راه آشتی وجود دارد. ببین کدام بایسته‌تر است. نخست این‌که کسی که با خیرگی خون شاه را ریخت، دربند کشیده و نزد شاه بفرستی. سزاوار است که شاه فرمان نبرد را پس بگیرد. راه دوم این است که کمر ببندی و با من نزد شاه پیروز بیایی. از چیزهایی که داری و آن‌ها را ارزشمند می‌دانی، به‌جای یکی ده برابر به تو می‌دهد. منزل گاه سپاه توران را فراموش کن.

- دو راه آشتی رستم، نخست که کشنده‌ی سیاوش را به سزای خود برساند که برقراری داد گری است. راه دوم که رستم برای آشتی پیشنهاد می‌کند، وفاداری پیران را به اثبات می‌رساند. اگر پیران راست بگوید و دوستدار کی خسرو باشد و درد سیاوش را به دل داشته باشد، به‌راحتی سخنان رستم را می‌پذیرد. اگر با رستم همکیش و هم آئین باشد.

۱- بنگاه = منزل گاه , کاشانه

به دل گفت پیران که ژرف[1] است کار ... ز توران شدن پیش آن شهریار
دگر چون گنه کار خواهد همی ... ز کین سیاوش بکاهد همی
بزرگان و خویشان افراسیاب ... که با گنج و تختند و با جاه و آب
چنین خود کجا گفت یارم[2] سخن ... نه سر باشد این آرزو را نه بن
چو هومان[3] و کلباد و فرشیدورد[4] ... کجا هست گودرز[5] زیشان به درد
همه زین شمارند و این روی نیست ... مر این آب را در جهان‌جوی نیست
مرا چاره‌ی خویش باید گرفت ... ره خویش را پیش باید گرفت
بدو گفت پیران که ای پهلوان ... همیشه بزی شاد و روشن روان
شوم بازگویم به گردان همین ... به منشور[6] و شنگل[7] به خاقان چین
هیونی فرستم به افراسیاب ... بگویم سرش را برآرم ز خواب

پیران در دل می‌اندیشد که شدنی نیست. از توران بیاید و نزد کی خسرو بماند. دیگر این‌که گنه‌کار را به رستم بسپارد تا از کینه‌ی شاه بکاهد هم شدنی نیست. چگونه به بزرگان و خویشان افراسیاب که دارنده‌ی گنج و جاه و تخت هستند چنین بگویم. این آرزو سر و ته ندارد و به بار نمی‌نشیند. بزرگانی که گودرز از آن‌ها درد به دل دارد هومان، کلباد و فرشید ورد هستند. این کار شدنی نیست. باید چاره‌ی دیگری بیندیشم و راه خود را بروم. سپس به رستم گفت: « ای پهلوان ، شاد و دل پاک بمان. پیام تو را به دلاوران، منشور و شنگل و خاقان چین می‌رسانم و اسبی نزد افراسیاب می‌فرستم و او را به راه می‌آورم.»

- دل پیران با یلان ایران و با آئین شان نیست. تنها زبانش او را یار نشان می‌دهد. او می‌داند افراسیاب و لشکریانش گامی در راه آشتی برنمی‌دارند، تنها زمان می‌خرد.

---

۱ - ژرف = در اینجا دشوار
۲ - یارم = بتوانم, مجال بیابم
۳ - هوماند = سرداران افراسیاب
٤ - فرشید ورد = سرداران افراسیاب
٥ - گودرز = پهلوان ایران
٦- منشور = یکی از بزرگان توران
۷ - شنگل = پادشاه هند

رأی زدن تورانیان از جنگ ایرانیان (صفحه‌ی ۱۹۹)

بیامد به خاقان چنین گفت باز	که این رزم کوتاه ما شد دراز
ز دریا نهنگی به جنگ آمده است	که جوشنش چرم[1] پلنگ آمده است
که رستم ز هر جا که بد لشکری	ز هر سو که بد نامور مهتری
بیاورد و آن رنجها شد به باد	کجا خیزد از کار بیداد داد
سر شاه کشور چنین گشته شد	سیاوخش بر دست او کشته شد
به‌فرمان گرسیوز[2] بی‌خرد	ز دستش برفت آن چنان کار بد
سیاوش خردمند و پرمایه بود	ورا رستم زابلی دایه بود
کنون بهر او جنگ و کین آورد	همی آسمان بر زمین آورد
نه چنگ پلنگ و نه خرطوم پیل	نه کوه بلند و نه دریای نیل
بسنده است با او به آوردگاه	چو آورد گیرد به پیش سپاه
یکی رخش دارد به زیر اندرون	که کشتی نخواهد به دریای خون
کنون سر به سر تیزهش[3] بخردان	بخوانید با موبدان و ردان
ببینید تا چاره‌ی کار چیست	برین رزمگه مرد پیکار کیست
همه کارها کرد باید درست	از آغاز کینه نبایست جست

پیران نزد خاقان چین آمد و گفت که نبرد کوتاه ما به درازا کشید. نهنگی از دریا به جنگ ما برخاسته است که زرهش از پوست پلنگ است. رستم هرجا که لشکر یا ناموری بوده گرد هم آورده. رنج‌های ما همه بر باد شد که هر بیدادی، داد در پی دارد. اندیشه‌ی افراسیاب درباره‌ی سیاوش تغییر کرد، بدبین شد و او را کشت. از بدگوئی گرسیوز بی‌خرد بود که دست به کشتن سیاوش زد. پادشاهی بسیار پر خرد و گران‌مایه که دست‌پرورده‌ی رستم زابلی بود. اکنون رستم به کین خواهی او برخاسته و در این نبرد زمین را به آسمان می‌رساند. هنگامی که با سپاه وارد جنگ می‌شود، نه چنگ پلنگ، نه خرطوم فیل، نه دریای نیل و نه کوه بلند جلودارش است. تا اسبی چون رخش زیر پایش است برای گذشتن از دریای خون به کشتی نیاز ندارد. اکنون

---

۱ - چرم = پوست
۲ - گرسیوز = برادر افراسیاب
۳- تیز هش = هوشمند , خردمند

همه‌ی تیزهوشان و خردمندان، موبدان و دلاوران را بخوان تا بیندیشیم که چاره‌ی کار چیست و مرد جنگ در این پیکار کیست. باید همه کارها درست پیش برود، نباید از آغاز کینه‌جوئی کرد.

- تورانیان در گفتگو و رایزنی با هم از سیاوش و کشته شدنش که بیداد بود می‌گویند. می‌گویند پس هر بیدادی داد هست. پندی بزرگ و در خور نگرش. از رستم می‌گویند می‌دانند توان رویارویی با او را ندارند. بر این باورند که نباید از آغاز کینه‌جوئی کنند. دادگر که نباشی و توان جنگیدن با رستم را هم نداشته باشی تنها راهی که می‌ماند نیرنگ است.

ز یک مرد ننگست گفتن سخن	دگرگونه تر باید افکند بن
چنان دان که او ژنده[1] پیلست مست	به آورد گه شیر گیرد به دست
اگر گرد کاموس[2] را زو زمان	سر آمد نباید شدن بدگمان
چو پیران ز رستم بترسد همی	شب تیره زین غم نخسبد همی
نه پیل است و نه گشته با شیر جفت	هنر نیست چندان که پیران بگفت
بر این رای‌ها کرد باید درست	نباید دل از کین او پاک شست

شنگل می‌گوید ننگ است که از یک مرد این چنین سخن بگوییم، جور دیگری باید اندیشید. حتی اگر او پیلی مست و خشمگین باشد و در میدان نبرد شیری را با دست خالی بگیرد. اگر سر آمدن عمر کاموس دلاور به دست رستم باشد، کاری نمی‌توان کرد. پیران از رستم چنان می‌ترسد که شب‌ها از ترس و غم او خوابش نمی‌برد. آن‌گونه هم که پیران می‌گوید او جنگاور نیست. نه پیل است و نه مانند شیر. درباره‌ی این سخنان باید درست اندیشید. نباید دل خود را از کینه‌ی او پاک کنیم.

- برای این‌که ترس از رستم را از دل خود دور کنند، کوشش می‌کنند رستم را کمتر از آنچه هست جلوه دهند. هر کس که بیداد می‌کند می‌داند روزی تاوانش را خواهد داد. این دانستن، ترس به دل راه می‌دهد، به‌ویژه زمانی که رستم یل دادخواه باشد.

---

۱ - ژنده = خشمگین , آشفته
۲ - کاموس = پادشاه سنجاب

بدو گفت کلباد ای تیغ زن — چنین تا توان فال بد را مزن
تن خویش یک‌باره غمگین مکن — مگر کز گمان دیگر آید سخن
بنا آمده کار دل را به غم — سزد گر نداری نباشی دژم

کلباد به او می‌گوید: «ای شمشیر زن تا می‌توانی فال بد نزن. این همه غم به دل راه نده شاید اتفاق‌ها جور دیگری رقم بخورد. بهتر است برای کاری که پیش نیامده خودت را اندوهگین نسازی.»

- هنگامی که به‌درستی کاری که می‌کنی باور داشته باشی، دچار اندوه نمی‌شوی. رضایت خاطری در انجام کار درست و شایسته هست که تحمل هر رنج و اندوهی را آسان می‌سازد.

سخن گفتن رستم با لشکر خویش (صفحه‌ی ۲۰۰)

تهمتن چنین گفت کای بخردان — هشیوار و بیدار دل موبدان

کسی را که یزدان کند نیک‌بخت — سزاوار باشد ورا تاج و تخت

ز یزدان بود زور ما خود که‌ایم — بدین تیره خاک اندرون بر چه ایم

نباید کشیدن گمان بدی — ره ایزدی باید و بخردی

که گیتی نماند همی بر کسی — نباید بدو شاد بودن بسی

هنر مردمی باشد و راستی — ز کژی بود کمی و کاستی

تهمتن به خردمندان، هشیاران و موبدان بیدار دل چنین گفت: «کسی را که یزدان نیکبخت می‌کند، سزاوار تاج‌وتخت است. ما که هستیم؟ روی زمین و این خاک تیره چه می‌کنیم؟ همه از زور و توانمندی یزدان است. نباید اندیشه‌ی بد داشت باید در راه ایزدی و خرد گام برداشت. جهان برای هیچ‌کس همیشگی نیست، نباید با آن شاد بود و به آن دل بست. جنگاوری باید مردمی باشد و در راه راستی. از کج روی، کاستی و کمی به وجود می‌آید.

• رستم، یک‌دانه‌ی ایران‌زمین، خود را بدون یزدان هیچ می‌بیند. چقدر تفاوت است بین او و جنگاورانی که تنها با آزمودن راه و آئین رزم، خود را خدا می‌انگارند. همین تفاوت است که او را یکدانه و دردانه‌ی ایران‌زمین می‌کند. در گفتگوهای رستم، یل دلاور ایران، پندهای فردوسی بزرگ نهان است. از جمله این‌که جهان همیشگی نیست و باید در راه راست گام نهاد و بس. نشانه‌های آئین و کیش ایزدی در گفتار و کردار رستم نمایان است و هم در اندرزهای حکیم سخن فردوسی بزرگ.

چو پیران بیامد بر من دمان — سخن گفت با داغ دل یک زمان
که از نیکوئی با سیاوش چه کرد — چو آمد به رویش ز تیمار و درد
فرنگیس و شاه از دم اژدها — به گفتار او بد که آمد رها
که او را جز از راستی پیشه نیست — ز بد در دلش هیچ اندیشه نیست
گر ایدون که باز آرد آن را که گفت — گناه گذشته بباید نهفت
گنه‌کار با خواسته هرچه بود — سپارد به ما کین نباید فزود
از آن پس مرا جای پیکار نیست — به از راستی در جهان کار نیست
نداریم کس را به کشتن نگاه — که نیکی دهشمان خرد داد و راه

رستم می‌گوید که پیران خروشان نزد من آمد و مدتی با داغ دل گفتگو کرد. گفت که به سیاوش چه نیکوئی‌ها کرده و پس از کشته شدنش چه رنج‌ها کشیده. فرنگیس و شاه از دست افراسیاب، گفته‌ی او رهایی یافته‌اند. او در دل اندیشه‌ی بد ندارد و جز راستی پیشه‌اش نیست. اگر این‌گونه که می‌گوید عمل کند، باید گناه گذشته‌اش را نادیده بگیریم. او گنه‌کارانی که سیاوش را به کشتن دادند و هم مال و خواسته به ما می‌دهد، نباید بیش از این کینه‌ورزی کنیم. اگر این کار را بکند دیگر جای نبرد نیست. در جهان بهتر از راستکاری نیست. دست به کشتار دیگران نمی‌زنیم، زیرا کسی که به ما نیکی بخشیده خرد نیز داده و راه را به ما نشان داده است.

- مدارا کردن و آشتی‌جوئی در فرهنگ ما جایگاه ویژه‌ای دارد. رستم می‌اندیشد که پیران، گناه‌کارانی که در کشتن سیاوش نقش داشته‌اند و هم گروی زره، قاتل سیاوش را به او می‌سپارد. می‌گوید در آن صورت ما هم نبرد نمی‌کنیم. راه ایزدی و خردمندانه این است که به پشیمان فرصت جبران دهیم و با او مدارا کنیم. این راه درستکاری است؛ اما مدارا کردن با انسان‌هایی که از گناه خود پشیمان‌اند و می‌خواهند در راه راست گام بردارند نه کسانی که با نیرنگ و آشتی‌جوئی به دنبال خریدن زمان هستند و اگر دوباره جان بگیرند راهشان همان خواهد بود که بود.

چو بشنید گودرز بر پای خاست — بدو گفت کای مهتر راد و راست
سرمایه توست روشن خرد — روانت همی از خرد بر خورد
ز جنگ آشتی بی‌گمان بهترست — نگه کن که گاوت به چرم اندرست[1]
که از راستی جان بدگوهران — گریزد چو گردن ز بار گران
ور ایدون که بیچاره پیمان کند — بکوشد پس آن را دگرسان[2] کند
نخستین که ما رزمگه ساختیم — سخن رفت و زین کار پرداختیم
ز پیران فرستاده آمد به این — که بیزارم از جنگ و از دشت کین
بسی پند و اندرز بشنید و گفت — کزین پس نباشد مرا جنگ جفت
بگفتم از ایدر بیایی رواست — به ایران تو را تخت و گنج و نواست
چو گفتیم پیران بر آن بازگشت — شب تیره با دیو انباز گشت
هیونی فرستاد نزدیک شاه — که لشکر بیارای کامد سپاه
تو گفتی که با ما نرفت آن سخن — نه سر بود از آن کار پیدا نه بن
کنون با تو ای پهلوان سپاه — یکی دیگر افکند بازی به راه
در آشتی کوبد اکنون همی — نیارد نشستن به هامون همی
چو داند که تنگ اندر آمد نشیب — به کار آورد بند و رنگ و فریب
گنه‌کار با گنج و با خواسته — که گفته است پیش آرم آراسته
ببینی که چون بردمد زخم کوس — به جنگ اندر آید فریبرز و توس
سپهدار پیران بود پیش رو — که جنگ آورد هر زمان نو به نو
دروغ است یکسر همه گفت اوی — نباشد جز از اهرمن جفت اوی

هنگامی که گودرز سخنان رستم را شنید بر پای خاست و گفت ای جوانمرد مهتر و درستکار، روان تو از خرد برخوردار است و خرد روشن، بالاترین سرمایه‌ی توست. بی‌گمان آشتی بهتر از جنگ است، اما ببین دشمن تو زیر پوست ریا پنهان است. همان‌گونه که گردن تاب بار سنگین را ندارد، انسان بدگوهر هم راستی را تاب نمی‌آورد. از روی ناچاری پیمان می‌بندد و سپس بر خلاف آن پیمان رفتار می‌کند. نخستین بار که برای نبرد آماده شدیم، پیران فرستاده‌ای فرستاد که من از جنگ و دشت نبرد بیزارم. پند و اندرزهای بسیار داد و گفت از این پس به دنبال جنگ نیستم. به او گفتم این گزینش تو سزاوار است، تو در ایران تخت و گنج و خواسته

۱- گاوت به چرم اندر است = سرنوشت مشخص نیست
۲ - دگرسان = جور دیگر , طور دیگر

خواهی داشت. ما گفتیم پیران بازگشت اما هنگام شب با دیوان شریک و همدست شد. فرستاده فرستاد که لشکر آماده کن که سپاه در راه است. گوئی آن سخن‌ها بین ما نرفته بود، کار او سر و ته نداشت. اکنون ای پهلوان با تو بازی دیگری در آورده، چون قدرت جنگ ندارد از در آشتی در آمده. هنگامی که می‌بیند شکست در پیش دارد، به فریب و نیرنگ روی می‌آورد. او که گفته است گناه‌کاران را با مال و خواسته پیش تو می‌آورد، هنگامی که ببیند فریبرز و توس به جنگ آمده‌اند و صدای کوس بلند شود، سپهدار پیران پیشرو جنگ خواهد بود و جنگ را به پیش می‌برد. همه سخنان او یکسر دروغ است. او با اهریمن یکی است.

- انسان خردمند شاید یکبار فریب دروغ کار را بخورد، اما بار دومی در کار نیست. پیران به شقاوت و خونریزی افراسیاب نیست. در زمان سیاوش به او دل بسته و کارهای نیکی انجام داده است، اما درجایی که مجبور به انتخاب راه درست و دادگری است می‌بینیم که زیر پرچم افراسیاب قرار می‌گیرد. برتری دادن پیوند و خویشاوندی بر درستی و دادگری اشتباه پیران است. فریدون فرخ پسران نابکار و خونریز خود را از ستمکاران دیگر جدا نمی‌داند. راستی و درستی و دادگری برتر از همه‌چیز در جهان است. پیران دلاوری است که به‌راستی روی نمی‌آورد.

چو بشنید رستم به گودرز گفت — که گفتار تو با خرد باد جفت
چنین است پیران و این راز نیست — که این پیر با ما هم آواز نیست
ولیکـن من از خوب کـردار اوی — نجویم همی تیز پیکار اوی
ز نیکو گمان اندر آیـم نخست — نباید مگر جنگ و پیکار جست
چو او بازگردد ز گفـتار خویش — ببیند ز من درد و تیمار خویش
بر او آفرین کرد گودرز و توس — که خورشید بر تو ندارد فسوس
به نـزدیک تو رنگ و بـند و دروغ — سخن‌های پیران نگیرد فروغ
مبادا جهــان بی سرو تــاج شــاه — تو بادی همیشه بدان پیش‌گاه
ببــینیم تــا کــردگــار جهــان — در این آشکارا چه دارد نهان

رستم با شنیدن سخنان گودرز می‌گوید که گفتار تو خردمندانه است. پیران این‌گونه است و این راز نیست که پیران هم آواز با ما نیست؛ اما من اگر کردار نیک از او ببینم با او پیکار نخواهم کرد. نخست باید گمان نیکو برد و از نبرد پرهیز کرد. اگر از گفتارش بازگشت آنگاه از من رفتار بایسته خواهد دید. گودرز و توس بر او آفرین خواندند و گفتند که خورشید بر تو افسوس نمی‌خورد که به درخشانی خورشیدی. نیرنگ و دروغ و ریا را به‌خوبی می‌شناسی، سخنان پیران نزد تو رونق ندارد. جهان بی سر و تاج، بی شاه نماند و تو همیشه در پیشگاهش بمانی. ببینیم که آفریدگار دراین‌باره چه رازی را آشکار می‌کند.

- رستم می‌گوید این را می‌دانم که پیران با ما هم آواز نیست اما مادامی که کردارش نیک باشد ما با او سر جنگ نداریم. کوشش در این راه که او را به راه درستی و دادگری برگرداند. این فرهنگ ایرانی است، مدارا کردن و آشتی‌جوئی؛ اما در صورت پافشاری به بدی و کجروی، پاسخ بدکار همان است که در آئین درستکاران جهان است.

لشکر آراستن ایرانیان و تورانیان (صفحه‌ی ۲۰۱)

چو پیران چنان دید دل شاد کرد ‌ ‌ ‌ ز رزم تهمتن سر آزاد کرد
به هومان چنین گفت کامروز کار ‌ ‌ ‌ به کام دل ما کند روزگار
بدین ساز و چندین سوار دلیر ‌ ‌ ‌ سرافراز هر یک به کردار شیر
تو امروز پیش صف اندر مپای ‌ ‌ ‌ یک امروز و فردا مکن رزم رأی
پس پشت خاقان چینی بایست ‌ ‌ ‌ که در رزم بودن تو را روی نیست
کـه گـر زابلـی بـا درفـش سیاه ‌ ‌ ‌ ببیـند تـرا کـار گـردد تبـاه
ببیـنیم تا چـون بود کـار ما ‌ ‌ ‌ چـه بـازی کنـد بخـت بیـدار ما

پیران شاد شد و اندیشید که تهمتن با او سر جنگ ندارد. به هومان گفت که امروز، روزگار به کام دل ماست. تو با ساز و برگ و چندین سوار دلیر و سرافراز که مانند شیر جنگجو هستند، آماده باش امروز و فردا نبرد را آغاز نکن. پشت خاقان چین بایست چون یارایی نبرد را نداری. اگر رستم زابلی درفش سیاه تو را ببیند کار ما به شکست می‌انجامد. ببینیم این‌گونه کارچگونه پیش می‌رود و بخت بیدار ما چه بازی می‌کند.

- فریفتن رستم در اندیشه‌ی پیران است. سرداران خردمند و دادگر ایران او را خوب شناخته‌اند اما زمان بازگشت به راستکاری را به او می‌دهند. افرادی با ویژگی پیران، سلم و تور، ایرج، فریدون و ضحاک بسیارند. شاهنامه درس زندگی است. سرگذشت هریک از این نامداران و بدکاران پند آموز و راه گشاست. اگر پیران گزینش بهتری می‌کرد، نام نیک از خود باقی می‌گذاشت و هم کارهای نیک و دادگرانه‌اش ردپائی نیک بود برای آیندگان. همان‌گونه که بزرگان نامی ایران چه در لباس پادشاه و یا پهلوان به همگان درس نیکی و راستی دادند، نامشان تا ابد به نیکی یاد می‌شود و رد پای نیکشان برای آیندگان ماندگار است.

وزان جایگه شد بدان انجمن — به‌جایی که بد پهلو پیلتن
فرود آمد و آفرین کرد چند — که فر از تو گیرد سپهر بلند
چو رفتم ز نزد تو ای پهلوان — پیامت بدادم به پیر و جوان
هم از آشتی راندم هم ز جنگ — سخن گفتم از هر دری رنگ‌رنگ[1]
به فرجام گفتند کین چون کنیم — که از رأی تو کینه بیرون کنیم
توان داد گنج و زر و خواسته — ز ما هر چه او خواهد آراسته
نشـاید گنـه‌کار دادن بـدوی — براندیـش و ایـن رازها بازجوی
گنـه‌کار جـز خویش افراسـیاب — که دانی سخن را مزن بر شتاب
چگونه سپاریم و این کـی توان — از این آرزو پیر گردد جـوان
به پاسخ نکوهش بسی یافتم — ازیـرا بـه نـزد تـو بـشتافتم
ازیشان سپاهی چو دریای آب — گرفتند بر جنگ جستن شتاب
سـراپای خود را نـدانند هیچ — تو را جز به سگزی نخوانند هیچ
مرا این درست است کز پیلتن — به فرجام گریان شوند انجمن

پیران به نزد تهمتن می‌رود و پس از آفرین گفتن بر او می‌گوید که چرخ گردان فر و شکوهش را از تو دارد. ای پهلوان من پیام تو را به پیر و جوان رساندم. از هر دری سخن گفتم از جنگ از آشتی. سرانجام گفتند چه کنیم تا سر تو از کینه تهی شود. گنج و زر و خواسته و هر چه بخواهی برایت می‌فرستیم؛ اما فرستادن گناهکاران شدنی نیست. بیندیش و این رازها را دریاب. تو می‌دانی، گنه‌کاران از خویشان افراسیاب هستند. درنگ کن بیندیش و با شتاب سخن نگو. چگونه می‌توانیم، این آرزویی محال است که جوان را پیر می‌کند و عملی نمی‌شود. در پاسخ بسیار نکوهشم کردند. برای همین نزد تو شتافتم. سپاهی به بزرگی دریا در راه است. آن‌ها جنگ را برگزیدند. سر از پا نمی‌شناسند و تو را به نام سگزی می‌خوانند. من می‌دانم که سرانجام در این جنگ، سپاه بر تو گریان خواهند شد.

- پیران با نیرنگ و ریا به‌سوی تهمتن می‌آید و بسیار دروغ می‌گوید. دروغکار اگر بتواند یکبار خردمند را بفریبد، دستش رو شده و بار دومی وجود ندارد. این‌که می گوییم شاهنامه پویاست و درس زندگی، برای این است که در جهان همیشه انسان‌هایی به ویژگی

۱- رنگ رنگ = گونه گون , گوناگون

ضحاک و سلم و تور، هم ایرج و سیاوش و جمشید و فریدون فرخ بوده‌اند وهم پیران که برای تمیز دادن درستکاری و یا دروغکاری او نیازمند خرد هستیم. خرد و آگاهی که فریب نخوریم. چگونه می‌توان پیران را فریدونی دانست تنها به دلیل کارهای نیکش در مورد سیاوش. با رفتارهای اکنون او که همه دروغ و ریاست دچار تردید می‌شویم که رفتارش با سیاوش برای درستی و دادگری سیاوش نبوده. چگونه باور کنیم پیام دوستی او را مبنی بر دادگری و راستی؟ هنگامی که فریدون فرخ پسران خونریز خود را از قاتلان دیگر سوا نمی‌داند. خویشاوندی آن هم فرزند در برابر پراکندن نیکی و درستی و دادگری برایش معنا ندارد. کدام درست است؟ همین‌جا نقطه‌ی جدایی فریدونیان از ضحاکیان است. اگر در چنین شرایطی قرارگرفته باشیم می‌دانیم که درک این شرایط بسیار شادی‌آور است. هنگامی که خود را در جوار فریدون می‌بینی و احساس سرخوشی داری که چگونه خرد مغز و دلت را رهبری کرده و به جایگاه نیک رسانده است؛ و پس از رو شدن ریاکاری آدمهایی چون پیران، احساس سربلندی می‌کنی نه درد فریب خوردگی.

۲۳۹ چو بشنید رستم برآشفت سخت   به پیران چنین گفت کای شوربخت
تو با این چنین بند و چندین فریب   کجا پای داری تو اندر نهیب
مرا از دروغ تو شاه جهان   بسی یاد کرد آشکار و نهان
وزان پس مرا نیز گودرز گفت   همه بند و نیرنگت اندر نهفت
بـدیدم کـنون دانـش و رای تو   دروغ است یکسر سراپای تو
بغلتی همی خیره در خون خویش   بدست این و زین بتر آیدت پیش
چنین زندگانی نیارد بها   که باشد سر اندر دم اژدها
ترا پوشش از خوک و چرم پلنگ   همی خوشتر آید ز دیبا و رنگ
بدو گفت پیران که‌ای نیکبخت   برومند و شاداب و زیبا درخت
سخن‌ها که داند جز از تو چنین   که از مهتران بر تو باد آفرین
مرا جان‌ودل زیر فرمان تست   همیشه روانم گروگان تست
یـک امشب زنم رای با خویشـتن   بگویم سخن نیز با انجمن
بدان گه ببینم سزاوار کار   مگر گم شود زین میان کارزار
همان گه بیامد میان سپاه   دلش پر دروغ و سرش کینه‌خواه

رستم با شنیدن سخنان پیران سخت برآشفت و به پیران گفت که‌ای شوربخت تو با این همه فریب و نیرنگ در هراس و بیم هستی. شاه جهان بارها درباره‌ی دروغگوئی تو آشکارا و پنهان سخن گفت. گودرز نیز نیرنگ‌های نهفته‌ی تو را آشکار کرد. اکنون دانش و باور تو را دیدم، سراپای تو دروغ است. بیهوده در خون خودخواهی غلتید. این بد است و بدتر از آن برایت پیش خواهد آمد. زندگی آن‌قدر ارزش ندارد که سر به‌فرمان افراسیاب باشی. اگر پوشش تو از پوست خوک و پلنگ باشد، بهتر از حریری است که از روی ریا باشد. پیران به او گفت ای نیکبخت و ای درخت زیبا و برومند و شاداب، جز تو چه کسی سخنانی این چنین نیک می‌داند. از مهتران بر تو آفرین، من جان‌ودلم به‌فرمان و روانم همواره در گرو توست. امشب نیز با خود می‌اندیشم و با سپاه سخن می‌گویم. ببینم شاید بتوان از کارزار جلوگیری کرد. پیران به میان سپاه بازگشت درحالی‌که دلش پر از دروغ و سرش پر از کینه بود.

- پیران به دروغ‌گوئی خود ادامه می‌دهد و زمان می‌خرد. رستم آگاه‌تر و باهوش‌تر از آن است که فریب حرف‌های پیران را بخورد. آدمهایی مانند پیران شرافت و جرئت این را هم ندارند که باور و آئین خود را آشکارا بیان کنند. این یک ویژگی است.

آغاز رزم (صفحه‌ی ۲۰۱)

هر آن‌کس که‌اید بر من به جنگ — شما دل مدارید از آن کار تنگ
دو دستش ببندم به خم کمند — اگر یار باشد سپهر بلند
شما سر به سر همگنان[1] هم گروه — مباشید از آن نامداران ستوه[2]
مرا گر به رزم اندر آید زمان — نمیرم به بزم اندرون بی‌گمان
به نام نکو گر بمیرم رواست — مرا نام باید که تن مرگ راست
دل اندر سرای سپنجی مبند — بس ایمن مشو در سرای گزند
اگر یار باشد روان با خرد — به نیک و به بد روز را نشمرد
خداوند تاج و خداوند گنج — نبندد دل اندر سرای سپنج

رستم می‌گوید که هر کس که با من جنگ آغاز کرد، شما نگران و دلتنگ نشوید. دو دستش را با کمند می‌بندم اگر سپهر بلند یار باشد. شما همگی با هم باشید و آن نامداران را به ستوه آورید.
شاید در این رزم زمان من به سر آید، بی‌شک من در بستر و بزم نمی‌میرم. شایسته است که با نام نیک بمیرم. من به دنبال نام نیک هستم وگرنه تن آدمی خوراک مرگ است. دل به این سرای گذرا نبندید و در این جهان پر از آسیب درپی امنیت نباشید. اگر دل با خرد یار باشد پیوسته در کار شمردن روزهای نیک و بد نیست. دارنده‌ی تخت و تاج دل به سرای ناپایدار نمی‌بندد.

- این گفته‌ها و در پس آن کنش‌ها و عملکردها از رستم، یل نامدار ایران‌زمین، شگفت‌انگیز نیست. ماندن نام نیک از او برای همین ویژگی اوست. انسان آگاه و خردمندی که در پی نام نیک است به مرگ نمی‌اندیشد. هنگامی که برای دادگری می‌جنگد و به این کار باور دارد و عشق می‌ورزد، از مرگ نمی‌هراسد و به این نمی‌اندیشد که روزگار این بار برایش نیک پیش می‌آورد یا بد. او زندگی می‌کند تا از خود نام نیک بگذارد. نیکی و آبادانی و دادگری برای مردم و جهان خواست اوست و در این راه محکم و با اطمینان گام برمی‌دارد.

۱- همگنان = گروه , رفقا
۲- ستوه = خسته , درمانده

رزم شنگل با رستم و گریختن شنگل (صفحه‌ی ۲۰۲)

نخواهم ز ایرانیان یار کس — پی رخش و ایزد مرا یار بس
که امروز پیروزی روز ماست — بلند آسمان اختر افروز ماست
بد آید بر ایشان ز گفتار بد — بد آید به پیش بد از کار بد
گر ایدون که نیرو دهد دادگر — پدید آورد رخش رخشان هنر
برین دشت من گورسانی[1] کنم — برومند را شورسانی[2] کنم

رستم می‌گوید که در این رزم یاری ایرانیان را نمی‌خواهم و تنها به جنگ می‌روم. یاری یزدان و همراهی رخش مرا بس؛ که امروز روز پیروزی ماست و آسمان بلند روشن‌کننده‌ی ستاره‌ی بخت و اقبال ما. از گفتار بد ایشان به آن‌ها بد می‌رسد. از انجام کارهای بد پی‌درپی بد می‌رسد. اگر دادار دادگر نیرو بدهد و رخش هنر خود را نشان دهد، این دشت را گورستان می‌کنم و توانمند را به شور وامی‌دارم.

- از یک سو ترس بیدادگران در برابر دادخواهی، از سوی دیگر دلاوری دادخواه در برابر بیدادگران. آنچه انگیزه و نیرو می‌دهد همان راستی و درستی است.

---

۱ -گورسان = گورستان , آرامستان
۲ - شورسان = شورستان , هیجانی

گرفتار شدن خاقان چین (صفحه‌ی ۲۰۳)

نگه کرد خاقان از آن پشت پیل — زمین دید جنبان چو دریای نیل
یکی پیل بر پشت کوهی بلند — به چنگ اندر از چرم شیران کمند
یکی نامداری ز لشکر بجست — که گفتار ایران بداند درست
بدو گفت رو پیش آن شیر مرد — بگویش که تندی مکن در نبرد
یکی شهریاری است افراسیاب — که آتش همانا نداند ز آب
جهانی بدین گونه کرد انجمن — بد آورد ازین رزم بر خویشتن
کسی نیست بی آز و بی نام و ننگ — همان آشتی بهتر آید ز جنگ

خاقان چین از پشت پیل نگاه کرد، زمین را چون دریای نیل از سپاه جوشان دید. پیل بزرگی روی کوه بلندی نشسته و در دستش کمندی از پوست شیر بود. نامداری از لشکر را که زبان ایرانیان را می‌دانست فراخواند و گفت که نزد آن شیرمرد برو و بگو در نبرد تندی و تیزی نکند. افراسیاب شهریاری است که تفاوت آب و آتش را نمی‌داند. جهانی را گردآوری کرد و با این رزم برای خودش بد پیش آورد. کسی نیست که در دلش آز نباشد و بدنامی و ننگ برای خود نخرد. آشتی بهتر از جنگ است.

- دیوهای بداندیش تنها زمانی آشتی‌جو می‌شوند که عرصه بر آن‌ها تنگ می‌شود. همزمان و یا پس از گشایش، بداندیشی و فریب و نیرنگ را دوباره به کار می‌گیرند. جهان پاک بماند از پلشت‌اندیشگان.

فرستاده آمد بر پیلتن — زبان پر ز گفتار و دل پر شکن
بدو گفت کای مهتر رزمجوی — چو رزمت سرآمد کنون بزم جوی
به تاراج ایران نهادست روی — چه باید کنون لابه و گفت و گوی
چو داند که لشکر به چنگ من است — شتاب سپاه از درنگ من است
به خواهش همی باز جنباندم — مگر کز فرومایگان داندم
فرستاده گفت ای خداوند رخش — به دشت آهوی ناگرفته مبخش
که داند که خود چون بود روزگار — که پیروز برگردد از کارزار
چو بشنید رستم برانگیخت رخش — منم گفت شیراوژن تاج‌بخش
به تن زورمند و به بازو کمند — چه روز فسوس است و هنگام پند

فرستاده‌ی خاقان نزد رستم آمد، دل پر از پیچ و تاب و زبان سخن گو. گفت ای مهتر جنگجوی، زمان جنگ به سر آمده در پی بزم باش. رستم می‌گوید او به قصد تاراج ایران آمده حالا چه زمان گفتگوی بیهوده است. حال که می‌داند لشکر در چنگ من است و شتاب سپاه از تأمل من، می‌خواهد با خواهش مرا به راه آورد. آیا مرا از فرومایگان می‌داند؟ فرستاده گفت که‌ای دارنده‌ی رخش، آهوی شکار نکرده را به دشت نبخش، هنوز که پیروز نشده‌ای. کسی چه می‌داند که روزگار چگونه خواهد بود و چه کسی از نبرد پیروز بازمی‌گردد. رستم که چنین شنید رخش را برانگیخت و گفت منم شیرافکن و نگه‌دارنده‌ی تاج‌وتخت. تنم زورمند است و کمند به بازو دارم. چه روز نیرنگ است و چه هنگام پند.

- پیام آشتی ناروا را پذیرفتن کار دون مایگان است. رستم این را می‌داند و بهای خود را خوب می‌شناسد. می‌گوید این چه هنگام بازی و نیرنگ است، زیرا به‌خوبی دشمن را می‌شناسد و می‌داند با این‌گونه سخنان، آن‌ها برای خود زمان می‌خرند. از کوچک‌ترین فرصت استفاده کرده و زهر خود را بر درستکاران و راستی جویان می‌ریزند. بداندیشان بدون کشورگشایی و یافتن گنج و جنگ و خونریزی، روان و جانشان در رنج است.

چنین است رسم سرای فریب — گهی بر فراز و گهی بر نشیب
چنین بود تا بود گردان سپهر — گهی جنگ و زهرست و گه نوش و مهر
یکی را بر آری به چرخ بلند — یکی را کنی خوار و زار و نژند
یکی را ز ماه اندر آری به چاه — یکی را ز چاه اندر آری به ماه
یکی را بر آری و شاهی دهی — یکی را به دریا به ماهی دهی
نه با آنت مهر و نه با اینت کین — که به دان تویی ای جهان‌آفرین
جهان را بلندی و پستی تویی — ندانم چه ای هر چه هستی تویی
ز تو شادمانی و از تو غمی است — یکی را فزونی دگر را کمی است

رسم سرای فریب، این جهان این‌گونه است. گاهی بر فرازی و گاهی بر نشیب. تا بوده سپهر گردان این چنین بوده، گاهی «جنگ و زهر» و گاهی «نوش و مهر». یکی را به جایگاه بلند می‌رسانی، دیگری را خوار و زار و اندوهگین می‌سازی. یکی را از ماه به پایین می‌کشانی و در چاه می‌اندازی و دیگری را از چاه بیرون آورده به ماه می‌رسانی. یکی را نام بلند می‌دهی و به پادشاهی می‌رسانی و دیگری را در دریا افکنده و به ماهیان می‌سپاری. نه با او مهر داری و نه به دیگری کین. ای جهان‌آفرین بهترین‌ها را تو می‌دانی. پستی‌وبلندی جهان از توست. نمی‌دانم چه هستی، می‌دانم هر چه هستی تویی. غم و شادی از تو، بسیاری و کاستی هم از توست.

- اگر در جهان به پادشاهی رسیدی و یا بد به روزت آمد، نه آن را نشان مهر سپهرگردان بدان و نه این را نشان کینه‌توزی. تنها آفریدگار می‌داند. غم و شادی و افزونی و کاستی از اوست. نکته‌ای دیگر در پند فردوسی بزرگ که باید توجه داشته باشیم « نه با آنت مهر و نه با اینت کین» ویژگی و سرشت چرخ گردون این‌گونه است. اگر برایت بد پیش آمد، معنایش بدی تو و اگر روزگار خوبی داشتی به معنای خوبی تو نیست. این سرشت روزگار است.»

خواسته بخش کردن رستم (صفحه‌ی ۲۰۴)

کنون گر همه پیش یزدان پاک — بغلتیم با درد یک یک به خاک
سزاوار باشد که او داد زور — بلند اختر و بخش کیوان و هور
کنون جامه رزم بیرون کنیم — به آسایش آرامش افزون کنیم
غم و کام دل بی‌گمان بگذرد — زمانه دم ما همی بشمرد
همان به که ما جام می‌بشمریم — به این چرخ نامهربان ننگریم
سپاس از جهان دار پیروزگر — کزویست نیرو و بخت و هنر
سزد گر دل اندر سرای سپنج — نداریم چندین به درد و به رنج

رستم پس از پیروزی به پهلوانان می‌گوید: «اکنون اگر همه یک به یک در برابر یزدان پاک به خاک بغلتیم و او را نیایش کنیم سزاوار است، زیرا نیرو، اختر بلند و کهکشان و خورشید از او جان گرفته‌اند. اکنون جامه‌ی رزم را از تن به در کنیم و در آسایش به آرامش خود بیفزاییم. اندوه و کام دلمان بی‌شک می‌گذرد و زمانه پیوسته دم ما را می‌شمرد. سزاوار است که ما هم دمبه‌دم جام می‌بشماریم و به نامهربانی این چرخ گردون نیندیشیم. سپاس یزدان را که توان و بخت و جنگاوری از اوست. شایسته است که دل را در این سرای ناپایدار با درد و رنج نیازاریم.

- پس از هر پیروزی، رستم پهلوان و هم نامداران دیگر ایران و پادشاهان به نیایش یزدان می‌پردازند. پیروزی آن‌ها را غره نمی‌کند، آن‌ها دل به این سرای ناپایدار نسپرده‌اند زیرا ویژگی گذرا بودن آن را با جان‌ودل دریافته‌اند. برای همین است که ارزشمندترین زندگی در باورشان پراکندن دادگری و راستی و آبادانی در جهان است. آیا این باور می‌تواند ویژه‌ی یک کشور خاص باشد؟ یا خوشبختی جانداران و مردم و جهان در گرو این باور است. درست مانند «اندیشه‌ی نیک، گفتار نیک و کردار نیک» که با داشتن آن‌ها جهان و جهانیان از بدی دور مانده و به آرامش و خوشبختی می‌رسند. در این راستا زمان و مکان تأثیری ندارد زیرا خرد انسان بر آن گواهی می‌دهد. اهل هر جا که باشی و در هر زمان و دوره‌ای زندگی کنی، نیک‌اندیشی، نیک گفتاری پیش می‌آورد و نیک گفتاری، نیک کرداری. همه‌ی جهان در جستجوی یافتن راه سعادت و نیک‌بختی انسان‌اند و در

این راه بسیار داد سخن سر می‌دهند. ما ایرانیان در فرهنگمان نهفته داریم راه نیک‌بختی و دادگری را که همه‌ی جهانیان در سایه‌اش به آرامش و خوشی برسند و همواره ردپاهایی نیک برای آیندگان به جا بگذارند. چرا به آن پایبند نیستیم؟ و تنها به دید یک شعار و آرزوی محال به آن می‌نگریم؟ دست یافتن به چنین جهانی غیرممکن نیست. تا مرحله‌ی شناخت آن پیش رفته‌ایم و هماکنون در دسترس ماست. اکنون هنگام عمل کردن است و جاری کردنش در زندگی‌مان. از ایران خودمان آغاز کنیم. خواهیم دید به سرعت از ما می‌آموزند زیرا ویژگی نیکی و دادگری و درستکاری، مسری بودن آن است. همه‌ی انسان‌ها در نهاد خود زیباپسند و نیکی گرایند.

و سر آخر پند فردوسی بزرگ

بیا تا جهان را به بد نسپریم — به کوشش همه دست نیکی بریم
نباشد همی نیک و بد پایدار — همان به که نیکی بود یادگار

۲٤٦

چنین گفت که این روز ناپایدار — گهی بزم سازد گهی کارزار
همی‌گردد این خواسته زان بدین — به نفرین دهد گه گهی بافرین
زمانه نماند به آرام خویش — چنین است تا بود آئین و کیش
یکی گنج از این سان همی‌پرورد — کسی دیگر آید ازو برخورد
ز یزدان‌شناس و به یزدان سپاس — بدو بگرود مرد نیکی‌شناس
ازو بودمان زور و فر و هنر — ازو سودمندی و هم زو گهر

رستم گفت که این روزگار ناپایدار گاهی ما را به رزم وامی‌دارد گاهی به بزم. گاهی این خواسته با نفرین به ما می‌رسد گاهی با آفرین. تا بوده آئین و کیش دوران این بوده و آرام نداشته. یکی بدین گونه گنج انبار می‌کند و دیگری از آن برخوردار می‌شود. مرد نیکی شناس به یزدان باور دارد، او را می‌شناسد و او را سپاس می‌گوید. اوست که نیرو و زورمندی، فر و شکوه و جنگاوری می‌بخشد و همه سودمندی‌ها و نژاد از اوست.

- رستم گنج‌ها را بین سپاه بخش می‌کند و پیوسته یادآور می‌شود که همه‌چیز از یزدان است و گذرا. می‌گوید گاهی این مال نفرین در پی دارد گاهی آفرین. آن کجا که گنجی در رزم با بیدادگران بدست بیاید و صرف آبادانی جهان شود تا مالی که به زور و ستم از چنگ مردم به درآید و غارت شود.

پاسخ‌نامه‌ی رستم از کی خسرو (صفحه‌ی ۲۰۶)

عنان را بپیچید و آمد به راه | ز سر برگرفت آن کیانی کلاه
فرود آمد و پیش یزدان به خاک | بغلتید و گفت ای جهان دار پاک
ستمکاره‌ای کرد بر من ستم | مرا بی‌پدر کرد با درد و غم
تو از درد و سختی رهانیدیم | بدین تاج و دولت[1] رسانیدیم
زمین و زمان پیش من بنده شد | جهانی ز گنج من آکنده شد
سپاس از تو دارم نه از انجمن | یکی جان رستم تو مستان ز من

کی خسرو برای داشتن رستم پهلوان، یزدان را نیایش کرد. افسار را پیچید به راه آمد، تاج شاهی را از سر بر گرفت، از اسب فرود آمد و در برابر یزدان به خاک افتاد و گفت: ستمکاری بر من ستم کرد و پدرم را از من گرفت و با درد و رنج آشنا کرد. تو از درد و دشواری مرا رهانیدی و بر تخت پادشاهی نشاندی. زمین و زمان بسته‌ی من شد و جهانی پر از گنج من. از تو سپاس دارم نه از مردمم. تنها رستم را از من نگیر.

- کی خسرو در برابر یزدان به خاک می‌افتد و جان رستم، پهلوان خردمند و زورمندش را از او می‌خواهد. نشانه‌ای از خردمندی و دادگری یک پادشاه. رستم پرورانده‌ی پدرش سیاوش نامدار است و او پایبند آئین پدر، همان آئین رستم. این همه دل‌بستگی به رستم از روی آگاهی و شناخت منش و آئین اوست.

۱- دولت = اقبال, بخت

ز کارت غمی بوده‌ام روز و شب — گشاده نکردم به بیگانه لب
شب و روز در پیش یزدان پاك — نوان بودم و دل شده چاك چاك
کسی را که رستم بود پهلوان — سزد گر بماند همیشه جوان
پرستنده چون تو ندارد سپهر — ز تو بخت هرگز مبرّاد[1] مهر

کی خسرو به رستم می‌گوید که همیشه نگران تو بوده‌ام اما لب به بیگانه نگشودم. شبانه‌روز در پیشگاه یزدان پاک، نالان بودم و دلم پر از درد. کسی که رستم پهلوان اوست سزاوار است که پیوسته شادمان و جوان بماند. سپهر مانند تو پهلوان و نگه‌دارنده‌ی تاج‌وتخت به خود ندیده است. هرگز مهر بخت و اقبال از تو بریده نشود.

- این همه ستایش از پهلوانی که درخور است، آن هم از سوی شاهی که پیروزی‌های خود را مدیون زورمندی و خردمندی او می‌داند. پادشاهی که پدرش سیاوش، دست‌پرورده‌ی این پهلوان بوده است. این‌که کی خسرو تشنه‌ی خون‌خواهی پدرش سیاوش است و در برابر نیایش، جدش افراسیاب با قدرت می‌ایستد، همانا ویژگی اوست که مانند سیاوش نامدار پیرو آئین درستی و دادگری است و با تمام نیرو از آن پیروی می‌کند. همانند پدرش که حتی به بهای بی‌گناه کشته شدن از پیمانش با افراسیاب روی برنمی‌گرداند تا نزد ایرانیان پیمان‌شکنی باب نشود.

۱- مبراد = نبرد, بریده نشود

جنگ رستم با کافور مردم خوار (صفحه‌ی ۲۰۷)

۲۴۹

تهمتن بیامد سر و تن بشست / به پیش جهان‌آفرین شد نخست
ز پیروز گشتن نیایش گرفت / جهان‌آفرین را ستایش گرفت
به ایرانیان گفت با کردگار / بباید نهان بهتر از آشکار
به پیروزی اندر نیایش کنید / بر آن نیکوئی‌ها ستایش کنید
بزرگان به پیش جهان‌آفرین / همه بر نهادند سر بر زمین
چو از یاد یزدان بپرداختند / بر آن نامدار آفرین ساختند
که هرکس که چون تو نباشد به جنگ / نشستن به آیدش با نام و ننگ
تن پیل و این زهره[1] و چنگ شیر / زمانی نباشی ز پیکار سیر
تهمتن چنین گفت که این زور و فر / یکی خلعتی باشد از دادگر
شما سربه سر بهره دارید ازین / نه جای گله است از جهان‌آفرین

تهمتن آمد و سر و تن خود را شست و در برابر یزدان، از یافتن پیروزی به نیایش پرداخت و آفریدگار را ستایش کرد. به ایرانیان گفت که کردگار نهان را بهتر از آشکار می‌داند. برای پیروزی و نیکوئی‌های به دست آمده، یزدان را ستایش کنید. بزرگان در پیشگاه کردگار سر بر خاک نهادند و پس از ستایش یزدان بر پهلوان آفرین خواندند و گفتند: «کسی که مانند تو در جنگ نیست، بهتر است بنشیند و نام و ننگ را بپذیرد. تن پیل وار و چنگ شیر و دل و جرئت تو نمی‌گذارد لحظه‌ای از پیکار سیر شوی.» تهمتن می‌گوید که این فر و زور هدیه‌ای است از کردگار. شما هم همین بهره را دارید، جای گله از کردگار نیست.

- پاسخ رستم در برابر ستایش نامداران از او در خور نگرش است. او هر چه دارد را هدیه‌ای از یزدان می‌داند و هم این‌که می‌گوید شما پهلوانان و سپه‌داران همه از آن بهره دارید. در کردار و گفتار رستم، ذره‌ای خودبینی و خودپرستی نمی‌توان دید اما هنگامی که با دشمن روبرو می‌شود، در برابر پلیدی با تمام نیرو ایستادگی می‌کند. گفتگوی او با دیوهای بداندیش به‌گونه‌ای دیگر است، او تمام زورمندی و خرد خود را به رخ دشمن می‌کشد.

۱- زهره = دل و جرات

آگاهی یافتن افراسیاب از آمدن رستم (صفحه‌ی ۲۰۸)

بدو گفت پیران که ما را ز جنگ	چه چاره است جز جستن نام و ننگ
اگر شیر یک ره بجست از شکار	نباید بدان کار بد سوگوار
جهان گاه ناز است و گاهی گداز	گهی زو نشیب است و گاهی فراز
کسی کم بود شاه دیهیم جوی[1]	ز هرگونه‌ای کارش آید به روی
گهی بشکنندش گهی بشکند	نباید که از جنگ دل برکند
کنون گر بود یار گردان سپهر	نپوشد ز ما بخت فرخنده چهر
ز بهر بر و بوم و فرزند خویش	بکوشیم و از بهر پیوند خویش

پیران به افراسیاب می‌گوید که ما برای به دست آوردن نام یا ننگ شکست، چاره‌ای نداریم. اگر یک بار شیر به شکار دست پیدا کرد و پیروز شد نباید سوگوار بود. شاید بار دیگر پیروز شویم. جهان گاهی نوازش می‌کند گاهی انسان را در سوز و گداز و اندوه گرفتار می‌کند. زمانی از او در فرازیم و زمانی در فرود. کسی که جوینده‌ی تاج است، باید آماده‌ی رویارویی با هر رویدادی باشد. گاهی شکست می‌دهد گاهی شکست می‌خورد، نباید از جنگ پرهیز کند. اکنون اگر چرخ گردان یارمان باشد و بخت نیک از ما روی نپوشد، برای سرزمین و فرزندان و خویشان خود کوشش می‌کنیم.

- پیران به رستم می‌گوید خواهان جنگ نیست؛ اما در اینجا گفته‌های او را برای ترغیب کردن افراسیاب برای جنگ می‌خوانیم. او زمانی با یاری‌رساندن به سیاوش مردی نیکومنش جلوه کرد. این کار در از بین بردن دشمنی بین ایران و توران تأثیر داشت. اکنون با گزینش‌های پیران، آئین و مرام او آشکار می‌شود. آیا او در راه و آئین سیاوش است؟ اگر هست پس باید به منش و آئین کی خسرو که همان راه سیاوش است بازگردد. خویشاوند و پیوند برای او از منش و مرامش مهمتر است.

۱- دیهیم جوی= ولیعهد

نامه‌ی افراسیاب به پولادوند (صفحه‌ی ۲۰۹)

بگفت آن که این رنجم از یک‌تن است / که او را پلنگینه[۱] پیراهن است
نیابد سلیحـم[۲] بر او کارگر / بر آن ببر و آن خود و چینی سپر
بیـابـان سپـردی و راه دراز / کنون چاره‌ی کار ما را بساز
پر اندیشه شد جان پولادوند / که آن بند را چون شود کاربند
چنین داد پاسـخ به افراسیاب / که در جنگ چندین نباید شتاب
گر آن است رستم که مازندران / تبه کرد و بستد به گرز گران
مرا نیست پایاب[۳] در جنگ اوی / نیارم به بد کردن آهنگ اوی
من او را یکی چاره‌سازم به جنگ / به گردش بگردم به سان پلنگ
تو لشکر برآغال[۴] بر لشـکرش / زانبوه ما خیره گردد سرش
یکی چاره‌سازم و گر نه به دست / بر و یال او را نشاید شکست
ازو شاد شد جان افراسـیاب / می روشن آورد و چنگ و رباب
بدانگه که شـد مست پولادوند / چنین گفت با او به بانگ بلند
من این زابلی را به شمشیر تیز / برآورد گه بر کنم ریز ریز
چه رستم به پیشم چه یک مشت خاک / ز کی خسرو و گیو و توسم چه باک

افراسیاب به پولادوند گفت: «من ترسم از یک نفر است که پیراهنش از پوست پلنگ است و سلاحم بر آن ببر، با آن کلاه خود و سپر چینی کارگر نیست. این راه دراز را از بیابان گذر کردی و آمدی، اکنون چاره‌ی کار ما را بساز.» پولادوند در اندیشه شد که چگونه‌این بند را بگشاید. به افراسیاب چنین پاسخ داد که در جنگ نباید شتاب کرد. اگر رستم آن است که با گرز سنگین، مازندران را آزاد کرد، من توان جنگیدن با او را ندارم و به اشتباه با او وارد نبرد نمی‌شوم. چاره‌ای می‌اندیشم که مانند پلنگ دور او بچرخم، محاصره‌اش کنم. باید چاره‌ای اندیشید وگرنه بر و بازوی او را با دست، در نبرد تن‌به‌تن نمی‌توان شکست. جان افراسیاب شادمان شد و بساط جشن فراهم کرد می و چنگ آورد. پولادوند مست شد و فریاد زد: «من این زابلی را با شمشیر

۱- پلنگینه = زره از پوست پلنگ
۲- سلیح = سلاح , ساز جنگ
۳ - پایاب = تاب وتوان
٤ -بر آغال = ترغیب به جنگ کن

برنده در نبرد ریزریز می‌کنم. رستم برای من چون مشتی خاک است. از کی خسرو و گیو و توس هم ترسی ندارم.

- چاره در گفتگوی افراسیاب و پولادوند، مکر و فریب و نیرنگ است. آن‌ها جوانمردانه نبرد نمی‌کنند. تنها به کشته شدن رستم می‌اندیشند که بتوانند پس از او به ایران دست یابند. می‌بینیم که افراسیاب می‌گوید ترس من از یک تن است تنها رستم. فردوسی بزرگ می‌فرماید: می، گوهر انسان را آشکار می‌سازد. چه نیک چه بد. تفاوت گفته‌های پولادوند پیش و پس از مستی گواه این پند استاد سخن است. سخنان بد او پس از مستی گوهر زشت او را پدیدار می‌سازد.

رزم رستم با پولادوند (صفحه‌ی ۲۱۰)

چنین گفت رستم به پولادوند	که تا چند این بیم و تهدید و بند
ز جنگ‌آوران تیز گویا مباد	چو باشد دهد بی‌گمان سر به باد
چو بشنید پولادوند این سخن	بیاد آمدش گفت های کهن
که هر کو به بیداد جوید نبرد	جگر خسته باز آید و روی زرد
گر از دشمنت بد رسد گر ز دوست	بد و نیک را داد دادن نکوست

رستم به پولادوند می‌گوید که تا چند تهدید و ترس و بند؟ گفتار تندوتیز شایسته‌ی جنگاوران نیست، زیرا بی‌گمان گفتار تند سر به باد می‌دهد. این سخن رستم، گفته‌های کهن را به یاد پولادوند آورد که هر کس در راه بیداد نبرد کند، با جگر زخمی و روی زرد از رزم بازمی‌گردد. چه از دوست و چه دشمن، هنگامی که به تو بد می‌رسد، آن بد و نیک را با داد پاسخ دادن نیکوست.

- بد و نیک را، چه از دوست رسد و چه از دشمن، پاسخ دادگرانه دادن، نیازمند بزرگ‌منشی است. تصور کنیم در برابر هرگونه گفتار و رفتاری چه بد و چه نیکو، پاسخ آن دادگرانه باشد و از فرمان راستی و درستی و آبادانی جهان جدا نباشد. رفته رفته بدی ناپدید و راستی جایگزین آن می‌شود. چه جهانی خواهد شد آن جهان.

کشتی گرفتن رستم و پولادوند (صفحه‌ی ۲۱۰)

چو شیده[1] بر و یال رستم بدید — یکی باد سرد از جگر برکشید
پدر را چنین گفت که این زورمند — که خوانی ورا رستم دیوبند
هماکنون به این زور و این دستبرد[2] — به خاک اندر آرد سر دیو گرد
نبینی ز گردان ما جز گریز — مکن خیره با چرخ گردان ستیز
چنین گفت با شیده افراسیاب — که شد مغز من زین سخن پرشتاب
برو تا ببینی که پولادوند — به کشتی همی چون کند دست بند
بگویش که چون او به زیر آوری — به شمشیر کن زان سپس داوری
چنین گفت شیده که پیمان شاه — نه این بود با او به پیش سپاه
چو پیمان‌شکن باشی و تیز مغز — نیاید ز پیکار تو کار نغز
تو این آب روشن مگردان سیاه — که عیب آورد بر تو بر عیب‌خواه
به دشنام بگشاد خسرو زبان — برآشفت و شد با پسر بدگمان
بدو گفت اگر دیو پولادوند — ازین مرد بدخواه یابد گزند
نماند بدین رزمگه زنده کس — ترا از هنرها زیان است و بس

شیده پسر افراسیاب، با دیدن رستم به پدر می‌گوید این زورمندی که او را رستم دیو بند می‌نامی، با این زور و بازو، سر دیو را به خاک می‌رساند. بیهوده با چرخ گردان پیکار نکن، راهی جز فرار برای گردان ما نیست. افراسیاب به شیده گفت که از این سخن تو مغز من به جوش آمد. برو به پولادوند بگو که رستم را که در کشتی به زیر آوردی با شمشیر او را بزن. شیده گفت که پیمان شاه با سپاه این‌گونه نبود. اگر در پیکار، پیمان‌شکنی و تندی کنی نتیجه‌ی خوبی نخواهی گرفت. این آب روشن را سیاه نکن که عیب‌جو نابکاری تو را خواهد دید. افراسیاب برآشفت و به پسر بدبین شد و زبان به دشنام گشود که اگر دیو پولادوند از این مرد بدخواه، رستم آسیب ببیند، کسی در این پیکار زنده نخواهد ماند. جنگاوری تو تنها زیان رسان است و بس.

۱- شیده = پسر افراسیاب
۲ - دستبرد = یورش , حمله

- شیده پسر افراسیاب او را به تعهد در برابر پیمانش پند می‌دهد و می‌گوید که فرجام پیمان‌شکنی نیک نخواهد بود. شگفتا که پدر او را به دشنام می‌کشد. پیام او به پسر این است که به هر بهایی باید پیروز شد. پیروزی برای او نگه داشتن تاج‌وتخت است حتی به بهای جان شیده پسرش. تفاوت بزرگی است بین افراسیاب و شاهان ایران. کسی که پسر را به کشتن می‌دهد برای تاج‌وتخت و پادشاهانی که بر این باورند که هنگام پیری شایسته و بایسته است که جای خود را به سالار نو بدهند. کیومرس شاه به هوشنگ نبیره‌ی خود می‌گوید:

۲۵۴

نگه کن به پیمان که افراسیاب
چنین خیره بشکست و چندین شتاب

بدو گفت رستم کز اینم چه باک
نترسم ز کس جز ز یزدان پاک

تو زیدر برو زآنکه جنگی منم
به کشتی گرفتن درنگی[1] منم

شما را چرا بیم باشد همی
چنین دل به دو نیم باشد همی

هماکنون سر و یال پولادوند
به خاک اندر آرم ز چرخ بلند

و گر نیست این جنگ را زور دست
دل من به خیره چه باید شکست

گر ایدون که این جادوی بی‌خرد
ز پیمان یزدان همه بگذرد

شما را ز پیمان شکستن چه باک
گر او ریخت بر تارک خویش خاک

ببین که چگونه افراسیاب با گستاخی و شتاب پیمان شکست. رستم که آگاه شد گفت که من چه ترسی از پیمان‌شکنی افراسیاب دارم، به جز یزدان پاک از کسی نمی‌هراسم. من مرد جنگم و در کشتی گرفتن شتاب‌زده عمل نمی‌کنم. چرا ترسیده‌اید و نگرانید. هماکنون سرو برز و بالای دیو پولادوند را از چرخ بلند به خاک می‌کشم. اگر در این جنگ زور من کمتر باشد، چرا باید از شکست دلتنگ شوم. اگر این دیو افسونگر بی‌خرد از پیمان یزدان می‌گذرد، شما چرا از پیمان شکسته می‌ترسید؟
او با این کار خاک بر فرق سرخود می‌ریزد.

- در سخنان رستم دو پند و اندرز ناب وجود دارد. یک این‌که اگر زور من کمتر باشد بی‌گمان شکست می‌خورم و این ناراحتی ندارد چون شکست پاسخ کمی زور من است. دوم این‌که نتیجه‌ی کشتی هر چه باشد زیانکار کسی است که پیمان یزدان را شکسته است نه من. پس بی باک می‌روم و پشتش را به خاک می‌رسانم.

---

۱ - درنگی = آهسته کار , شکیبا

گریختن افراسیاب از رستم (صفحه‌ی ۲۱۱)

چنین گفت رستم که کشتن بس است / زمان هر زمان بهره‌ی هرکس است
زمـانـی هـمی بـار زهـر آورد / زمـانی ز تـریاک بـهر آورد
همه جامه‌ی رزم بیرون کنید / همه خوب کاری به افزون کنید
چه بندی دل اندر سرای سـپنج / که دارد گهی شاد و گاهی به رنج
زمانی چو اهرمن آید به جنگ / زمانی عروسی پر از بوی و رنگ
بـی‌آزاری و خامشـی برگزیـن / که گویـد که نفریـن به از آفریـن

رستم چنین گفت که کشتن بس است. هر کسی از زمان بهره‌ای دارد. گاهی این زمان برایش زهر به بار می‌آورد و گاهی پادزهر. جامه‌های رزم را همگی از تن به در کنید و تا می‌توانید کارهای نیک انجام دهید. چرا به جهان گذرا دل ببندی که گاهی شادی و گاهی رنج می‌دهد. زمانی مانند اهریمن به جنگ می‌آید و زمانی مانند عروسی پر از رنگ و بوی خوش پدیدار می‌شود. خاموشی و بی‌آزاری را برگزین. چه کسی می‌گوید که نفرین مردم بر تو از آفرین گفتن آن‌ها بهتر است.

- خاموشی و بی‌آزاری را برگزین تا مردم آفرین گوی تو باشند. خاموشی به معنای سکوت در برابر بیدادگری نیست، آرامش برگزیدن و جلوگیری از تندخوئی و شتاب است. در تمام سخنان رستم پهلوان در سرتاسر شاهنامه، بزرگی و دادگری و خردمندی و هم یزدان‌پرستی و دلاوری و زورمندی او پیداست. این‌گونه است که رستم یکی از یک دانه‌های سرزمین بزرگ ایران و هم جهان می‌شود.

داستان جنگ رستم با اکوان دیو (صفحه‌ی ۲۱۲)

تو بر کردگار روان و خرد   ستایش گزین تا که اندر خورد
ببین ای خردمند روشن روان   که چون باید او را ستودن توان
همه دانش ما به بیچارگی است   به بیچارگان بر ببابد گریست
همی دان تواورا که هست ویکی است   روان و خرد را جز این راه نیست
ابا فلسفه دان بسیار گوی   نپویم به راهی که گویی بپوی
سخن هیچ بهتر ز توحید[۱] نیست   به نا گفتن و گفتن او یکی است
ترا هرچه بر چشم بر بگذرد   بگنجد همی در دلت با خرد
چنان دان که یزدان نیکی دهش   جز آن است وزین بر مگردان منش[۲]
تو گر سخته‌ای[۲] راه سنجیده[۴] پوی   وگرنه بپرهیز از این گفت و گوی
بیک دم زدن رستی از جان و تن   همی بس بزرگ آیدت خویشتن
همی بگذرد بر تو ایام تو   سرای جز این باشد آرام[۵] تو
نخست از جهان‌آفرین یاد کن   پرستش به این یاد بنیاد کن
کزویست گردون گردان به پای   هم اویست بر نیکوئی رهنمای
جهان پر شگفت است چون بنگری   ندارد کسی آلت داوری
که جانت شگفت است وتن هم شگفت   نخست از خود اندازه باید گرفت
و دیگر که بر سرت گردان سپهر   همی نو نمایدت هر روز چهر
نباشی بر این گفته همداستان   که دهقان همی‌گوید از باستان
خردمند که این داستان بشنود   به دانش گراید به دین نگرود
ولیکن چو معنیش[۶] یادآوری   شود رام و کوته کند داوری

---

۱ - توحید = یکتائی, یگانگی ایزد
۲ - منش = سگال, خصلت
۳ -سخته = پایبند به راستی, تهذیب
٤ -سنجیده = حساب شده, راه درست
٥ -آرام = خاموش, آسوده
٦ -معنیش = مفهومش, نکته

سزاوار است که آفریننده‌ی جان و خرد را ستایش کنی. ای خردمندی که دلت روشن است، ببین که چگونه می‌توانی او را بستائی. دانش ما راه چاره‌ی زندگی نیست، به این بیچارگی باید گریست. بدان که ایزد هست و یگانه است و روان و خرد را راهی جز پذیرفتن وجود و یکتائی یزدان نیست. فیلسوف راه‌های بسیاری می‌شناسد و می‌گوید کدام راه را بپوی اما من راه دیگری را برمی‌گزینم. راه یگانگی ایزد را. هیچ سخنی بهتر از یکتائی دادار نیست. چه بپذیریم و چه نپذیریم درهرحال یزدان یکی است. هرچه که به چشمت می‌آید، با خرد بر دلت می‌نشیند. این را بدان که یزدانی که نیکی می‌پراکند جز آن است که بتوان با دانش درک کرد. هرگز منش خود را از راه پرستش ایزد بر نگردان. اگر در راه شناخت آفریدگار پای‌ورزی می‌کنی، راه سنجیده را برگزین و بپوی وگرنه وارد این گفتگو نشو. خود را بزرگ نبین که با یک دم زدن جان و تنت را از دست می‌دهی. این روزها بر تو می‌گذرد و در سرای دیگر آرام می‌گیری. نخست از آفریدگار جهان یاد کن و همواره از این یاد کردن پرستاری کن که گردون گردان را او به پای داشته و تو را به کارهای نیک راهنمایی می‌کند. جهان پر از شگفتی است و تو ابزاری در دست نداری که بتوانی این شگفتی‌ها را بشناسی. نخست به خودت بنگر که هم جان و هم تنت شگفت‌انگیز است. دیگر این‌که سپهر گردان هر روز چهره‌ی دیگری از خود به تو نشان می‌دهد. تو این گفته‌ی دهقان، داستان اکوان دیو و رستم را از دوره‌ی باستان نمی‌پذیری چون به این داستان از چشم دانش می‌نگری نه به دین؛ اما اگر معنی و مفهوم آن برای تو، انسان خردمند روشن شود، درک کرده و رام می‌شوی و دست از داوری برمی‌داری.

- در این پند، فردوسی بزرگ می‌فرماید: «دانش پاسخ گوی تمامی پرسش‌ها در جهان نیست. ابزار قضاوت بین دانش و دین، دین به معنای راه و روش و آئین، در دست نیست. اگر در راه شناخت وجود و یکتائی یزدان پای ورزیم، باید در راه سنجیده پای بگذاریم و پژوهش کنیم، اگر نه وارد این گفتگو نشویم. داستان اکوان دیو و رستم از آن دست داستان‌هاست که در نگاه اول افسانه به نظر می‌آید اما با نگاهی ژرف متوجه مفهوم و معنی آن می‌شویم و البته پندهایی که در آن نهفته است.

جنگ رستم اکوان دیو را (صفحه‌ی ۲۱۲)

چنین گفت کین را نباید فکند / بباید گرفتن به خم کمند
نبایدش کردن به خنجر تباه / برین سانش زنده برم نزد شاه
بینداخت رستم کیانی کمند / همی‌خواست کآرد سرش را ببند
چو گور دلاور کمندش بدید / شد از چشم او ناگهان ناپدید
بدانست رستم که آن نیست گور / ابا او کنون چاره باید نه زور

در نبرد با اکوان دیو، رستم گفت نباید او را بکشیم، باید با کمند او را ببندیم. نباید با خنجر کشته شود باید او را زنده به نزد شاه ببریم. رستم کمند کیانی را انداخت تا خواست سرش را به بند بیاورد او ناپدید شد. رستم دانست که او گور نیست. برای شکست او باید چاره اندیشید، زور کافی نیست.

- گاهی برای شکست دشمن یک راه پاسخ می‌دهد. گاهی تنها زورمندی کافی نیست و باید چاره‌اندیشی کرد؛ اما در هر دو حال باید این نبرد و چاره‌اندیشی در راه ماندگاری دادگری و راستی و نیکی باشد و بس.

انداختن اکوان دیو رستم را به دریا (صفحه‌ی ۲۱۳)

چو اکوانش از دور خفته بدید
یکی باد شد تا بدو در رسید

زمین گرد ببرید و برداشتش
ز هامون بگردون برافراختش

غمی گشت رستم چو بیدار شد
سر پر خرد پر ز تیمار شد

ابا خویشتن گفت دیو پلید
یکی دام چونین مرا گسترید

چو رستم بجنبید بر خویشتن
چنین گفت اکوان که‌ای پیلتن

یکی آرزو کن که تا از هوا
کجات آید اکنون فکندن هوا

سوی آبت اندازم ار[1] سوی کوه
کجا خواهی افتاد دور از گروه

چو رستم به گفتار او بنگرید
تن اندر کف دیو واژونه[2] دید

چنین گفت با دل گو پیلتن
که از چاره به نیست در هر سخن

کنون هر چه گویمش جز آن کند
نه سوگند داند نه پیمان کند

گر ایدون که گویم به دریا فکن
به کوه افکند بدگهر اهرمن

به کوهم زند تا شوم ریز ریز
بدان تا بر آید ز من رستخیز

یکی چاره باید کنون ساختن
که رایش به آب آید انداختن

اکوان دیو رستم را خفته می‌بیند، خود را مانند باد به او می‌رساند. چرخی می‌زند و رستم را از زمین بر گردون بلند می‌کند. رستم بیدار شده و اندوهگین می‌شود و سر پر خردش پر از درد. با خود می‌گوید این دیو پلید دامی چنین بر من گسترد. تا خواست بجنبد اکوان دیو گفت که‌ای پیلتن، آرزو کن. به کجا پرتابت کنم، سوی آب یا کوه، به‌هرحال از گروه جدا و دور خواهی افتاد. رستم به گفتار او اندیشید. تن خود را در کف دیو وارونه کار دید. در دل گفت که باید چاره‌ای بیندیشم. این دیو نه سوگند می‌شناسد و نه به پیمانش عمل می‌کند. هر چه بگویم او کار دیگر می‌کند. اگر بگویم به دریا بیفکن، این بدگهر مرا به کوه پرتاب می‌کند. به کوه بیندازد تکه تکه می‌شوم و به دیگر سرا می‌روم. باید چاره‌ای بیندیشم که مرا به آب بیندازد.

۱- ار = یا
۲- واژونه = وارونه , واژگون

- با یک آن غفلت، رستم در چنگال دیو اسیر می‌شود؛ اما تسلیم نمی‌شود در لحظه‌ای که بر دست اکوان دیو است و می‌خواهد بر زمینش بزند می‌اندیشد و به دنبال چاره‌جوئی است. دشمن را به‌خوبی می‌شناسد. راهکار او را ببینید که چه خردمندانه است. می‌داند اکوان دیو نه پیمان می‌شناسد نه به سوگند پایبند است. برای این‌که او را به دریا بیفکند چاره‌ای می‌اندیشد. بداندیشانی به ویژگی اکوان دیو وجود دارند. راهکار رستم پهلوان برای شکست آن‌ها پندی است برای درستکاران.

چنین داد پاسخ که دانای چین ... یکی داستانی زدست اندرین
که در آب هر کو بر آیدش هوش ... به مینو[۱] نبیند روانش سروش[۲]
بماند به زاری روانش به‌جای ... خرامش نیابد به دیگر سرای
به دریا نباید که اندازیم ... کفن سینه‌ی ماهیان سازیم
به کوهم درانداز تا ببر و شیر ... ببینند چگال مرد دلیر
ز رستم چو بشنید اکوان دیو ... برآورد بر سان دریا غریو[۲]
به‌جایی بخواهم فکندنت گفت ... که اندر دو گیتی بمانی نهفت
به دریای ژرف اندر انداختش ... چنان چون شنیدش دگر ساختش

رستم به اکوان دیو این‌گونه پاسخ می‌دهد که دانای چین دراین‌باره گفته است که هر کس در آب جانش را از دست بدهد، روانش فرشته‌ی بهشت را نمی‌بیند. روانش به زاری درجایی که جان داده می‌ماند و در سرای دیگر به آرامش نمی‌رسد. نباید مرا به دریا بیندازی که سینه‌ی ماهیان کفن من بشود. مرا در کوه بینداز تا ببر و شیر چنگال مرد دلیر را ببینند. اکوان دیو که از رستم چنین شنید، فریادی مانند دریای خروشان کشید و گفت که تو را به‌جایی می‌افکنم که در دو جهان پنهان بمانی. او را به دریای ژرف پرتاب کرد. آنچه شنید را وارونه انجام داد.

- رستم به‌خوبی دیو وارونه کار را می‌شناسد، دیو رستم را به دریا که خواست رستم بود، پرتاب کرد. پندی شگفت‌انگیز که در خور نگرش است. اگر دشمن را خوب بشناسیم و وارونه کاری او را دریابیم به‌گونه‌ای عمل می‌کنیم تا او به خواسته‌ی ما جامه‌ی عمل بپوشاند.

۱- مینو = بهشت , پردیس
۲ - سروش= فرشته
۳ - غریو = فریاد, غرش

رزم رستم با افراسیاب در چراگاه اسبان و گریختن افراسیاب و کشتن رستم اکوان دیو را (صفحه‌ی ۲۱۳)

۲۶۰

همی خـــواند بر کردگـــار آفـــرین ‌ ‌ ‌ کزو دید پیروزی روز کین
تو مـــر دیو را مـــردم بد شناس ‌ ‌ ‌ کسی کو ندارد ز یزدان سپاس
هرآن کو گذشـــت از ره مردمی ‌ ‌ ‌ ز دیوان شمر مشمرش ز آدمی
خـــرد کـــو بدین گفـــته‌ها نـــگرود ‌ ‌ ‌ مگر نیک معنیش می نشنود
گـــر آن پـــهلوانی بـــود زورمـــند ‌ ‌ ‌ به بازو ستبر[1] و به بالا بلند
گوان خوان واکوان دیوش مخوان ‌ ‌ ‌ ابر پهلوانی بگردان زیان
چه گوئی تو ای خـــواجه‌ی سالخورد ‌ ‌ ‌ چشیده ز گیتی بسی گرم و سرد
که داند که چندین نشیب و فراز ‌ ‌ ‌ به پیش آرد این روزگار دراز
تگ روزگار از درازی که هست ‌ ‌ ‌ همی بگذراند سخن‌ها ز دست
کـــه دانـــد کزاین گـــنبد تیـــزگرد ‌ ‌ ‌ درو سور چند است و چندی نبرد

پس از پیروزی بر اکوان دیو در روز دادخواهی، رستم بر کردگار آفرین می‌خواند. دیوها مردمی بداندیش هستند که یزدان را سپاس نمی‌گویند. هر کس از راه مردمی و مردانگی خارج می‌شود، تو او را از دیوان بداندیش بدان نه از آدمیان. اگر با خرد به این گفته‌ها ننگری معنای آن را نیک درنمی‌یابی. اگر پهلوانی زورمند دیدی بالا بلند و با بازوهای ستبر، او را پهلوان و گرد بخوان نه اکوان دیو. با این کار آسیب و بدی را از نام پهلوانی دور کن. تو ای خواجه‌ی سالخورده که سرد و گرم روزگار را بسیار چشیده‌ای، تو بگو. چه کسی می‌داند که این روزگار دراز چندین فراز و نشیب سر راهت قرار می‌دهد. یورش‌های روزگار دراز، آرزوها را از بین می‌برد. چه کسی می‌داند در روزگاری که با این سرعت می‌گذرد، چند نبرد و چندین جشن را می‌توانیم ببینیم.

- در این سرودها به پرسشی پاسخ داده شده که بسیار می‌شنویم که آیا دیو وجود دارد؟ آیا افسانه است؟ فردوسی بزرگ مردم بداندیش را دیو می‌نامد و می‌فرماید که به این گفته، با خرد نگاه کن تا معنای آن را دریابی. نام «پهلوان» شایسته‌ی کسانی است که مرام و منش و زورمندی پهلوانی دارند، پهلوانان را اکوان دیو نخوان تا به پهلوانی و مرام پهلوانی آسیب نرسانی. پهلوانی کجا و بداندیشی.

---

۱ - ستبر = تناور , تنومند

شاهنامه نسخه‌ی طهماسبی

بازگشتن رستم به ایران‌زمین (صفحه‌ی ۲۱۳)

همی گفت اگر کردگار سپهر | ندادی مرا بهره از داد و مهر
نبودی به گیتی چنین کهترم | که هزمان[1] بدو دیو و پیل اشکرم[2]
بر این‌گونه گردد همی چرخ پیر | گهی چون کمان است و گاهی چو تیر
ستایش کنم ایزد پاک را | که گویا و بینا کند خاک را
به موری دهد مالش نره شیر | کند پشه بر پیل جنگی دلیر

رستم می‌گوید که اگر آفریدگار جهان بهره‌ای از مهر و داد به من نداده بود، در جهان چنین کهتری نمی‌شدم که هر زمان بتوانم پیل و دیو را شکار کنم. چرخ پیر این‌گونه می‌چرخد. گاهی مانند کمان است و گاهی مانند تیر. ایزد پاک را ستایش می‌کنم که خاک را گویا و بینا می‌کند. به موری چنان توان می‌دهد که نره شیری را شکست دهد و پشه را بر پیل جنگی پیروز می‌کند.

- رستم تمام پیروزی‌ها و پهلوانی خود را از مهر و دادی می‌داند که یزدان به او بخشیده است. مهر و هم داد. برای همین داد است که گاهی موری بر نره شیر و یا پشه بر پیل پیروز می‌شود.

۱ - هزمان = هر زمان
۲ - اشکرم = شکار کنم

داستان بیژن و منیژه

دادخواهی ارمانیان از خسرو (صفحه‌ی ۲۱۵)

چو بیژن چنین گفت گیو از کران
نگه کرد و آن کارش آمد گران

نخست آفرین کرد مر شاه را
به بیژن نمود آنگهی راه را

به فرزند گفت این جوانی چراست
به نیروی خویش این گمانی چراست

جوان ار چه دانا بود با گهر
ابی آزمایش نگیرد هنر

بد و نیک هرگونه باید کشید
ز هر شور و تلخی بباید چشید

به راهی که هرگز نرفتی مپوی
بر شاه خیره مبر آبروی

ز گفت پدر بیژن آشفت سخت
جوانمرد و هشیار بیدار بخت

چنین گفت کای باب پیروزگر
تو بر من به سستی گمانی مبر

تو این گفت‌ها از من اندر پذیر
جوانم به کردار و در رأی پیر

سر خوک را بگسلانم ز تن
منم بیژن گیو لشکر شکن

چو بیژن چنین گفت شد شاه شاد
بدو آفرین کرد و فرمانش داد

بدو گفت خسرو که ای پر هنر
همیشه تویی پیش هر بد سپر

به گرگین میلاد[1] گفت آنگهی
که بیژن به ارمان نداند رهی

تو با او برو با ستور و نوند
همش راهبر باش و هم یارمند

بیژن به کی خسرو می‌گوید من به جنگ گرازها می‌روم. پدرش گیو نگاه سنگینی به او کرده پس از آفرین گفتن به شاه راه را نشان او می‌دهد. به فرزند گفت چرا جوانی می‌کنی و می‌اندیشی که نیروی این نبرد را داری؟ جوان اگر دانا و با نژاد هم باشد با آزمایش کردن جنگاور نمی‌شود. باید بد و نیک و تلخی و شوری جهان را بچشد. از کاری که هرگز نکرده‌ای سخن نگو و بیهوده آبروی شاه را نبر. بیژن از گفتار پدر برآشفته می‌شود و می‌گوید که ای هشیار و جوانمرد، ای مردی که بخت و اقبالت روشن است و ای پدر پیروزم، فکر نکن من سست و ناتوانم. از من بپذیر، اگر در رفتار جوانم در اراده و رأی پیرم. من بیژن لشکر شکن، پسر

۱- میلاد گرگین = پهلوان ایرانی که بیژن را فریفت اما به کیش راستی باز گشت

گیو هستم. با شنیدن این سخنان شاه شاد شد، به او آفرین گفت و فرمان رفتن داد. گفت: «ای جنگاور تو همیشه در برابر بدی‌ها سپر هستی.» آنگاه به گرگین گفت بیژن راه ارمان را نمی‌داند. تو راهبرش باش و یاری‌رسانش.

- گیو همواره از به میدان نبرد رفتن بیژن نگران می‌شود. این نگرانی از مهر پدر به فرزند سرچشمه می‌گیرد. در اینجا هم کوشش می‌کند جلوی رفتن او به جنگ گرازها را بگیرد، اما بیژن جوان است و پرشور و هم آگاه و خردمند.

رفتن بیژن به جنگ گرازان (صفحه‌ی ۲۱۶)

۲۶۲

چومن با گراز اندر آیم به تیر — برو تا به نزدیک آن آبگیر
بدانگه که از بیشه خیزد خروش — تو بردار گرز و به جای آر هوش
هر آن کو بیابد ز چنگم رها — به‌یک زخم از تن سرش کن جدا
به بیژن چنین گفت گرگین گو[1] — که پیمان نه این بود با شاه نو
تو برداشتی گوهر و سیم و زر — تو بستی مر این رزمگه را کمر
کنون از من این یارمندی مخواه — به جز آن که بنمایمت جایگاه
چو بیژن شنید این سخن خیره شد — همه چشمش از روی او تیره شد
به بیشه در آمد به کردار شیر — کمان را به زه کرد مرد دلیر
چو ابر بهاران بغرّید سخت — چو باران فرو ریخت برگ درخت
سرانشان به خنجر ببرید پست — به فتراک[2] شبرنگ[3] سرکش ببست
که دندانشان پیش شاه آورد — تن بی‌سرانشان به راه آورد
به گردان ایران نماید هنر — ز خوکان جنگی جدا کرده سر

بیژن به گرگین می‌گوید که من به جنگ گرازها می‌روم، تو نزدیک آبگیر برو. هنگامی که از بیشه صدای گرازها بلند شد گرز بر دست بگیر و جانشان را بگیر. آن‌ها که از چنگ من فرار می‌کنند، با یک ضربه سر از تنشان جدا کن. گرگین پاسخ می‌دهد که پیمان ما با شاه این نبود. تو سیم و زر و گوهر برداشتی و تو به این رزم کمر بستی. اکنون از من یاری نخواه، جز این‌که جایگاه را نشانت بدهم. بیژن که این سخنان را شنید دلتنگ شد و گرگین از چشمش افتاد. مرد دلیر کمان را به زه کرد و چون شیر به بیشه آمد؛ مانند ابر بهاری چنان غرید که برگ‌های درختان مانند باران بر زمین ریختند. سر گرازها را با خنجر برید و با فتراک تسمه‌ی سیاه و محکم به زین بست و تن‌هایشان را رها کرد تا دندان‌هایشان را نزد شاه ببرد و جنگاوری خود را به گردان ایران نشان دهد که ببینند سر خوکان جنگی را جدا کرده است.

- باز هم آز و رشک، دل پهلوانی را سیاه می‌کند و خرد را از او دور. گرگین برای کشتن گرازها بیژن را تنها می‌گذارد، اما می‌خواهد پاداش و افتخار این نبرد از آن او باشد.

---

۱ -گو = پهلوان, دلاور
۲ - فتراگ = ترک بند, زین
۳ - شبرنگ = سیاه, تیره

فریب دادن گرگین بیژن را و رفتن بیژن به جشن گاه منیژه (صفحه‌ی ۲۱۶)

بداندیش گرگین شوریده هش — به یک سوی بیشه در آمد خمش
همه بیشه آمد به چشمش کبود — برو آفرین کرد و شادی نمود
به دلش اندر آمد از آن کار درد — ز بدنامی خویش ترسید مرد
دلش را بپیچید اهریمنا — بدی ساختن خواست بر بیژنا
سگالش چنان بد نبشته چنین — نکرد ایچ یاد از جهان‌آفرین
کسی کو به ره بر کند ژرف چاه — سزد گرکند خویشتن را نگاه
ز بهر فزونی و از بهر نام — به راه جوانی بگسترد دام
یکی جشن گاهست ز ایدرنه دور — بدو روزه راه اندر آید به تور
منیژه کجا دخت افراسیاب — درخشان کند باغ چون آفتاب
اگر ما به نزدیک آن جشنگاه — شویم و بتازیم یک روز راه
بگیریم از ایشان پری چهرچند — به نزدیک خسرو شویم ارجمند
چو گرگین چنین گفت بیژن جوان — بجنبیدش آن گوهـر پهلوان
گهی نام جست اندرآنگاه کام — جوان بد جوان وار برداشت گام
برفتـند هـر دو بـه راه دراز — یکـی آز پیشه یکی کینه‌ساز

گرگین بداندیش که شور به جانش افتاده بود، خاموش سوی بیشه آمد. با دیدن بیژن و گرازهای کشته، بیشه به چشمش سیاه شد اما بر بیژن آفرین خواند و شادی کرد. دلش به درد افتاد و از بدنامی خویش در تنها گذاشتن بیژن در شکار گرازها ترسید. اهریمن دلش را از خرد دور کرد و برای بیژن بد خواست. سرنوشت بد چنین نوشته شده بود. او در این کار از یزدان یاد نکرد. کسی که چاه ژرفی سر راه کسی می‌کند خوب است که به خودش نگاهی بکند. برای افزون‌خواهی و نام جستن نابجا سر راه جوانی دام گسترد. به بیژن گفت که در نزدیکی تور جشن گاهی است که از اینجا دو روز راه است. منیژه دختر افراسیاب که باغ را چون آفتاب روشن می‌کند، با چند پری‌چهره به جشن می‌آیند. چند تن از پری‌چهرگان را به بند می‌آوریم و با ارجمندی نزد خسرو می‌بریم. بیژن جوان از این گفته دلش جنبید. جوان بود و به دنبال نام و کام، جوانانه گام برداشت. هر دو این راه دراز را پیش گرفتند. بیژن با دلی پر از آز و گرگین از روی کینه‌جوئی.

- گوئی انسان هرآن باید مراقب گزینش‌های خود باشد و خرد خود را بکار گیرد. هر غفلتی دشواری به وجود می‌آورد. گاهی این دشواری‌ها سرنوشت سازند و گاه درد و رنج فراوانی به بار می‌آورند. در اینجا آز بیژن و کینه‌جوئی گرگین مشکل‌ساز می‌شود. با گزینش درست این دو، نه بیژن به چاه می‌افتاد و نه گرگین به زندان.

به گرگین چنین گفت پس بیژنا — که من پیش‌تر سازم این رفتنا
شوم بزمگه‌شان ببینم ز دور — که تورانیان چون بسیچند سور
نخستین یکی رویشان بنگرم — ببینم که آید به دل خوش‌ترم
به اسب اندر آورد پای و برفت — خرامان به نزدیک آن بیشه تفت
چو نزدیک‌تر رفت و در بیشه شد — دل از کام خویشش پر اندیشه شد
به زیر یکی سرو بن شد بلند — که تا ز آفتابش نباشد گزند
به نزدیک آن خیمه‌ی خوب‌چهر — بیامد به دلش اندر آویخت مهر
همه دشت ز آوای رود و سرود — روان را همی‌داد گفتی درود[1]

بیژن به گرگین گفت من زودتر از تو می‌روم تا بزم گاهشان را از دور ببینم. می‌خواهم ببینم تورانیان چگونه جشن بر پا می‌کنند. ببینم کدام یک از زیبارویان به دل من می‌نشیند. پای در رکاب کرد و با سرعت تاخت تا به بیشه رسید. نزدیک‌تر رفت و داخل بیشه شد، سرش پر از اندیشه‌ی کامجوئی. زیر درخت سروی پناه گرفت تا از گزند آفتاب در امان بماند. نزدیک خیمه‌ی منیژه، آن زیبارو آمد و با دیدنش مهر او به دلش نشست. همه‌ی دشت پر بود از آوای شادی و ترانه که به روان همه شادی و تندرستی می‌بخشید.

- بیژن به تنها چیزی که نمی‌اندیشد این است که در سرزمین دشمن است بی گروه و تنها. منیژه را دیده و به او دل می‌بندد. همه‌ی خردمندی و آگاهی او کنار رفته و به دنبال هوی جان خویش را در خطر می‌اندازد.

---

۱ -درود = تندرستی , آفرین

بردن منیژه بیژن را به کاخ خود (صفحه‌ی ۲۱۷)

چو هنگام رفتن فراز آمدش ... به دیدار بیژن نیاز آمدش
منیژه چو بیژن دژم روی ماند ... پرستندگان را بر خویش خواند
بفرمود تا داروی هوش بر ... پرستنده آمیخت با نوش بر
بدادند چون خورد شد مرد مست ... ابی خویشتن سرش بنهاد پست
عماری بسیچید رفتن به راه ... مر آن خفته را اندر آن جایگاه
چو آمد به نزدیک شهر اندرا ... بپوشید بر خفته بر چادرا
نهفته به کاخ اندر آمد به شب ... به بیگانگان هیچ نگشاد لب
چو بیدار شد بیژن و هوش یافت ... نگار سمن بر در آغوش یافت
به ایوان افراسیاب اندرا ... ابا ماه روئی به بالین سرا
بپیچید بر خویشتن بیژنا ... به یزدان پریمنا
چنین گفت کای کردگارا مرا ... رهایی نخواهد بدن ز ایدرا
ز گرگین بخواهی مگر کین من ... برو بشنوی درد و نفرین من
که او بد بدین بد مرا رهنمون ... همی‌خواند بر من هزاران فسون
منیژه بدو گفت دل شاد دار ... همه کار نابوده را باد دار
به مردان ز هرگونه کار آیدا ... گهی بزم و گه کارزار آیدا

هنگام برگشتن از جشن گاه، منیژه نتوانست از بیژن دل بکند. زمانی که بیژن را اندوهگین می‌بیند به پرستندگان خود فرمان می‌دهد در می او داروی بی هوشی بریزند. بیژن پس از خوردن می مست شده و از خود بی خود شده نمی‌تواند سرش را نگه‌دارد. او را در کجاوه جای می‌دهند و به راه می‌افتند. نزدیک شهر چادری بر روی او می‌کشند تا دیده نشود. منیژه او را پنهانی وارد کاخ خود کرده و درباره‌ی بیژن با هیچ بیگانه‌ای گفتگو نمی‌کند. بیژن بیدار می‌شود. خود را در کاخ منیژه در آغوش نگار می‌بیند. سر به بالین ماه‌روئی در کاخ افراسیاب. بیژن به خود می‌پیچد و از اهریمن به یزدان پناه می‌برد و می‌گوید: «ای کردگار، از اینجا مرا رهایی نیست. درد و نفرین من از گرگین را بشنو و داد مرا بخواه. او با هزار حیله و افسون مرا به اینجا راهنمایی کرد.» منیژه به او گفت که دلت را شاد کن. اتفاقی که نیفتاده مانند باد است. از مردان هرگونه کاری برمی‌آید. گاهی بزم و گاهی رزم.

- بیژن در کاخ منیژه به هوش می‌آید و تازه می‌فهمد چه بر سرش آمده. فریب گرگین را به چشم می‌بیند. هنگامی که راه فرار ندارد.

بدانست و ترسان شد از جان خویش — شتابید نزدیک درمان خویش
جـز آگاه کـردن ندید ایچ رای — دوان از پس پرده برداشت پای
بیامـد بر شـاه تـوران بگـفت — که دخترت از ایران گزیدست جفت
جهان جوی کرد از جـهان دار یاد — تو گفتی که بیدسـت هـنگام باد
ز دیده به رخ خـون مـژگان برفت[1] — برآشفت و این داستان باز گفت
که را دختر آیـد به جای پـسر — بـه از گـور دامـاد نایـد به بر
به گرسیـوز انـدر یـکی بنگرید — کز ایران چه دیدیم و خواهیم دید
زمـانه چـرا بنـدد ایـن بـند بـد — غم شهـر ایـران و فـرزند بد

دربان از وجود بیژن آگاه می‌شود و از ترس جانش نزد افراسیاب آمده به او می‌گوید دخترت از ایران برای خود جفت برگزیده است. شاه توران مانند بیدی که از باد بلرزد به لرزه افتاد. از دیدگانش خون بر گونه چکید خشمگین شد و گفت: «زمانی که به‌جای پسر دارای دختر می‌شوی، چیزی جز گور داماد به دست نمی‌آوری.» به گرسیوز نگاه کرد و گفت که از ایران چه دیدیم و چه خواهیم دید. چرا زمانه این بند بد را به دست و پای من بست؟ غم فرزند بد و اندوه کشور ایران را.

- اشک خونین افراسیاب برای دو چیز است، همان‌گونه که خود می‌گوید. نخست این‌که نام‌آور ایرانی به درون کاخش راه‌یافته و دیگر این که منیژه دخترش او را به کاخ آورده. ننگی برای افراسیاب.

[1] - برفت = پاک کرد، زدود

بردن گرسیوز بیژن را پیش افراسیاب (صفحه‌ی ۲۱۸)

۲۶۸

نگه کرد گرسیوز آهنگ اوی — به جنگ اندرون تیزی چنگ اوی
وفا کرد با او به سوگندها — به خوبی بدادش بسی پندها
به پیمان جدا کرد ازو خنجرا — به چربی[1] کشیدش به بند اندرا
چنین است گردنده‌ی کوژپشت — چو نرمی نمودی بیابی درشت
بر آن سان به نزدیک افراسیاب — ببردند رخ زرد و دیده پر آب
چنین است گردنده کار جهان — که ماتم کند سور را در زمان

گرسیوز به بیژن نگاه کرد و دید خنجر به دست دارد و در اندیشه‌ی جنگیدن است. سوگند خورد که وفا کند و پندهایی بسیار نیکو داد. با حیله خنجر را از او گرفت و با چرب‌زبانی به بندش کشید. چرخ گردنده‌ی کوژ پشت، این‌گونه است. دوستی که نشان می‌دهی درشتی می‌بینی. دست‌وپا بسته با گونه‌های زرد و چشم پر آب او را نزد افراسیاب برد. سپهر گردان می‌چرخد و سور و جشن تو را به یک چشم به هم زدن به ماتم تبدیل می‌کند.

- سواری که آز پیشه بود دربند شد و دلش درست هنگام سرور به ماتم نشست. سوار دیگر گرگین کینه‌جو به خواسته‌اش رسید. باید دید از این چاه ژرفی که برای بیژن کند چه بر سرش می‌آید.

۱- چربی = چرب زبانی , تملق

همی گفت اگر بر سرم کردگار   نبشته است مردن به بد روزگار
ز دار و ز کشتن نترسم همی   ز گردان ایران بتفسم[1] همی
که نامرد خواند مرا دشمنم   ز ناخسته[2] بردار کرده تنم
به پیش نیاکان خسرو منش   پس از مرگ باشد به من سرزنش
روانم بماند هم ایدر به پای   ز شرم پدر چون شود باز جای
دریغا که شادان شود دشمنم   بر آید همه کام دل بر تنم
دریغا شهنشاه و دیدار گیو   دریغا که دورم ز گردان نیو[3]
ایا باد بگذر به ایران زمین   پیامی ز من بر به شاه گزین
بگویش که بیژن به سختی درست   تنش زیر چنگال شیراندر است

بیژن می‌گوید اگر کردگار برای من چنین مردنی در روزگاری بد می‌خواهد، از دار و کشتن ترسی ندارم. از گردان ایران در آتشم که دشمن مرا نامرد بخواند و تن تندرستم را به دار بکشد. پس از مرگ، نیاکان من که منش آن‌ها شاهوار است سرزنشم خواهند کرد. روانم در این سرا می‌ماند پاسخ شرم پدر را چگونه بدهم. پهلوان ایران در چنگ دشمن اسیر است افسوس که دشمنم شاد شد و آرزو بر دلم ماند. افسوس شاهنشاه و دیدار گیو. افسوس که از گردان ایران دورم. ای بادی که به سمت ایران می‌وزی، پیامی از من به شاه برگزیده برسان. بگو بیژن به سختی افتاده و تنش در چنگال شیر اسیر گشته است.

- پهلوان ایران در چنگ دشمن اسیر است. در جنگ اسیر نشده با پای خود به سرزمین دشمن آمده و از آنجا به کاخ شاه آورده شده. از این روست که بیژن خود را سزاوار سرزنش می‌داند.

---

۱ - بتفسم = می سوزم, می گدازم
۲ - ناخسته = تندرست, سالم
۳ - نیو = پهلوان, گرد

درخواست کردن پیران جان بیژن را از افراسیاب (صفحه‌ی ۲۱۹)

۳۷۰

ز شاهان گیتی ستایش تراست — ز خورشید تابان نیایش تراست
پس آنگه بگفت ای شه شیر گیر — یکی پند نیک از من اندر پذیر
تو این بیـژن نامـور را مکش — که هستی یکی شاه با رأی و هش
که کین سیاوخـش تـازه کنـی — به توران چنین جنگ و کین افکنی
نه من شاه را پیش از این چند بار — همی داد می پنـد در چنـد کار
بـه گـفتار مـن هیچ نامد فراز — بدان داشتم دست از کار باز
بـه خـیره بکشتی سیاوش را — به زهر اندر آمیختی نوش را
نـدیـدی بـدی‌هـای ایرانـیان — کـه کـردند با شهر تـورانیان
اگـر خـون بیژن بریزی بدین — به توران برآید یکی گرد کین
چـو کینه دو گردد نداریم پای — ایا پادشـاه جـهان کدخدای
بـه از تو نـداند کـسی گیو را — نهـنگ دژم رسـتم نیـو را

پیران نزد افراسیاب آمده می‌گوید: «از شاهان جهان تو در خور ستایشی، خورشید تابان تو را ستایش می‌کند. سپس گفت ای شاه شیر گیر، پند نیکی می‌دهمت از من بپذیر. پادشاهی هشیار و دارای اراده هستی. بیژن نامور را نکش. با این کار خون سیاوش را تازه می‌کنی و جنگ و کینه پیش می‌آوری. پیش از این در کارها پند دادم و به کار نرفت و من از اندرز دادن دست کشیدم. بیهوده سیاوش را کشتی و کام شیرینمان را با زهر آغشته کردی. آیا ندیدی ایرانیان با تورانیان چه کردند؟ بدی‌هایشان را ندیدی؟ اگر خون بیژن را بریزی باز در توران گرد کینه برمی‌خیزد. ای پادشاه جهان، ما توان پاسخ گوئی دو کینه را نداریم. تو بهتر از همه گیو این نهنگ خشمگین و رستم پهلوان را می‌شناسی.»

- پیران به افراسیاب پند می‌دهد تا با کشتن و به دار کشیدن بیژن، ایران و توران را به جنگ نکشاند. کاری که با کشتن سیاوش کرد.

چو بر زد بر آن آتش تیز آب
چنین پاسخش داد افراسیاب

که بیژن ندانی که با من چه کرد
به ایران و توران شدم روی زرد

نبینی کزین بی‌هنر دخترم
چه رسوایی آمد به پیران سرم

کزین ننگ تا جاودان بر درم
بخندد همه کشور و لشکرم

چو او یابد از من رهایی به جان
ز هر سو گشایند بر من زبان

به رسوایی اندر بمانیم و درد
بپالایم [1] از دیدگان آب زرد

بسی آفرین کرد پیران بر اوی
که ای شاه نیک اختر راست‌گوی

ببندیم او را به بند گران
کجا دار و کشتن گزیند بر آن

هر آن کو به زندان تو بسته ماند
ز دیوان‌ها [2] نام او کس نخواند

از او پند گیرند ایرانیان
نبندند ازین پس بدی را میان

چنان کرد سالار کو رای دید
دلش با زبان شاه بر جای دید

ز دستور پاکیزه‌ی راهبر
درخشان شود شاه را گاه وفر

پس از این‌که پیران با سخنانش آتش خشم افراسیاب را کمتر کرد، افراسیاب گفت: «نمی‌دانی بیژن با من چه کرده. نزد ایرانیان و تورانیان آبرویم رفت. نمی‌بینی دختر بی‌هنرم زمان پیری من چه رسوایی به بار آورد. همه‌ی کشور و لشکرم تا جاودان از این ننگ به من خواهند خندید.» پیران بسیار بر او آفرین کرد و گفت: «ای پادشاه نیک‌بخت راست‌گو، به‌جای دار کشیدن و کشتن، او را با بند سنگین می‌بندیم. هر کس که به زندان تو اسیر شد نامش فراموش شد.» ایرانیان از این کار پند می‌گیرند و از این پس راه بدی در پیش نمی‌گیرند. پادشاه دل به سخنان پیران داد و پذیرفت. از وزیر راهنما و پاک تدبیر، تخت و شکوه شاه، شکوفا می‌شود.

- برای جلوگیری از جنگ و دادخواهی دوباره‌ی ایرانیان، افراسیاب می‌پذیرد بیژن را به بند کشیده در چاه اسیر کند. با در چاه انداختن بیژن بدون جنگ و خونریزی از او انتقام می‌گیرد.

---

[1] - بپالایم = فروریزم
[2] - دیوان ها = دفاتر, مجموعه ها

بازگشتن گرگین به ایران و دروغ گفتن در کار بیژن (صفحه‌ی ۲۲۰)

برفتیم ز ایدر به جنگ گراز ‏ ‏ رسیدیم نزدیک ارمان فراز
همه جای گشته کنام[1] گراز ‏ ‏ همه شهر مانده ازو در گداز
گراز اندر آمد به کردار کوه ‏ ‏ نه یک یک که هر جای گشته گروه
چو پیلان به هم بر فکندیمشان ‏ ‏ به مسمار[2] دندان بکندیمشان
وز آنجا به ایران نهادیم روی ‏ ‏ همه راه شادان و نخجیر جوی
برآمد یکی گور از آن مرغزار ‏ ‏ کز آن خوب تر کس نبیند نگار
به گردن چو شیر و به رفتن چو باد ‏ ‏ تو گفتی که از رخش دارد نژاد
بر بیژن آمد چو پیلی بلند ‏ ‏ به سرش اندرافکند پیچان کمند
فکندن همان بود و رفتن همان ‏ ‏ دوان گور و بیژن پس اندر دمان
به کردار دریا زمین بردمید ‏ ‏ کمندافکن و گور شد ناپدید
پی وی گرفتم همه دشت و کوه ‏ ‏ که از تاختن شد سمندم ستوه
ز بیژن ندیدم به گیتی نشان ‏ ‏ جز این اسب و زین از پس اندر کشان
از آن بازگشتم چنین ناامید ‏ ‏ که گور ژیان[3] بود و دیو سپید
چو بشنید گیو این سخن هوشیار ‏ ‏ بدانست کو را تباه است کار

گرگین بدون بیژن به ایران بازمی‌گردد و درباره‌ی بیژن چنین قصه می‌بافد که به جنگ گراز رفتیم و به سرزمین ارمان رسیدیم. همه جا لانه‌ی گراز بود و مردم شهر در سوز و گداز بودند. گرازها نه‌یک یک که گروه گروه مانند کوه سر رسیدند؛ مانند پیلان آن‌ها را روی هم انباشتیم و با میخ آهنین دندان‌هایشان را کندیم. شاد و خوشحال و به دنبال شکار به‌سوی ایران روی نهادیم. ناگهان گوری که نقش و نگار آن تا حال دیده نشده بود از آن مرغزار به‌سوی ما آمد. گردنش مانند گردن شیر بود و مانند باد می‌تاخت. تو گوئی از نژاد رخش بود. نزدیک بیژن شد، بیژن کمند در گردنش افکند. فکندن همان بود و رفتن همان. گور می‌دوید و بیژن از پس او. ناگهان زمین مانند دریا جوشید و کمندافکن و گور ناپدید شدند. همه دشت و کوه را در پی او گشتم تا جایی که اسبم از تاختن خسته شد. در جهان نشانی از بیژن ندیدم جز این اسب و زین او که با خود آورده‌ام.

۱- کنام = لانه, آشیانه
۲ - مسمار = میخ آهنین
۳ - ژیان= خشمگین, درنده

برای همین است که چنین ناامید بازگشتم که گور دیو سپید بود و خشمگین. گیو که این سخنان را شنید فهمید که دروغ کار است.

- گیو خردمندتر از آن است که فریب چنین داستانی را بخورد. رشک، انسان را تا چه اندازه زبون می‌سازد. برای دزدیدن نام دیگری و ارجمند کردن دروغین خود جان جوانی را به خطر انداخت. هر کسی این کار را انجام دهد ناپسندیده است چه رسد به پهلوانی خوش پیشینه چون گرگین.

آوردن گیو گرگین را به نزد کی خسرو (صفحه‌ی ۲۲۰)

چو گرگین به درگاه خسرو رسید — ز گردان در شاه پردخته[1] دید
ز تیمار بیژن همه مهتران — ز درگاه با گیو رفته سران
چو در پیش کی خسرو آمد زمین — ببوسید و بر شاه کرد آفرین
چو الماس دندان‌های گراز — بر تخت بنهاد و بردش نماز
به دندان‌هاشان نگه کرد شاه — بپرسید و گفتش که چون بود راه
کجا ماند از تو جدا بیژنا — بدو بر چه بد ساخت اهریمنا
زبان پر ز یاوه روان پر گناه — رخش زرد و لرزان تن از بیم شاه
چو گفتارها یک به دیگر نماند — برآشفت وز پیش تختش براند
همش خیره‌سر[2] دید هم بدگمان — به دشنام بگشاد خسرو زبان
اگر نیستی از پی نام بد — ویا پیش یزدان سرانجام بد
بفرمودمی تا سرت را ز تن — بکندی به کردار مرغ اهرمن
بفرمود خسرو به پولادگر — که بند گران ساز و مسمارسر
هم اندر زمان پای کردش ببند — که از بند گیرد بداندیش پند

هنگامی که گرگین به درگاه کی خسرو می‌رسد، گردان را در بارگاه نمی‌بیند. همه سران برای دلداری دادن گیو نزد او رفته بودند. گرگین نزد کی خسرو آمد و زمین را بوسید و به شاه آفرین گفت. دندان‌های الماس مانند گرازها را بر تخت نهاد و شاه را ستایش کرد. شاه به دندان‌ها نگاه کرد و پرسید راه چگونه بود و بیژن از کجا از تو جدا شد و چه شد که اهریمن بر او بد خواست؟ زبانش پر از یاوه، روانش پر از گناه، رخش زرد و تنش لرزان از بیم شاه. چون گفتارها به هم نمی‌مانست، شاه برآشفت و او را از پیش تختش براند. او را بدگمان و خیره‌سر دید و زبان به دشنام گشود که اگر از نام بد و سرانجام بد نزد یزدان نمی‌ترسیدم، هم‌اکنون فرمان می‌دادم تا سر از تنت مانند مرغی اهریمنی جدا کنند. کی خسرو به آهنگر فرمان داد تا بندی سنگین بسازد و دوالی برای سرش. همزمان سرو پایش را دربند کرد تا بداندیش از بند کردن او پند بگیرد.

- گناهکاران دربند می‌شوند تا بداندیشان پند گیرند و بدانند، هیچگاه آز برای انسان آزمند فرجام نیک ندارد و هر کار ناپسندی کیفر دارد.

۱- پردخته = تهی , خالی
۲- خیره سر = پر رو , گستاخ

بخشیدن کی خسرو گناه گرگین را به خواهش رستم (صفحه‌ی ۲۲۳)

چو گرگین نشان تهمتن شنید — بدانست کامد غمش را کلید
فرستاد نزدیک رستم پیام — که‌ای نیک پی[1] فرخ ونیک‌نام
گرت رنج ناید ز گفتار من — بگویم کنون با توکردار من
نگه کن تو در کار این گوژپشت — به خیره چراغ دلم را بکشت
به تاریکی اندر مرا ره نمود — نبشته چنین بود و بود آنچه بود
بر آتش نهم خویشتن پیش شاه — گر آمرزش آید مرا زین گناه
شوم پیش بیژن بغلطم به خاک — مگر بازیابم من آن کیش پاک

گرگین که از آمدن رستم آگاه شد، دانست که کلید رهایی از غمش را یافته است. فرستاده‌ای نزد رستم فرستاد و گفت: «ای نیک‌نام و ای خوش قدم! اگر از گفتار من ناراحت نمی‌شوی، به تو از کردار بدم بگویم. ببین که این چرخ گردون خمیده قامت چگونه چراغ دلم را خاموش کرد. مرا به تاریکی کشاند. سرنوشت این گونه رقم خورده بود. اگر شاه گناه مرا ببخشد نزد او خود را به آتش می‌کشم. پیش بیژن در خاک می‌غلتم، شاید دوباره آن کیش پاک خود را پیدا کنم.»

- پشیمانی و بازگشت از گناه اگر فریب نباشد در خور نگرش است. مدارا در فرهنگ ایران جایگاه ویژه‌ای دارد. می‌بینیم که تهمورس دیوبند حتی با بخشی از بداندیشان مدارا می‌کند و آن‌ها را به کارهای نیک وامی‌دارد. اکنون گرگین که در آغاز دروغ می‌گفت، حقیقت را می‌گوید و آرزوی بازگشت به کیش پاک خود را دارد.

۱- نیک پی = خوش قدم، مبارک پی

چو پیغام گرگین به رستم رسید — یکی باد سرد از جگر برکشید
بپیچید از آن درد و پیغام اوی — غم آمدش از آن بیهده کام اوی
فرستاده را گفت رو باز گرد — بگویش که‌ای خیره ناپاک مرد
که گر بر خرد چیره گردد هوی — نیابد ز چنگ هوی کس رها
خردمند کآرد هوی را به زیر — بود داستانش چو شیر دلیر
ولیکن کنون پس به بیچارگی — فرو مانده بینمت یکبارگی
ز خسرو بخواهم گناه ترا — بر افروزم این تیره ماه ترا
اگر بیژن از بند گردد رها — بفرمان دادار کیهان خدا
رها بودی از بند و رستی به جان — ز تو دور شد کینه پهلوان
وگر جز برین گونه گردد سپهر — ز جان و تن خویش بردار مهر
نخستین من آیم به این کینه‌خواه — به نیروی یزدان و فرمان شاه
وگر من نیایم هنرمند[1] گیو — بخواهد ز تو کینه فرزند نیو

رستم پیام گرگین را که شنید آهی سرد از جگر برکشید. پیلتن از آن پیام و درد گرگین که از آرزوی بی‌جا به درد مبتلا شده بود به خود پیچید. به فرستاده گفت برو و بگو ای مرد ناپاک و گستاخ، اگر هوا و هوس بر خرد چیره شود، از چنگ هوی کسی رها نمی‌شود. خردمندی که هوی و آز را در چنگ خود می‌گیرد مانند شیری دلیر است. اکنون تو را یک‌باره بیچاره و درمانده می‌بینم. از شاه می‌خواهم که تو را ببخشد. من به‌فرمان شاه، ماه تاریک تو را روشن می‌کنم. تنها اگر به‌فرمان دادار پاک، بیژن از بند رها گردد تو می‌توانی از بند رهایی یابی جانت را برهانی و کینه‌ی پهلوان از تو دور می‌شود. اگر سپهر گردان به‌گونه‌ای دیگر بگردد، از جان و تن خود مهر خویش بردار. نخست خودم به نیروی یزدان و به‌فرمان شاه کینه خواه خواهم شد. اگر من این کار را نکنم گیو پهلوان به دادخواهی فرزند دلاورش بر خواهد خاست.

- گرگین در پیامش به رستم آرزوی بخشش و برگشتن به کیش و آئین درستی می‌کند. رستم می‌گوید کسی که هوی و آز را به چنگ خود درمی‌آورد شیری دلیر است و درگیر هوی مردی زبون و درمانده. رستم می‌فهمد که او به‌راستی پشیمان است و آرزوی برگشتن به کیش راستی و درستی خود را دارد. می‌پذیرد اما اگر بیژن از بند رهایی یابد و نتیجه‌ی این هوی پرستی از دست رفتن پهلوان ایران نباشد که تاوانش سنگین است.

۱- هنرمند = جنگجو , ستیزه جو

بیامد تهمتن بگسترد پر / به خواهش بر شاه پیروزگر
ز گرگین سخن رفت با شهریار / از آن گم شده بخت و بد روزگار
بدو گفت شاه ای سپهدار من / همی بگسلی بند و زنهار من
که سوگند خوردم به تخت و کلاه / به بهرام و ناهید و خورشید و ماه
که گرگین نبیند ز من جز بلا / مگر بیژن از بند گردد رها
جز این آرزو هرچه خواهی بخواه / ز تیغ و ز مهر و ز تخت و کلاه
پس آنگه چنین گفت رستم به شاه / که‌ای با گهر نامور پیشگاه
اگر بد سگالیت پیچد همی / فدا کردن جان بسیجد همی
گر آمرزش شاه ناید به پیش / به نزدش نیاید همی دین و کیش
هر آن‌کس که گردد ز راه خرد / سرانجام پیچد ز کردار بد
سزد گر کنی یاد کردار اوی / همیشه به هر کینه پیکار اوی
به پیش نیاکانت بسته کمر / به هر کینه گه با یکی کینه ور
اگر شاه بیند بمن بخشدش / مگر بخت یک لخت[1] بدرخشدش
به رستم ببخشید پیروز شاه / رهانیدش از بند و تاریک چاه

تهمتن با خواهش نزد کی خسرو پیروز آمد. از گرگین، از آن مرد بد روزگار و گم شده بخت، بسیار سخن گفت. شاه گفت ای سپهدار من، با این خواهش پیمان و زینهار مرا می‌شکنی. به تخت و تاج سوگند خورده‌ام و هم به ماه و خورشید و بهرام و ناهید که گرگین را در بلا بیفکنم مگر بیژن از بند رهایی یابد. جز این هر چه می‌خواهی بگو، از شمشیر گرفته تا تخت و تاج و مهر. رستم به شاه چنین گفت که‌ای بزرگ نام‌آور با گهر، اگر اندیشه‌ی تنبیه او را داری تا پای جان آماده‌ام. اگر او را نبخشی، آئین و کیش خود را از دست می‌دهد. هر که از راه خرد خارج می‌شود سر انجام از کردار بد دلتنگ می‌شود. شایسته است که کردارهای او را به یاد بیاوری که همیشه با کینه‌ورزان در جنگ بود. اگر شاه او را به من ببخشد، شاید بخت او لختی بدرخشد. شاه پیروز، گرگین را به رستم بخشید و او را از چاه تاریک و بند رهائی‌بخشید.

- هنگامی که امید بازگشت به کیش و مهر است، بخشش معنا می‌گیرد. فرهنگ مدارا و آشتی‌جوئی در فرهنگ ایرانی به جا بکار می‌رود. تنها زمانی که با مدارا کردن و بخشیدن راستی و درستی افزایش یابد و گناهکار به کیش مهر و دادگری برگردد.

۱- یک لخت = لختی، کمی

آراستن رستم لشکر خویش را (صفحه‌ی ۲۲۴)

بترسم ز بدگوهر افراسیاب / که بر خون بیژن بگیرد شتاب
یکی باد سارست و دیو نژند / بدو داده افسون و نیرنگ و بند
بجنباندش یک زمان دل ز جای / بگرداند آن تیغ زن را ز پای
چنین گفت رستم به شاه جهان / که ببسیجم این کار اندر نهان
کلید چنین بند باید فریب / نباید برین کار کردن نهیب
بدان کار باید کشیدن عنان / نه هنگام گرزست و تیغ و سنان
فراوان گهر باید و زر و سیم / برفتن به امید و بودن به بیم
ز گستردنی هم ز پوشیدنی / بباید بهایی و بخشیدنی

رستم گفت که می‌ترسم افراسیاب بد گهر در کشتن بیژن شتاب کند. او به تندی باد است و دیو خشمناک که او را دربند افسون و نیرنگ خود نگه‌داشته است، ناگهان دلش را از جای می‌جنباند و او آن شمشیر زن را از پای درمی‌آورد. رستم به شاه جهان گفت که این کار را نهانی انجام می‌دهیم. کلید چنین بندی، فریب است. این کار با سر و صدا و نهیب انجام نمی‌گیرد. برای این کار باید درنگ کرد. هنگام گرز و شمشیر و سرنیزه نیست. گوهر و زر و سیم فراوان نیاز است. با امید حرکت می‌کنیم و باید در بیم باشیم. باید از گستردنی و پوشیدنی‌های پر بها بسیار ببخشیم.

- رستم خردمند می‌داند افراسیاب در تصمیمگیری تندوتیز است و با شتاب عمل می‌کند و به سخن کسی گوش نمی‌کند، همان‌گونه که در داستان سیاوش. او با گنج فراوان در لباس بازرگان برای رهایی بیژن می‌رود. شگرد دیگری بر ای پیروزی بر دشمن. رستم برای یافتن و نجات بیژن در لباس بازرگان، به‌گونه‌ای ناشناس وارد عمل می‌شود. در این راه شکیباست و با بخشیدن مال فراوان راه را بر خود و یلان ایران هموار می‌سازد تا زمان آزادی بیژن فرا برسد. از آن جا که شاهنامه پویاست، این شگرد در زندگی آموختنی است. یافتن راه‌حل مناسب و شکیبایی. شگرد رستم در داستان اکوان دیو را هم دیدیم. همان‌گونه که دشمن‌ها با هم توفیر دارند، فن‌ها و تدبیرها برای به دام انداختن آن‌ها نیز متفاوت است.

آمدن منیژه پیش رستم (صفحه‌ی ۲۲۴)

برهنه نوان[1] دخت افراسیاب / بر رستم آمد دو دیده پر آب
چه آگاهی استت زگردان شاه / ز گیو و ز گودرز و ایران سپاه
که چونین جوانی ز گودرزیان / همی بگسلاند ز آهن میان
بسودست[2] پایش به بند گران / دو دستش ز مسمار آهنگران
کشیده به زنجیر و بسته به بند / همه جامه پرخون آن مستمند
نیابم ز درویشی خویش خواب / ز نالیدن او دو چشمم پر آب
بترسید رستم ز گفتار اوی / یکی بانگ برزد بلندش بر اوی
بدو گفت کز پیش من دور شو / نه خسرو شناسم نه سالارنو
ندارم ز گودرز و گیو آگهی / که مغزم ز گفتار کردی تهی

منیژه دختر افراسیاب که می‌شنود از ایران گروهی بازرگان آمده‌اند، با چشمانی اشکبار دوان نزد رستم می‌آید. می‌پرسد از گردان شاه چه خبرداری؟ از گیو و گودرز و سپاه ایران؟ کسی که بتواند جوانی از گودرزیان را از بندهای آهنین برهاند. دو دستش را با دوال آهنگران بسته‌اند و پاهایش را زنجیرهای سنگین زخمی کرده است. بیچاره جامه‌اش پر از خون است و به بند کشیده شده در رنج است. از درویشی خود خواب به چشم ندارم و از ناله‌های او چشمانم پر از اشک است. رستم از گفتار او بیمناک شد. فریاد بلندی بر سرش کشید و گفت از من دور شو. نه شاه می‌شناسم نه سالار. خبری از گودرز و گیو ندارم. نمی‌دانم این گفتار چیست.

- رستم از بیم جان بیژن، منیژه را از خود می‌راند. او نمی‌داند این زن کیست و چه می‌گوید. مراقب است فریب کسی را نخورد تا بتواند بیژن را از بند برهاند. خردمندی است که در کارش شتاب نیست.

۱- وان = نالان, گریان
۲- بسودست = فرسوده شده, ساییده شده

به رستم نگه کرد و بگریست زار ز خواری ببارید خون بر کنار
بدو گـفت کـای مهـتر پر خرد ز تو سرد گفتن نه اندر خورد
چنیـن باشـد آئین ایـران مگر که درویش را کس نگوید خبر
بدو گفت رستـم کهای زن چه بود مگر که اهرمـن رستخیزت نمود
همی بر نوشتی[1] تو بازار من از این روی بد با تو پیکار من
بدین تنـدی از من میازار بیش که دل بسته بودم به بازار خویش
و دیگر بهجایی که کی خسروست بدان شهر من خود ندارم نشست
ندانــم ز بـن گـیو و گـودرز را نه هرگز بپیـمودم آن مـرز را

منیژه به رستم نگاه کرد و زار گریست. به خواری خود خون گریست. به رستم گفت ای بزرگ خردمند، گفتار درشت شایستهی تو نیست. آئین ایرانیان اینگونه است که به درویش کسی پاسخ ندهد؟ رستم گفت ای زن چه میگویی، شاید اهریمن تو را به این روز نشانده. تو بازار مرا به همریختی، برای این بود که با تو درشتی کردم. بیش از این از تندی من آزرده نشو که من دلبستهی بازارم هستم. دیگر اینکه من از جایی که کی خسرو هست آگاهی ندارم و در آن شهر نیستم. گیو و گودرز را نمیشناسم و هرگز به آن مرز نرفتهام.

- رستم خیال زن را راحت میکند که نه شاه میشناسد نه گیو و نه گودرز را، اما با احتیاط رفتار میکند. فراموش نکنیم او در سرزمین دشمن است و با کوچکترین اشتباه، خود و یلان همراه خود را به کشتن میدهد.

۱- برنوشتی = برگرداندی , پیچاندی

بدو گفت رستم که‌ای خوب چهر ‏ چرا باری از دیدگان آب مهر
گر آزرم بـابـت نبودی به پیش ‏ ترا دادمی چیز ز اندازه بیش
به خوالیگرش گفت هر گون[1] خورش ‏ که او را بباید [2] بیاور برش
یکی مرغ بریان بفرمود گرم ‏ بپیچید بر گرد آن نان نرم
سبک دست رستم بسان پری ‏ نهان کرد در مرغ انگشتری
بدو داد و گفتش بدان چاه بر ‏ که بیچارگان را تویی راهبر

رستم پس از شناختن منیژه به او گفت ای زیباروی چرا از دیدگانت اشک مهر می‌باری؟ اگر از پدرت شرم نمی‌کردم بسیار بر تو می‌بخشیدم. به آشپزش گفت خورش‌های گوناگون برایش بیاورد و مرغی را بریان کرده و در نان گرمی بپیچد. سپس با مهارت انگشتری خود را در دل مرغ پنهان کرد. مرغ را به منیژه داد تا برای بیژن ببرد و گفت تو راهبر بیچارگانی، این خوراک را به آن چاه برای زندانی خود ببر.

- رستم با این‌که منیژه را می‌شناسد، باز هم به او باور ندارد و انگشتری را پنهانی در شکم مرغ می‌گذارد تا بیژن را از آمدن خود و یلان ایران آگاه سازد. او هنوز جانب احتیاط را رعایت می‌کند.

---

۱ - هرگون = هر گونه , هر نوع
۲- بباید = بایسته است , شایسته است

بدو گفت بیژن که این کارسخت — به امید آنم که بگشاد بخت
کنون گر وفای مرا نشکنی — به سوگند با من تو پیمان کنی
بگویم تو را سر به سر داستان — چو باشی به سوگند همداستان
که گر لب بدوزی ز بهر گزند — زنان را زبان هم نماند به بند
منیژه چو بشنید نالید سخت — که بر من چه آمد ز بدخواه بخت
دریغا که شد روزگاران من — دل‌خسته و چشم گریان من
بدادم به بیژن دل و خان و مان — کنون گشت بر من چنین بدگمان
پدر گشته بیزار و خویشان ز من — برهنه دوان بر سر انجمن
ز امید بیژن شدم ناامید — جهانم سیاه و دو دیده سپید
بپوشد همی راز بر من چنین — تو آگه تری ای جهان آفرین
بدو گفت بیژن همه راست است — ز من کار تو جمله برکاست[1] است
چنین گفت کاکنون ببایست گفت — ایا مهربان یار و هشیار جفت
سزد گر به هر کار پندم دهی — که مغزم به رنج اندرون شد تهی

پس از یافتن انگشتری بیژن به منیژه می‌گوید امید دارم که این بند سخت گشوده شود. اکنون اگر وفای مرا نشکنی و سوگند بخوری که پیمان نمی‌شکنی داستان را به تو می‌گویم اگر لب بدوزی که آسیب نرسانی، چون زنان نمی‌توانند زبان خود را نگه‌دارند. منیژه که این سخنان را می‌شنود سخت می‌نالد که ببین بخت بد چه بر سر من آورده. افسوس که روزگار درازی با دل زخمی و چشم گریان سپری کردم. دل و خان و مانم را به بیژن دادم و اکنون او این چنین به من بدبین است. پدر و خویشان از من بیزار شدند. برهنه بر سر انجمن‌ها دوان شدم. از امید بیژن ناامید شدم جهانم سیاه و دو چشمم سپید شد. او رازش را از من پنهان می‌کند. تو آگاه‌تری ای جهان‌آفرین. بیژن گفت همه حرف‌هایت راست است. از من همواره به تو کاستی رسیده. اکنون ای یار مهربان و جفت هوشیار راز را آشکار می‌کنم. برای رنجی که کشیده‌ام مغزم تهی شده. سزاوار است که پندم بدهی.

- منیژه دلش از بی مهری بیژن می‌گیرد. بیژن حرف‌های او را می‌شنود و از او دلجوئی کرده و داستان را برای او بازگو می‌کند. حتی در ته چاه بدون سلاح باز هم سخت به یارش منیژه اعتماد می‌کند. خردمندانه عمل کردن در جنگ با دشمن از ویژگی پهلوانان است.

---

۱ - کاست = کمی، کاهش

برآوردن رستم بیژن را از چاه (صفحه‌ی ۲۲۶)

ز نیروی یزدان بکوشید مرد / سر چاه بگشاد و آواز کرد
ز بیژن بپرسید و نالید زار / که چون بود کارت به بد روزگار
ز گیتی همه نوش بودیت بهر / ز دستش چرا بستدی جام زهر
چنین گفت بیژن ز تاریک چاه / که چون بود بر پهلوان رنج راه
مرا چون خروش تو آمد به گوش / همه زهر گیتی شدم پاک نوش
بدین‌سان که بینی مرا خان و مان / ز آهن زمین و ز سنگ آسمان
بکندم دلم زین سرای سپنج / ز بس درد و سختی و اندوه و رنج
بدو گفت رستم که بر جان تو / ببخشود روشن جهانبان تو

رستم با نیروی یزدان کوشش کرد و سنگ سنگین را از دهانه‌ی چاه برداشت. بیژن را خواند، نالید زار که چگونه این روزگار بد برایت پیش آمد. بهره‌ی تو از گیتی نوش بود چه شد که جام زهر از دستش گرفتی. بیژن از ته چاه تاریک از رنج راه پهلوان پرسید و گفت: «صدای تو را که شنیدم همه زهر من نوش شد. خان و مان مرا که می‌بینی. زمینم آهن و آسمانم سنگ است. از بسیاری درد و رنج و سختی و اندوه از این جهان ناپایدار دل کندم. رستم به او گفت جهانبان پاک، جانت را به تو بخشید.»

- آز بود که چشم خرد بیژن را کور کرد و فریب گرگین را خورد. وگرنه بیژن گیو کجا و به تنهایی وارد کشور دشمنی چون افراسیاب شدن کجا. بیژن کجا و دربند شدن به چاهی تنگ در کشور دشمن کجا. دلاوری که در میدان نبرد همتا نداشت.

کنون ای خردمند فرخنده خوی
مرا مانده از تو یکی آرزوی
بمن بخش گرگین میلاد را
ز دل دور کن کین و بیداد را
بدو گفت بیژن که‌ای یار من
چه دانی که چون بود پیکار من
ندانی تو ای مهتر شیرمرد
که گرگین میلاد با من چه کرد
بدو گفت رستم که گر بدخوی
بسازی و گفتار من نشنوی
بمانم[1] ترا بسته در چاه پای
به اسب اندر آرم شوم باز جای
چو گفتار رستم رسیدش به گوش
از آن تنگ زندان برآمد خروش
کشیدیم و گشتیم خشنود از وی
ز کینه دل من بیاسود از وی
فروهشت[2] رستم به زندان کمند
برآوردش از چاه با پای‌بند
از آن پس چو گرگین به نزدیک اوی
بیامد بمالید بر خاک روی
ز کردار بد پوزش آورد پیش
بپیچید از آن خام گفتار خویش
دل بیژن از کینش آمد به راه
مکافات ناورد پیش گناه

رستم به بیژن می‌گوید اکنون ای خردمندی که خوی خوش داری، خواهشی از تو دارم. گرگین را به من ببخش و از دلت کینه و دلتنگی را دور کن. بیژن می‌گوید که‌ای شیر مرد بزرگ، نمی‌دانی که گرگین با من چه کرده. رستم گفت اگر بخواهی بدخوئی پیشه کنی و گفتار مرا نشنوی، می‌گذارم در چاه پای بسته بمانی و خودم سوار اسب می‌شوم و می‌روم. بیژن با شنیدن حرف رستم می‌گوید که ما رنج کشیدیم و گذشت. از او خوشنودیم و کینه‌ای به دل نداریم. رستم کمند در چاه می‌اندازد و بیژن را با پای بسته از چاه بیرون می‌آورد. گرگین که او را می‌بیند نزدیک شده و صورتش را بر خاک می‌مالد. از کردار بد خود پوزش می‌خواهد. از گفتار ناپخته‌ی خود شرمگین می‌شود. دل بیژن به راه می‌آید و از کین او می‌گذرد و گناه او را مکافات نمی‌دهد.

- رستم هرگز بیژن را ته چاه رها نمی‌کرد، او با این گفتار بر خواسته‌ی خود که همان بخشش است پای ورزی می‌کند. گرگین به‌راستی پشیمان است و پوزش او واقعی است. او پهلوان بوده و هست تنها یک بار دچار رشک و کینه‌جوئی شده است. کار پهلوانان آباد کردن جهان است نه کشتار. پشیمانی گرگین راستین است و پهلوان رستم او را به راه کیش بازمی‌گرداند.

۱- بمانم = می گذارم
۲- فرو هشت = انداخت

شبیخون کردن رستم در ایوان افراسیاب (صفحه‌ی ۲۲۶)

برفتند یکسر سواران جنگ — همه جنگ را تیز کردند چنگ
منیژه نشسته به خیمه درون — پرستنده در پیش با رهنمون
همی داستان زد تهمتن براوی — که گر مشک ریزد نریزدش بوی
چنین است رسم سرای سپنج — گهی ناز و نوش و گهی درد و رنج

سواران جنگی، رستم و بیژن و نامداران همراه رستم، پس از رهایی بیژن جنگ را آغاز کردند. منیژه داخل خیمه نشسته و ندیمه‌اش با راهنما در کنارش بودند. تهمتن چنین گفت که اگر مشک بریزد بویش را از دست نمی‌دهد. رسم دنیای گذرا این‌گونه است، گاهی ناز و نوش و گاهی درد و رنج.

- اگر مشک بریزد بوی خوش خود را از دست نمی‌دهد. انسان‌های ناب گاهی دچار درد و رنج می‌شوند اما بزرگی خود را از دست نمی‌دهند. گاهی ناز و نوش و گاهی درد و رنج، این است آئین سرای ناپایدار. تا دیروز بیژن در چاه و منیژه نالان بر سر چاه. امروز هر دو آزاد در لباس پهلوانی و مهتری.

جشن آراستن کی خسرو (صفحه‌ی ۲۲۸)

بفرمود صد جامه دیبای روم | همه پیکرش گوهر و زرش بوم
یکی تاج و ده بدره دینار نیز | پرستنده و فرش و هرگونه چیز
به بیژن بفرمود کاین خواسته | بـبر پیـش دخـت روان کاسـته[1]
به رنجش مفرسای و سردش مگوی | نگر تا چه آوردی او را به روی
تو با او جهان را به شادی گذار | نگه کن به این گردش روزگار

کی خسرو صد جامه‌ی رومی که تاروپودش از زر و گوهر بود، یک تاج، ده کیسه دینار، خدمتکار و هرگونه چیز به بیژن داد و گفت این مال را نزد منیژه دختر افراسیاب که درد و رنج بسیار دیده ببر. رنجش نده و با سردی با او گفتگو نکن. ببین که چه بر سرش آوردی. جهان را با شادی کنارش بگذران. گردش روزگار را از یاد نبر.

- کی خسرو به بیژن توجه می‌دهد که منیژه از همه کس گذشته و رنج فراوان دیده. مبادا چون دختر افراسیاب است با او سرد گفتگو کنی. کی خسروی دادگر با منیژه دختر افراسیاب مانند شاهزاده رفتار می‌کند.

۱- روان کاسته = رنج دیده , آزار دیده

یکی را برآرد به چرخ بلند
ز تیمار و دردش کند بی‌گزند

وزآنجاش گردان برد سوی خاک
همه جای ترس است و تیمار و باک

هم آن را که پرورد در بر به ناز
درافکند خیره به چاه نیاز

یکی را ز چاه آورد سوی گاه
نهد بر سرش بر ز گوهر کلاه

جهان را ز کردار بد شرم نیست
کسی را به نزدیکش آزرم نیست

همیشه به هر نیک و بد دسترس
ولیکن نجوید خود آرام کس

چنین است کار سپنجی سرای
بد و نیک را او بود رهنمای

ز بهر درم تا نباشی به درد
بی‌آزار بهتر دل رادمرد

ز بهر درم تند و بدخو مباش
تو باید که باشی درم گو مباش

کسی کو به گنج و درم ننگرد
همه روز او بر خوشی بگذرد

یکی را به چرخ بلند درمی‌آورد و از آسیب درد و رنج دورش می‌دارد. از آن جا او را به‌سوی خاک می‌برد، جای ترس و درد و اندوه است. همان را که با ناز در بر خود می‌پروراند، در چاه نیاز سرنگون می‌سازد. یکی را از چاه برآورده بر تخت می‌نشاند و بر سرش کلاهی از گهر می‌نشاند. جهان از کردار بد شرم و از کسی آزرم ندارد. همیشه به نیک و بد دسترسی هست، اما کسی به دنبال آرامش نیست. کار جهان ناپایدار این است که هم به بد و هم به نیک رهنماست راد مردی که از برای درم در رنج نباشد، دلش بی‌آزار است. برای درم، تند و بد خو نباش، تو باید باشی به درم بگو نباش. کسی که در پی گنج و درم نیست، روزهایش به خوشی می‌گذرد.

- انسان به دنبال درم می‌رود تا نیازش را برآورده کند، سپس فراموش می‌کند که درم برای رفع نیازش بود. درم می‌شود همه‌ی زندگیش. همه زندگی را در خدمت درم درمی‌آید و می‌بازد. او می‌میرد و درم می‌ماند.

پیام بردن گیو از گودرز نزد پیران (صفحه‌ی ۲۲۹)

بدو گفت کای پور هشیار سر — برافراخته سر ز بسیار سر
بدان تا به نزدیک پیران شوی — بگویی و گفتار او بشنوی
بگویی به پیران که من با سپاه — به ریبد[1] رسیدم به‌فرمان شاه
شناسی تو گفتار و کردار خویش — بی‌آزاری و رنج و آزار خویش
دروغ است بر تو همی نام مهر — نبینمت اندر دل آرام و مهر
همان است کآن شاه آزرم جوی — مرا گفت با او همه نرم گوی
بدان کو به‌گاه سیاوخش رد[2] — نیفکند یک روز بنیاد بد
به نزد منش دستگاهست نیز — ز خون پدر بی‌گناهست نیز
بزرگان ایران و فرزند من — بخوانند با تو همی پند من
سخن هرچه دانی بدیشان بگوی — همیدون[2] از ایشان سخن بازجوی
گرت چیره گردد بر ایشان زبان — گذشتی ز تیمار و رستی بجان
ور ایدون که سوی تو گردد گناه — نباشی به جان ایمن از دست شاه
مگر پند من سر بسر بشنوی — بگفتار هشیار من بگروی

گودرز به فرزندش گیو می‌گوید، ای پسر باهوش که از بسیار سرها، سرافرازتری، پیام مرا نزد پیران ببر و با او به گفت‌وشنود بنشین. به پیران بگو من به‌فرمان شاه به ریبد رسیده‌ام. تو خود را بی‌آزار و بی‌رنج می‌دانی و گفتار و کردار خود را می‌شناسی. مهر تو دروغ است و من در دل تو آرامش و مهر نمی‌بینم؛ اما شاه با شرم و حیا از من خواسته با تو به نرمی گفتگو کنم. می‌گوید پیران در روزگار سیاوش یک روز گفتار و رفتار بد نداشته و در کشتن پدر بی‌گناه است. بزرگان ایران و فرزند من سخنان و پند مرا به تو می‌رسانند. هر چه می‌خواهی بپرس و پاسخ بده. اگر سخنانت درست باشد، از درد رستی و جانت را نجات داده‌ای و اگر به‌سوی گناه روی بیاوری، جانت از دست شاه ایمن نمی‌ماند. اگر پند مرا درست بشنوی، به گفتار هشیارانه من عمل می‌کنی.

- آشتی‌جوئی در فرهنگ پادشاهان ایران، موجب می‌شود پیران را به آشتی فرا خوانند اما باج نمی‌دهند. تنها در صورتی که به راه یزدان روی بیاورد با او مهربان خواهند بود.

---

۱ - ریبد = صحرائی در خراسان
۲- رد = پهلوان , گرد
۳- همیدون = هم ایدون, هم اکنون

نخستین کسی کو بیفکند کین / به خون ریختن بر نوشت آستین
به خـون سیاوش یازید دسـت / جهانی به بیداد بر کرد پست
به سان سگانشان از آن انجمن / ببندی فرستی به نزدیـک من
بدان تا فرستیم نزدیک شاه / چه سرشان ستاند چه بخشد گناه
و گر هرچه از گنج نزدیک توست / همه دشمن جان تاریک توست
همه آلت لشکر و سیـم و زر / فرستی به نزدیک من سر بسر
و دیگـر که پور گزیـن ترا / نگهـبان گـاه و نگـین ترا
بـرادرت هـر دو سران سپاه / که هزمان برآرنـد گردن به ماه
چو هر سه بدین نامدار انجمن / گروگان فرستی به نـزدیک من
بدان تا شـوم ایمن از کار تو / برآرد درخـت وفـا بـار تـو

نخستین کسی که کین را باب کرد و دستش به خون آغشته شد و خون سیاوش را بر زمین ریخت و جهانی را با بیداد پایین کشید، مانند سگان دربند بکش و نزد من بفرست تا به نزد شاه بفرستیم. شاه می‌خواهد ببخشد یا سر از تنش جدا کند. هر چه مال و خواسته نزد تو هست، دشمن جان تاریک توست. از آلات لشکر تا سیم و زر همه را نزد من بفرست. دیگر این‌که پسرت، آن که نگهبان تخت و تاج توست و دو برادرت را که سران سپاهند و گردن به ماه رسانده‌اند، هر سه را نزد من گروگان بفرست تا از کار تو ایمن شویم و درخت وفای تو بر بار بنشیند.

- پیام گودرز به پیران را خواندیم. اگر راستی و درستی پیشه‌ی پیران باشد شرایط را می‌پذیرد، زیرا می‌داند ایرانیان امکان ندارد پیمان‌شکنی کنند و به پسر و برادرانش آسیب برسانند و از پیام کی خسرو نیز آگاه است. او می‌داند خود، پسر و برادرانش نزد کی خسرو در امان خواهند ماند. نهاد او در این زمان آشکار می‌شود. او به کدام کیش باور دارد؟ افراسیاب یا سیاوش.

ببین آنگهی برگزین زین دو راه   یکی راه‌یابی به نزدیک شاه
خود و دودمان نزد خسرو شوی   بدان سایه مهر او بغنوی
ببری دل از مهر افراسیاب   نبینی شب تیره او را به خواب
ور از شاه توران بترسی همی   نخواهی که آیی بایران زمی[۱]
بپرداز توران و بر کش به چاچ[۲]   ببر تخت ساج[۳] و برافراز تاج
ورت[۴] سوی افراسیاب است رای   برو نزد او جنگ ما را مپای
چو صف بر کشد از دو رویه سپاه   گنه‌کار پیدا است از بی‌گناه
ور ایـن گفته‌های مرا نشنوی   به فرجام کارت پشیمان شوی
پشیمانی آنگه نداردت سود   که تیغ زمانه سرت را درود

از آن پس دو راه را می‌توانی برگزینی. یکی این‌که خود و دودمانت نزد کی خسرو، شاه ایران بازگردید و در سایه‌ی مهر او آرام زندگی کنید. دل از افراسیاب ببری و حتی در خواب هم او را نبینی. اگر از شاه توران می‌ترسی و نمی‌خواهی به ایران‌زمین بیایی، از توران خارج شو و به چاچ برو. تخت ساج و تاجت را در آنجا برفراز؛ اما اگر رأی تو بر افراسیاب است نزد او برو و به جنگ ما بیا. هنگامی که دو لشکر صف بکشند گناه‌کار و بی‌گناه مشخص می‌شوند. اگر سخنان مرا نشنوی سرانجام پشیمانی بهره‌ی توست و زمانی که تیغ زمانه سرت را بر کند، پشیمانی سودی ندارد.

- راه‌های پیشنهادی گودرز به پیران آن‌گونه است که اگر بپذیرد در شمار دشمن ایرانیان به شمار نمی‌آید. او سه راه پیش پای پیران می‌گذارد تا بتواند راحت‌تر به راه راستی و درستی بازگردد. اکنون پیران است که باید گزینش کند و درستی سخنان خود را آشکار سازد. دو راه برای نشان دادن راستی و وفای خود و راه سوم ماندن در سپاه افراسیاب و جنگ با ایرانیان است. کسانی که همواره در پی فریب هستند و این پا و آن پا می‌کنند روزی فرا می‌رسد که باید در یک جبهه قرار بگیرند. آن زمان است که مشخص می‌شود فریدونی هستند یا ضحاکی. در راه درست و راستی قرار می‌گیرند یا راه نادرست و ناراست. نفاق و ریاکاری را تا ابد نمی‌توان ادامه داد.

۱- زمی = زمین
۲- چاچ = شهری نزدیک تاشکند
۳- ساج = درخت ساج , از چوب ساج
٤- ورت = و اگرت

رفتن گیو به ویسه گرد به نزدیک پیران (صفحه‌ی ۲۳۰)

چو پیران بدید آن سپاه بزرگ		به خون تشنه هر یک به کردار گرگ
برآشفت از آن پس که نیرو گرفت		هنرها بشست از دل آهو گرفت
جفا پیشه گشت آن دل نیک‌خو		پر اندیشه شد رزم کرد آروز
به گیو آن گهی گفت برخیز و رو		سوی پهلوان سپه باز شو
بگویش که از من تو چیزی مجوی		که فرزانگان آن نبینند روی
یکی آن که از نامداران گوان		سپردن به دست تو این کی توان
و دیگر که گوئی سلیح و سپاه		گران مایه اسبان و تخت و کلاه
برادر که روشن روان من است		گزیده پسر پهلوان من است
همی گوئی از خویشتن دور کن		ز بخرد چنین خام باشد سخن
مرا مرگ بهتر از آن زندگی		که سالار باشم کنم بندگی
به نام ار بریزی مرا گفت خون		به ار زندگانی به ننگ اندرون

هنگامی که پیران آن سپاه بزرگ را دید که هر یک مانند گرگ تشنه به خون‌خواهی آمده‌اند برآشفت. زمانی که دوباره نیرو گرفت سخنان خود را فراموش کرد و به دنبال بهانه گشت. دل نیکش جفا پیشه گشت و نگران، آرزوی رزم کرد. به گیو گفت برخیز و نزد پهلوان سپاه برو. به او بگو از من چیزی نخواه که فرزانگان به آن تن در نمی‌دهند. یکی این‌که چگونه می‌توان دلاوران نامدار را به دست تو سپرد؟ دیگر سلاح، اسب و تخت و کلاه و برادران که دیده‌ی روشن من هستند و هم پسر پهلوانم، می‌گویی همه را از خود دور کنم، این چه سخن خام و نابخردانه‌ای است. مرگ برای من بهتر از این است که سالار باشم اما بندگی کنم. اگر خون مرا بریزی نامم بماند بهتر از زندگی است که ننگین باشد.

- پیران ادعای راستی و درستی و دادگری دارد اما آشکار است که افراسیاب را تنها نمی‌گذارد و در کیش و آئین اوست.

صف کشیدن هر دو لشکر (صفحه‌ی ۲۳۰)

چنین گفت با گیو پس پهلوان — که پیران به سیری رسید از جهان
همین داشتم چشم ازین بد نهان — ولیکن به‌فرمان شاه جهان
ببایست رفتن که چاره نمود — دلش را کنون شهریار آزمود
یکی داستان گفته بودم به شاه — چو فرمود لشکر کشیدن به راه
که دل را ز مهر کسی برگسل — کجا نیستش با زبان راست دل

پهلوان با شنیدن پیام پیران به گیو گفت که پیران از جهان سیر شده است. می‌دانستم پاسخ او چه خواهد بود، اما باید فرمان شاه را اجرا می‌کردم. اکنون شاه دل او را آزمود. زمانی که شاه دستور لشکر کشیدن داد به شاه گفتم که دل از مهر کسی که دلش با زبانش یکی نیست، باید برید.

- بارها شانس بازگشت به راه راست به پیران داده می‌شود و او به بازی ادامه می‌دهد؛ اما تا کجا می‌توان در دو جناح راست و دروغ ماند. کسی که دلش با زبانش یکی نیست به خود هم دروغ می‌گوید. مهر داشتن به چنین کسان زیان آور است. کسی که خود را می‌فریبد چگونه می‌تواند برای دیگران یار و دوست باشد.

رفتن بیژن به نزد گیو و رزم خواستن (صفحه‌ی ۲۳۱)

به روز چهارم ز پشت سپاه بشد بیژن گیو تا قلبگاه
به پیش پدر شد همه جامه چاک همی به آسمان بر پراکند خاک
همی‌گفت کای باب کار آزمای[1] چرائی بدین خیره بودن به پای
به پنجم فراز آمد این روزگار شب و روز آسایش آمد ز کار
سواران به خفتان و خود اندرون یکی را به رگ بر نجنبید خون
شگفت از تو دارم همی ای پدر که شیر ژیان از تو جوید هنر
دو لشکر همی بر تو دارند چشم یکی تیز کن مغز و بنمای خشم

چهار روزاست در انتظار آغاز کردن جنگ هستند. روز چهارم بیژن پسر گیو به قلبگاه سپاه می‌آید و آشفته درحالی‌که از تاختن او گرد بر آسمان برخاسته می‌گوید ای پدر کارآزموده، چرا بیهوده در انتظاری؟ روز پنجم از راه رسیده و ما در آسایش به سر می‌بریم. سواران کلاه‌خود به سر و زره بر تن دارند؛ اما یکی را رگ جنگیدن از جای نمی‌جنبد. از تو پدر، در شگفتم که شیر ژیان از تو جنگاوری آموخته. چشم دو لشکر به توست. تندوتیز شو و خشم خود را نشان بده.

- شتاب بیژن پهلوان مانند شتاب فریدون برای از بین بردن ضحاک است؛ و دعوت گیو به آرامش شبیه دعوت فرانک فریدون را. پهلوانان جوان شور بسیار دارند اما خردمندند.

۱- کارآزمای = مجرب , کارآزموده

ز گفتار بیژن بخندید گیو — بسی آفرین کرد بر پور نیو

به دادار گفت از تو دارم سپاس — تو دادی مرا پور نیکی شناس

و لیکن تو ای پور چیره سخن[1] — زبان بر نیا بر گشاده مکن

همی خواهد این پیر کارآزمای — که ترکان به جنگ اندر آرند پای

پس پشتشان دورگردد ز کوه — برد لشکر کینه ور هم گروه

ببینی تو کوپال گودرز را — که چون در نوردد همی مرز را

و دیگر کجا ز اختر نیک و بد — همی گردش چرخ را بشمرد

چو پیش آید آن روزگار بهی — کند روی گیتی ز ترکان تهی

گیو به گفتار بیژن خندید و بر پسر پهلوانش بسیار آفرین کرد. به دادار گفت سپاس از تو برای چنین فرزندی نیکی شناس؛ اما ای پسر خوش‌زبان، با نیا این‌گونه گفتگو نکن. این پیر کارآزموده می‌خواهد که نخست ترکان جنگ را آغاز کنند تا از کوه دور شوند. آنگاه لشکر را هم گروه و کینه ور به میدان می‌برد. آنگاه می‌بینی که کوپال گودرز مرز را درمی‌نوردد و دیگر این‌که اختر نیک و بد چرخ را می‌شمارد. آنگاه که اختر نیک باشد جهان را از ترکان تهی می‌کند.

- ایرانیان به اخترشناسی باور داشتند، برای انجام کارها به ستاره‌شناسی روی می‌آوردند تا هنگام درست وارد عمل شوند. شور جوانان دلاور و پختگی و تجربه‌ی پهلوانان کارآزموده، نبرد را به‌سوی پیروزی رهنمون می‌شوند. پیروزی که در راه آئین و کیش پهلوانی است.

۱ - چیره سخن = سخنور , زبان آور

آگاه شدن بیژن از کردار هومان (صفحه‌ی ۲۳۴)

چنین گفت مر گیو را کای پدر — نگفتم ترا من همه در بدر
که گودرز را هوش کمتر شدست — نبینی به آئین که دیگر شدست
نشان آن که ترکی بیامد دلیر — میان دلیران به کردار شیر
به پیش نیا رفت نیزه بدست — همی بر خروشید بر سان مست
چنان بد کزین لشکر نامدار — سواری نبود از در کارزار
که او را به نیزه برافراختی — چو بر بابزن[۱] مرغ بر ساختی
تو ای مهربان باب بسیار هوش — دو کتفم به درع[۲] سیاوش بپوش
نشاید جز از من که با او نبرد — کند تا بر آرد ز مردیش گرد

هومان دلاور توران، از رهام و فریبرز و گودرز رزم می‌جوید که گودرز اجازه‌ی جنگ نمی‌دهد. بیژن به پدر می‌گوید: «گفتم هوش گودرز کمتر شده و آئینش تغییر کرده. به این نشان که ترکی دلیر به کردار شیر در میان دلاوران آمده و نیزه بدست نزد نیا رفته و مانند مستان عربده کشی کرده. از این لشکر نامدار یک دلیر نبوده که با نیزه او را بیندازد و مانند مرغی به سیخ بکشد. ای پدر مهربان زره سیاوش را به من بپوشان. کسی جز من شایسته‌ی نبرد با او نیست تا من بر زمینش بزنم.»

- بیژن جوان است و جویای نام. گیو می‌ترسد او کشته شود، زیرا هومان دلاوری چیره دست است. بیژن پافشاری می‌کند، می‌خواهد با زره سیاوش به جنگ هومان برود.

۱- بابزن = سیخ کباب
۲ - درع = زره , جامه ی جنگی

بدو گفت گیو ای پسر هوش دار — به گفتار من یک زمان گوش دار
بگفتم تو را من که تیزی مکن — به گودرز بر بد مگردان سخن
که او کار دید ست و داناترست — برین لشکر نامور مهترست
نفرمود با او کسی را نبرد — جوانی مگر مر ترا خیره کرد
که گردن بدین سان برافراختی — بدین آرزو پیش من تاختی
نیم من بدین کار هم داستان — مزن نیز پیشم از این داستان
بدو گفت بیژن که گر کام من — نجوئی نخواهی همی نام من
شوم پیش سالار بسته کمر — زنم دست بر جنگ هومان به بر

گیو به او گفت: «ای پسر هوشت را به کار بگیر، به من گوش کن، گفتم که تندوتیز نشو و بر گودرز زبان بد باز نکن. او مهتر لشکر و دانا و کاردیده است. گودرز، فرمان نبرد با او را نداده. جوانی تو را خیره کرده که این‌گونه گردن برافراشتی و با آرزوی نبرد با او نزد من تاختی. بیش از این دراین‌باره گفتگو نکن. من با این کار همداستان نیستم.» بیژن گفت: «اگر مرا به آرزویم نرسانی و نخواهی من به نام برسم، کمربسته نزد نیا می‌روم و از او می‌خواهم که مرا به نبرد با هومان بفرستد.»

- گیو خواسته‌ی بیژن را از شور جوانی می‌داند اما به‌هرحال روزی می‌رسد که جوانان جای پیرترها را بگیرند. برای هر تجربه‌ای نیز نخستین بار وجود دارد.

شگفتی همی بینم از تو یکی ‌‌ ‌‌ و گر چند هستم به هوش اندکی
که این رزمگه بوستان ساختی ‌‌ ‌‌ دل از کین ترکان بپرداختی
شگفتی‌تر آن کز میان سپاه ‌‌ ‌‌ یکی ترک بدبخت گم کرده راه
بیامد که یزدان نیکی دهش ‌‌ ‌‌ همی بد سگالید بر بدکنش
به دام آمده گور بگذاشتی ‌‌ ‌‌ ندانم کزین در چه پنداشتی
من اینک به خون چنگ را شسته‌ام ‌‌ ‌‌ همان جنگ او را کمر بسته‌ام
چو دستور باشد مرا پهلوان ‌‌ ‌‌ شوم پیش او چون هژبر[1] دمان
بفرماید اکنون سپهبد به گیو ‌‌ ‌‌ مگر کان سلیح سیاوخش نیو
دهد مر مرا ترگ و رومی زره ‌‌ ‌‌ ز بندش گشاید یکایک گره

بیژن به نیای خود گودرز، سپهدار لشکر می‌گوید: «درست است که من هوش اندکی دارم اما از شما در شگفتم. در این رزمگاه بوستان ساخته‌ای و دلت از کین ترکان پاک شده. شگفت‌تر آن که ترک بدبخت گم کرده راهی از میان سپاه آمده. یزدان پاک، بخشنده‌ی نیکی‌ها بر بدکنش مهربان نیست. گور به دام آمده بود نمی‌دانم چه پنداشتی که شکارش نکردی. من اکنون کمر به جنگ او بسته‌ام و چنگ من منتظر خون اوست. اگر پهلوان دستور بدهد مانند شیر ژیان نزد او می‌روم. فرمان بده گیو سلاح و زره رومی و کلاه‌خود سیاوش را به من بدهد و از بند زره گره‌ها را یک به یک باز کند.»

- بیژن، هامون را گوری می‌بیند و نیا را شکارچی. می‌پرسد چرا او را که به تاخت نزد سپاهیان آمده شکار نکرده و از نیا می‌خواهد که او را با زره و سلاح و کلاه‌خود سیاوش راهی نبرد با هومان سردار توران کند؛ زیرا پدرش گیو با او همداستان نشد.

---

۱ - هژبر = شیر

چو بشنید گودرز گفتار اوی | بدید آن دل و رأی هشیار اوی
ز شادی بر او آفرین کرد سخت | که از تو مگر داد جـاوید بخت
که هومان یکی بدکنش ریمن است | به آورد چون کوه در جوشن است
جوانی و ناگشته بر سر سپهر | نداری همی بر تن خـویش مهر
بدو گفت بیژن که ای پهـلوان | هنرمند باشد دلیـر و جوان
مرا زندگانی نه اندر خورست | گر از دیگرانم هنـر کمترست
و گر باز داری مرا زین سخن | برین روی کآهنگ هومان مکن
بـنالم من از پهلوان پیش شاه | نخواهم کمر زین سپس نه کلاه
بخندید گودرز و زو شاد شد | بسان یکی سرو آزاد شد
ترا دادم این جنگ هومان کنون | مگر بخت نیکت بود رهنمون
که این اهرمن را بدست تو هوش | برآید بەفرمان یزدان بکـوش

چون گودرز گفتار او را شنید و دل و جرئت، رأی و هشیاری او را دید، شاد شد و بر او بسیار آفرین کرد و گفت: «از تو تخت جاوید باد. هومان اهریمن بدکنشی است، در جنگ مانند کوهی در زره است. جوانی و گردش روزگار بسیار ندیده‌ای و بر جان خودت مهر نداری.» بیژن به او گفت: «ای پهلوان، دلیر و جوان باید جنگاور باشد. اگر از دیگران در رزم‌آوری کمترم در خور زندگانی نیستم. اگر مرا از این کار باز داری و بگویی که آهنگ نبرد با هومان نداشته باش، از نزد تو نالان پیش شاه می‌روم و از این پس کمر و کلاه نمی‌خواهم.» گودرز خندید و شاد شد و مانند سروی آزاد. گفت: «نبرد با هومان را به تو سپردم تا بخت نیکت راهنمای تو باشد. کوشش کن که به‌فرمان یزدان و به دست تو جانش گرفته شود.»

- گودرز با دیدن هشیاری و توانایی و شوق بیژن، نبرد با هومان را به او می‌سپارد. بیژن به توانائی خود باور دارد و کوتاه آمدن در برابر دشمن را، البته به دیدگاه او، برنمی‌تابد.

بدو گفت گودرز کای مهربان   مکن تو بدین کار رنجه روان
که هرچند بیژن جوانست و نو   به هر کار دارد خرد پیش رو
و دیگر که این جای کین جستن است   جهان را ز اهریمنان شستن است
بکین سیاوش به‌فرمان شاه   نشاید به پیوند کردن نگاه
و گر بارد از میغ پولاد تیغ   نشاید که داریم ما جان دریغ
که چون کاهلی پیشه گیرد جوان   بماند منش پست و تیره روان
چو پاسخ چنین یافت چاره نمود   یکی با پسر نیز پند آزمود
بگودرز گفت ای جهان پهلوان   به جائی که پیکار خیزد به جان
مرا خود شب و روز کاراست پیش   چرا داد باید مرا جان خویش
اگر جنگ‌جوید سلیحش کجاست   زره دارد از من چه بایدش خواست
چنین گفت پیش پدر جنگ ساز   که ما را به درع تو نامد نیاز
برآنی که اندر جهان سر بسر   به درع تو جویند گردان هنر
چو درع سیاوش نباشد به جنگ   نجویند گردنکشان نام و ننگ
برانگیخت اسب از میان سپاه   که آید ز لشکر به آوردگاه

گودرز به گیو می‌گوید: ای پسر مهربان، از این کار در رنج نباش. درست است که بیژن جوان است اما خرد را در پیش رو دارد. دیگر این‌که زمان کین جستن فرا رسیده و باید جهان را از وجود اهریمنان پاک کرد. به کین خواهی سیاوش و به‌فرمان شاه، نباید به خویشاوندی نگاه کرد. اگر از ابر شمشیر پولادین ببارد، نباید از جان دریغ کنیم. اگر جوان، کاهلی پیش بگیرد منش او پست و روانش تیره می‌ماند. گیو چون این پاسخ را می‌شنود، با پند دیگری کوشش می‌کند جلوی این کار را بگیرد. به گودرز می‌گوید: «ای پهلوان، درجایی که پیکار ممکن است به از دست رفتن جان بیانجامد، من شب و روز در پیکارم. چرا باید جان خویش را بدهم. اگر بیژن به دنبال نبرد است سلاحش کجاست، چرا از من زره می‌خواهد؟» بیژن گفت: «ما به زره تو نیاز نداریم. تو می‌خواهی گردان جنگاور در سراسر جهان به دنبال زره تو باشند؟ فکر می‌کنی اگر زره و خفتان سیاوش نباشد، گردنکشان در پی نام و ننگ نمی‌روند.» اسب را برانگیخت تا از میان لشکر به آوردگاه برود.

- گفتار خردمندانه بیژن رزمجو، درباره‌ی این که آیا بدون زره سیاوش نباید به جنگ اهریمن رفت، گفتار هشیارانه‌ی گودرز درباره‌ی این‌که پیکار با اهریمن‌خویشی نمی‌شناسد و مهر گیو به فرزند که ترس از دست دادن او جانش را می‌آزارد، همه در خور نگرش هستند؛ اما سرانجام گزینش درست کدام است؟

دادن گیو درع سیاوش به بیژن (صفحه‌ی ۲۳۴)

چو از پیش گودرز شد ناپدید — دل گیو ز اندوه او بر دمید
پشیمان شد از درد دل خون گریست — نگر تا غم و مهر فرزند چیست
به دل گفت خیره بیازردمش — چرا خواسته پیش ناوردمش
گر او را ز هومان بد آید به سر — چه باید مرا درع و تیغ و کمر
و ز آنجا دوان هم به کردار گرد — به پیش پسر شد به جای نبرد
بدو گفت ما را چه داری به تنگ — همی تیزی آری بجای درنگ
درخشیدن ماه چندان بود — که خورشید تابنده پنهان بود
کنون سوی هومان شتابی همی — ز فرمان من سر بتابی همی
چنین برگزینی همی رأی خویش — ندانی که چون آیدت کار پیش

پس از رفتن بیژن دل گیو پر از اندوه او شد. پشیمان شد و در دل‌خون گریست. ببین غم مهر فرزند چگونه است. به دل گفت بیهوده آزرده‌اش کردم، چرا سلاح و زره را به او ندادم. اگر از هومان به او بد برسد این زره و کمر و شمشیر به چه کار من می‌آید. از آنجا مانند باد تاخت و به میدان نبرد نزد بیژن رفت. به او گفت: «چرا از من دلتنگ شدی و به‌جای درنگ کردن تندی پیش می‌گیری. درخشش ماه هنگامی به چشم می‌آید که خورشید تابان پنهان باشد. تو از فرمان من سرپیچی می‌کنی و به‌سوی هومان می‌شتابی. رأی خود را برمی‌گزینی نمی‌دانی برایت چه پیش می‌آید.»

- گیو بیژن را به ماه و هومان را از نظر جنگاوری به خورشید تشبیه می‌کند. می‌اندیشد او از بیژن با تجربه تر است و ممکن است بیژن را از بین ببرد.

بدو گفت بیژن که ای نیو باب — دلم را ز کین سیاوش متاب
که هومان نه از روی و نه از آهن است — نه پیل ژیان و نه اهرمن است
نوشته مگر بر سرم دیگراست — زمانه به دست جهان داور است
چو بشنید گفتار پور دلیر — میان بستهی جنگ برسان شیر
فرود آمد از بارهی راه جوی — سپر داد و درع سیاوش بدوی
بدو گفت گر کارزارت هواست — چنین بر خرد کام تو پادشاست
برین بارهی گام زن بر نشین — که زیر تو اندر نوردد زمین
سلاحم همیدون به کار آیدت — چو با اهرمن کارزار آیدت

بیژن به او میگوید: «ای پدر پهلوان، دلم را از کین خواهی سیاوش برنگردان. هومان نه از روی است نه از آهن، نه پیل ژیان و خروشنده است و نه اهریمن. اگر سرنوشت دیگری در انتظار من باشد به خواست داور یکتاست. هنگامی که پدر گفتار پسر دلیرش که مانند شیر کمربستهی جنگ است را میشنود، از اسب پیاده شده و سپر و زره سیاوش را به او میدهد و میگوید اکنون که آرزوی تو خردمندانه است و هوای کارزار در سر داری به این اسب بنشین که زمین را درمینوردد. چون با اهریمن نبرد میکنی این سلاح بکار میآید.»

- پدر لباس رزم سیاوش را به فرزند میپوشاند و او را با سلاح سیاوش به جنگ اهریمن میفرستد. به یاد بیاوریم آرزوی سیاوش را که از یزدان میخواهد کسی از نژاد من دوباره کیش و آئین مرا بر پا دارد.

کشته شدن هومان به دست بیژن (صفحه‌ی ۲۳۵)

بغلتید هومان به خاک اندرون   همه دشت شد سر بسر جوی خون
نگه کرد بیژن بدان پیل تن   فکنده چو سرو سهی بر چمن
شگفت آمدش سخت و برگشت ازوی   سوی کردگار جهان کرد روی
تویی تو که جز تو جهان دار نیست   خرد را بر ین کار پیکار نیست
مرا زین هنر سر بسر بهره نیست   که با پیل کین جستنم زهره نیست
به کین سیاوش بریدمش سر   به هفتاد خون برادر پدر
روانش روان ورا بنده باد   به چنگال شیران تنش کنده باد
سرش را به فتراک شبرنگ بست   تنش را به خاک اندرافکند پست
زمانه سراسر فریب است و بس   نباشد به سختیت فریادرس
جهان را نمایش چو کردار نیست   سپردن بدو دل سزاوار نیست

هومان در خاک و خون غلتید و دشت سراسر جوی خون شد. بیژن نگاهی به آن پیلتن کرد که مانند سرو سهی در چمن افتاده بود. شگفت‌زده شد روی برگرداند و به‌سوی کردگار نگاه کرد که جز تو جهان دار نیست، با خرد تنها نمی‌شود پیکار کرد. این جنگاوری همه از بهر من نیست که زهره‌ی جنگیدن با پیل را ندارم. به کین سیاوش سر از تنش جدا کردم و هم به خون هفتاد برادر پدرم. روانش بسته‌ی روان او و تنش به چنگال شیران کنده باد. سرش را به بند سیاه زین بست و تنش را در خاک رها کرد. زمانه سراسر فریب است و بس، به هنگام سختی فریادرس نیست. ظاهر جهان مانند کردارش نیست. سزاوار نیست به آن دل بسپاری.

- بیژن مانند پدر و نیا و همه‌ی پهلوانان ایران پس از پیروزی نخست آفریدگار را می‌ستاید و می‌گوید سرش را به کین سیاوش از تن جدا کردم. جهان سراسر فریب است و آنچه می‌نماید نیست. نباید دل بر او بست. رفتار بیژن در میدان نبرد و ستایش او یزدان را، بیانگر کیش پهلوانی اوست.

رزم گودرز با پیران و کشته شدن پیران (صفحه‌ی ۲۴۶)

کسی را کجا پروراند به ناز — بر آرد برو روزگار دراز
شبیخون کند گاه شادی بدوی — همی سختی و خواری آرد بروی
سپهدار ایران و توران به هم — فراز آمدند اندرین کین دژم
فراز آمد آن گردش ایزدی — ز یزدان به پیران رسید آن بدی
نگه کرد پیران که هنگام چیست — بدانست کآن گردش ایزدیست
بدانست کامد زمانش فراز — و زان روز تیره نیابد جواز
همی‌شد بر آن کوه سر بر دوان — کزو بازگردد مگر پهلوان

جهان کسی را که روزگاری دراز به نازپرورده، شبیخون می‌زند. گاهی شادی و گاهی سختی و خواری بهره‌ی توست. سپهداران ایران و توران خشمناک به نبرد در آمدند. زمان آن گردش ایزدی رسید و از یزدان به پیران بد رسید. پیران نگاه کرد و دانست که زمان آن دگرگونی ایزدی فرا رسیده. دانست زمانش سر آمده و از این روز تیره رهایی نمی‌یابد. دوان بر سر کوه شد تا شاید گودرز رهایش کند و به دنبالش نرود.

- یکی در تمام جنگ‌ها به دنبال فریب و نیرنگ و اکنون به امید رهایی سر از کوه درمی‌آورد. دیگری همواره در پی آوردن او به راه درست و راست بوده و اکنون باید اهریمن را از بین ببرد. سرانجام، هر دو شکار مرگند اما یکی بدنام و فریبکار و دیگری خوشنام و مهمتر از خوشنامی، ردپای ماندگار او برای آیندگان است، آبادانی و دادگری.

نگه کرد گودرز و بگریست زار ‌‌ ‌‌ بترسید از گردش روزگار
فغان کرد که ای نامور پهلوان ‌‌ ‌‌ چه بودت که ایدون پیاده دوان
به کردار نخجیر در پیش من ‌‌ ‌‌ کجات آن سپاه ای سر انجمن
چو کارت چنین گشت زنهار خواه ‌‌ ‌‌ بدان تات[1] زنده برم نزد شاه
ببخشاید از دل همی بر تو بر ‌‌ ‌‌ که هستی جهان پهلوان سر بسر
بدو گفت پیران که این خود مباد ‌‌ ‌‌ به فرجام بر من چنین بد مباد
من اندر جهان مرگ را زاده‌ام ‌‌ ‌‌ بدین کار گردن ترا داده‌ام

گودرز نگاه کرد زار گریست و از گردش روزگار ترسید. نالید که‌ای پهلوان نامدار، چه شد که این‌گونه پیاده دوان شدی؛ مانند شکار از من گریزانی. کجاست آن سپاه، ای سردار سپاه. اکنون که به این روز افتاده‌ای از من زنهار خواه تا تو را زنده به نزد شاه ببرم. او تو را می‌بخشد که سر به سر جهان پهلوانی. پیران گفت: «هرگز فرجام من چنین بد نباشد. من زاده‌ی مرگم و این کار به گردن تو نهادم.»

- گودرز به پیران شانس زنده بودن می‌دهد. او نمی‌پذیرد. برای پیران این یک شکست با خواری است. سرانجام او هم نشان می‌دهد که اراده‌ی برگشتن به‌راستی و درستی نداشته و تنها دربند خویشی و افراسیاب است.

۱- تات = تا تو را

چو گودرز شد خسته بر دست اوی — ز کینه به خشم اندر آورد روی
بینداخت ژوبین[1] به پیران رسید — زره در برش سر بسر بر درید
بر آن کوه خارا زمانی تپید — پس از کین و آورد گه آرمید
چنین است خود گردش روزگار — نگیرد همی پند آموزگار
چنین گفت گودرز کای نرّه شیر — سر پهلوانان و گرد دلیر
جهان چون من و چون تو بسیار دید — نخواهد همی با کسی آرمید
فرو برد چنگال و خون برگرفت — بخورد و بیالود روی ای شگفت
ز خون سیاوش خروشید زار — نیایش همی کرد بر کردگار
سرش را همی خواست از تن برید — چنان بدکنش خویشتن را ندید
درفشش به بالین ابر پای کرد — سرش را بدان سایه برجای کرد
سوی لشکر خویش بنهاد روی — چکان خون ز بازوش چون آب جوی

گودرز از دست او خسته شد و از کینه به خشم در آمد. به پیران رسید ژوبین بینداخت و زره‌اش را سر به سر درید. زمانی در آن کوه سخت تپید و سپس از کینه در آوردگاه آرامش گرفت. گردش روزگار چنین است، از آموزگار پند نمی‌گیرد. گودرز گفت: «ای نره شیر، سر پهلوانان و ای دلاور دلیر، جهان چون من و تو بسیار دیده است، به کسی آرامش نمی‌دهد.» چنگ برد و خون او را برداشت و خورد و به سرو رویش مالید. از خون سیاوش خروشان شد و زار گریست و یزدان را نیایش کرد. خواست سر پیران را از تن جدا کند، در خود ندید این کار ناپسند را انجام دهد. درفشش را بر بالین او بر پای داشت و سر او را در سایه‌ی درفش قرار داد به‌سوی لشکر خویش رفت درحالی‌که از بازویش خون چون جوی آب جاری بود.

- پیران به پاس نیکوئی کردن به فرنگیس و کی خسرو و دوستیش با سیاوش نزد شاه و پهلوانان، با دلاوران دیگر توران توفیر داشت. بارها خواستند در این کین خواهی نزد کی خسرو بیاید او نپذیرفت و دست به نیرنگ و فریب زد تا سرانجام جان خود را در راه افراسیاب داد و بدنامی را به جان خرید.

۱- ژوبین = نیزه ی کوچک با سر دو شاخ

دخمه کردن کی خسرو پیران و سران توران و کشتن گروی زره را (صفحه‌ی ۲۵۰)

۳۰۵

چنین است کردار این پر فریب   زمانی فراز است و گاهی نشیب
خردمـــند را دل ز کـــردار اوی   بماند همی خـــیره در کـــار اوی

کردار چرخ پرفریب این‌گونه است، گاهی در فراز و گاهی در نشیب. خردمند همواره از کار و کردار روزگار شگفت‌زده می‌شود.

- سرتاسر شاهنامه پر از درس و پند است. پندهایی که شنیدن و به کار گرفتن آن‌ها راستی و درستی و آبادانی و شادی می‌آورد. خردمند از نشیب و فرازهای زندگی و گردان بودن چرخ گردون آگاه است به فرازش دل نمی‌بندد و از نشیبش ناامید نمی‌شود.

جنگ بزرگ کی خسرو با افراسیاب (صفحه‌ی ۲۵۱)

۳۰۶*

بناهـــای آباد گـــردد خـــراب   ز بـــاران و از تـــابش آفـتاب
پی افکندم[1] از نظم کاخی بلند   که از باد و باران نیابد گزند

بناهای بلند از باران و تابش آفتاب ویران می‌شوند. من کاخی از نظم برافراشتم که از باد و باران آسیب نمی‌بیند.

- هزاران درود و هزاران سپاس فردوسی بزرگ، حکیم سخن، کاخی که برافراشته‌ای تا جاودان بر پاست. آفرین‌ها و درودها تا همیشه از آن تو باد. کاخ تو پناه راستکاران و بخردان نه‌تنها ایران که جهان است. باشد تا شاهنامه، پیش نیاز همه رشته‌ها در دانشگاه‌ها و پیش از آن در پایه‌ی دبستان و دبیرستان تدریس شود. خردورزی برای انسان زندگی ساز است و او را از راه کژی دور می‌دارد.

پی افکندم از نظم کاخی بلند   که از باد و باران نیابد گزند

۱- پی افکندن = بنا نهادن، بنا کردن

آمدن کی خسرو به پیش گنگ دژ (صفحه‌ی ۲۶۲)

سیم هفته کی‌خسرو آمد به گنگ — شنید آن غو[1] نای و آوای چنگ
بخندید و برگشت گرد حصار — بماند اندر آن گردش روزگار
چنین گفت کان کو چنین باره کرد — نه از بهر پیکار پتیاره کرد
که خون سر شاه ایران بریخت — زما در چنین باره اندر گریخت
گریزان شد از دست ما درحصار — بدین‌سان بر آسوده از کارزار
بدی کو بدان جهان را سرست — به پیری رسیده کنون بدتر است
چنین دارم امید کافراسیاب — نبیند جهان نیز هرگز بخواب
اگر کشته گر زنده آید بدست — ببیند سر تیغ یزدان‌پرست
پدر بگذرد کین بماند به جای — پسر باشد این درد را رهنمای
بزرگان براو آفرین خواندند — ورا خسرو پاک دین خواندند
که کین پدر بر تو آید بسر — مبادی به جز شاه و پیروز گر

هفته‌ی سوم کی‌خسرو به گنگ آمد و صدای چنگ و نی شنید. خندید و دور حصار چرخی زد. از گردش روزگار در شگفت شد. گفت کسی که چنین می‌کند در فکر پیکار با بدی نیست. کسی که خون پادشاه ایران را ریخته این‌گونه از ما به دژ گریخته. به حصار پناه آورده تا از کارزار در امان بماند. بدی که سر بدان جهان است اکنون به پیری رسیده بدتر شده است. امید دارم هرگز جهان، افراسیاب دیگری را به خواب نبیند. چه کشته و چه زنده به بند درمی‌آید و سرش با شمشیر یزدان‌پرست زده خواهد شد. پدر که بگذرد کین به جا می‌ماند و پسر با درد، کینه خواه او می‌شود. بزرگان بر او آفرین خواندند و او را خسروی پاک دین نامیدند. گفتند که کین پدر به دست تو به سر می‌آید، شاه پیروزگری جز تو نباشد.

- افراسیاب نیای کی خسرو است. کی خسرو پسر سیاوش مانند پدر جز راستی و درستی نمی‌داند. او نمی‌تواند خرد و آگاهی، درستی و راستی، جوانمردی و مهربانی، مرام پهلوانی را به خویشاوندی، آن هم خویشاوندی افراسیاب بفروشد.

۱- غو = فریاد ,نعره

آمدن جهن با پیغام افراسیاب نزد کی خسرو (صفحه‌ی ۲۶۲)

از اندیشه گردون همی بگذرد ... ز رنج تو دیگر کسی بر خورد[۱]
گر ایدون که گوئی که ترکان و چین ... بگیرم زنم آسمان بر زمین
بشمشیر بگذارم این انجمن ... بدست تو آیم گرفتار من
مپندار کاین نیز نابودنی است ... نساید کسی کو نفرسودنی است
نبیره پسر خسرو زادشم[۲] ... ز پشت فریدون و ز تخم جم
مرا دانش ایزدی هست و فر ... همان چون سروشم یکی هست پر
چو تنگ اندر آید مرا روزگار ... نخواهد دلم پند آموزگار
به‌فرمان یزدان به هنگام خواب ... شوم چون ستاره بر آفتاب

افراسیاب به کی خسرو پیام می‌دهد که سپهر گردان از گمان می‌گذرد و از رنج تو کس دیگری بهره می‌برد. می‌گویی ترکان و چین را می‌گیرم و آسمان را به زمین می‌رسانم، این انجمن را از دم شمشیر می‌گذرانم و من به دستت گرفتار می‌شوم، این‌گونه فکر نکن. این کار نشدنی است. کسی که فرسودنی نیست را نمی‌توان کشت. منم نبیره‌ی پادشاه زادشم، از پشت فریدون و از نژاد جمشید. من دانش و فر ایزدی دارم و مانند سروش، پیک ایزدی یک پر دارم. هنگامی که روزگار به من تنگ شود و دلم پند آموزگار نخواهد، به‌فرمان یزدان هنگام خواب مانند ستاره نزد آفتاب می‌روم.

- ترس و بیم در گفتار افراسیاب موج می‌زند؛ اما دست از فریب و نیرنگ برنمی‌دارد. به آن امید که شاید بتواند چشم خرد کی خسرو را کور کند.

---

۱ - برخورد = بهره ببرد , فایده ببرد
۲ - خسرو زادشم = نیای افراسیاب

به دریای کیماک[1] بر بگذرم | سپارم ترا کشور و افسرم
مرا گنگ دژ باشد آرامگاه | نبیند مرا نیز شاه و سپاه
چو آید مرا روز کین خواستن | ببین آن زمان لشکر آراستن
بیایم بخواهم ز تو کین خویش | بهر جای پیدا کنم دین خویش
و گر کینه از مغز بیرون کنی | به مهر اندرین کشور افسون کنی
گشـایم در گنـج تـاج و کـمر | همـان گنـج و دینـار و زر گـهر

از دریای کیماک که بگذرم، کشور و تاج را به تو می‌سپارم. دژ گنگ آرامگاه من باشد. شاه و سپاه هرگز مرا نمی‌بینند. اگر روز کین من برسد، آنگاه آراستن لشکر را خواهی دید. می‌آیم و از تو کین خود را می‌خواهم. هر جا دین و روش خود را پیدا می‌کنم؛ اما اگر کینه از مغز بیرون کنی، در این کشور با مهر خود افسون کنی، در گنج و تاج و کمر را باز می‌کنم و هم گنج و دینار و زر و گهر را به تو می‌بخشم.

- التماس و تهدید کنار هم نشانه‌ی ترس و وحشت افراسیاب از به پایان رسیدن زمان و تخت و پادشاهی اوست. تهی‌مغزی و بی‌خردی او تااندازه‌ای است که یک آن به فکر چنین روزی نبوده.

۱- دریای کیماک = دریائی در ترکستان

پاسخ دادن کی خسرو جهن را (صفحه‌ی ۲۶۳)

چو از جهن پیغام بشنید شاه
همی کرد خندان بدو بر نگاه

به پاسخ چنین گفت کای رزمجوی
شنیدیم سر تا سر این گفت‌وگوی

مرا داد یزدان همه هرچه گفت
که با آن هنرها خرد باد جفت

ترا چند خواهی سخن چرب هست
به دل نیستی پاک و یزدان‌پرست

کسی کو به دانش توانگر بود
ز گفتار کردار بهتر بود

فریدون فرخ ستاره نگشت
نه از خاک تیره سرش بر گذشت

زبان چرب و گویا و دل پر دروغ
بر مرد دانا نگیرد فروغ

کی خسرو در پاسخ پیام افراسیاب به جهن فرستاده‌ی افراسیاب نگاه کرده، می‌خندد و می‌گوید:«ای رزمجو، سرتاسر گفتگوی تو را شنیدیم. یزدان به من هر چه داده و گفته با خرد همراه است. تو چرب زبانی اما دل پاک و یزدان‌پرست نیستی. شاید کسی دانش بسیار داشته باشد اما کردار از گفتار بهتر است. فریدون فرخ با آن بزرگی از خاک تیره نگذشت و ستاره نشد. زبان‌چرب و گویا و دل پر از دروغ، برای مرد روشنایی نمی‌آورد.»

- بیچاره مردمی که سالیان سال دروغ کاری چون افراسیاب بر آن‌ها پادشاه بوده. این‌سو، این همه سال سیاهی، سوی دیگر سال‌ها آبادانی و روشنایی و دادگری. هزاران درود بر راستکاران که هم خود خوب زندگی می‌کنند و هم برای آیندگان دادگری و آبادانی به یادگار می‌گذارند.

پدر کشته را شاه گیتی مخوان — کنون کز سیاوش نماند استخوان

چنین بود فرمان یزدان که من — سرافراز باشم به هر انجمن

گزند و بلای تو از من بگاشت[1] — که با من زمانه یکی راز داشت

نگه کن که تا چون بود باورم — چو کردارهای تو یادآورم

ازین پس مرا جز به شمشیر تیز — نباشد سخن نیز تا رستخیز

همان پیش یزدان بباشم به پای — نخواهم به گیتی جز او رهنمای

مگر کز بدان پاک گردد جهان — به داد و دهش من ببندم میان

جهان را به داد و دهش نو کنم — مگر کز بدان باغ بی خو[2] کنم

بداندیش را از میان بر کنم — سر بد نشان را بی‌افسر کنم

سخن هرچه گفتم نیا را بگوی — که در جنگ چندین بهانه مجوی

به پدر کشته شاه گیتی نگو، اکنون از سیاوش استخوان هم نمانده. فرمان یزدان به من این بوده که در هر انجمن سرافراز باشم. اگر گزند و بلای تو از من دور شد برای این بود که زمانه رازی دردل داشت. ببین باور من چگونه است هنگامی که کردارهای تو را به یاد می‌آورم. از این پس تنها با شمشیر تیز با تو سخن می‌گویم تا رستاخیز. من به پیش یزدان آماده‌ام، به جز او راهنما نمی‌خواهم. به داد و دهش کمر برمی‌بندم تا جهان از بدان پاک گردد. من گیتی را با بخشش و دادگری نو می‌کنم تا سرشت بدی را از باغ جهان برکنم. بداندیش را از میان بر می‌دارم و سر انسان‌های بد را بی تاج و افسر می‌کنم. هر چه گفتم برو و به نیا بگو؛ که در جنگ به دنبال بهانه نباش.

- راه کی خسرو راه فریدون است. راه جمشید و پادشاهان نیک. از بین برنده‌ی بدی و نوکننده‌ی جهان با داد و دهش، دادگری و بخشش.

۱- بگاشت = برگرداند

۲- بی خو = برکندن سرشت , طبیعت

زینهار دادن خسرو خویشان افراسیاب را (صفحه‌ی ۲۶۵)

۳۱۲

سر بانوان شد به نزدیک تخت ابر شهریار آفرین کرد سخت
همه دخـت پـروردگانش به ناز برین گونه بردند پیشش نماز
همی خواندند آفرینی به درد که ای نیک پی خسرو راد مرد
چه نیکو بدی گر ز تـوران زمین نبودی به دلت اندرون درد و کین
برین بوم شاهی و هم کدخدای به تخت نیـا بر نـهادی تو پای
چنان کـرد بدگوهر افراسیاب که پیش تو پوزش نبیند به خواب
بسی دادمش پند و سودی نداشت به خیره همی سر ز پندم بگاشت
به خواری و زخم و به خون ریختن چه با بی‌گنه خیره آویختن
که از شهریاران سـزاوار نیست بریدن سری کو گنه‌کار نیست
ترا شهریارا جز این است جای نماند کسی در سپـنجی سرای
هم آن کن که پرسـد ز تو کردگار نپیـچی از شـرم روز شمار[۱]

مهتر بانوان افراسیاب به نزدیک تخت کی خسرو آمد و بسیار آفرین گفت. همه دخترانی که در ناز پرورش یافته بودند مانند او شهریار را نیایش کردند. با درد بر او آفرین خواندند و گفتند: «ای رادمرد و ای خسرو نیک پی، چه نیک بود اگر از توران زمین درد وکینه‌ای به دل تو نبود. بر تخت نیا گام بگذاشتی، هم شاهی و هم دارنده‌ی توران. افراسیاب چنان بد کرد که حتی در خواب هم نمی‌بیند از تو پوزش بخواهد. بسیار پندش دادم، سودی نداشت. با گستاخی از پند من روی برگرداند. با خوار کردن، زخمی نمودن، و هم جنگ با بی‌گناه. از شهریاران به دور است خون بی‌گناه را ریختن. ای شهریار، جای تو جز این جای است، هیچ‌کس در سرای گذرا نمانده است. کاری کن که یزدان از تو می‌خواهد تا در آن جهان از شرم به خود نپیچی.»

- افراسیاب سیاوش را می‌کشد و دختر خود را دربند می‌کشد. اکنون مهتر بانوان و دختران کاخ افراسیاب در چنگ کی خسرو، پسر همان دختر، فرنگیس هستند و زینهار می‌خواهند. همیشه هنگامی که بخت ضحاک و ضحاکیان رو به نشیب می‌رود، خویشان و مردم نفرت خود را از آن‌ها نشان می‌دهند. آن‌ها با ضحاکیان نیستند، دربند آن‌ها هستند.

۱- روز شمار = آن سرا , رستاخیز

چو بشنید خسرو ببخشود سخت — بر آن خوبرویان برگشته بخت
بپیچید دل بخردان را ز درد — ز فرزند و زن هر کسی یاد کرد
همی خواندند آفرین بزرگ — سران سپه مهتران سترگ
کز ایشان شه نامبردار کین — نخواهد ز بهر جهان‌آفرین
چنین گفت کی‌خسرو هوشمند — که هر چیز کان نیست ما را پسند
نیارم کسی را همان بد به روی — و گر چند باشد دلم کینه‌جوی
چو از کار آن نامدار بلند — بر اندیشم آنم نیاید پسند
که بد کرد با پر هنر مادرم — کسی را همان بد به سر ناورم
بفرمودشان بازگشتن به جای — چنان پاک زاده جهان کدخدای
بدیشان چنین گفت کایمن شوید — ز گوینده گفتار من بشنوید
کزین پس شما را ز من بیم نیست — مرا بی‌وفایی چو دژخیم نیست
تن خویش را بد نخواهد کسی — چه خواهد زمانش نباشد بسی
بباشید ایمن به ایوان خویش — به یزدان سپرده تن و جان خویش

کی خسرو که سخنان مهتر بانوان افراسیاب را شنید، آن خوبرویان برگشته بخت را بخشید. هر کسی از زن و فرزند خود یاد کرد و دلشان از درد پیچید. سران سپه و مهتران دلاور بر کی خسرو آفرین خواندند که شاه نام‌آور از آن‌ها کین جوئی نکرد. پادشاه هوشمند گفت: کاربدی را که خود نمی‌پسندم، بر سر دیگران نمی‌آورم هرچند دلم کینه‌جو باشد. به کاری که آن نامدار بلند، افراسیاب با مادرم کرد می‌اندیشم که بسیار ناپسند بود. با مادر پرهنر من بد کرد، من همان بد را بر سر کسی نمی‌آورم. پاکزاده پادشاه فرمان داد همه به جایگاه خود بازگردند. گفت ایمن باشید و به سخنان پیام‌آور من گوش فرا دهید. از این پس از من بیم نداشته باشید، من چون آن بدسرشت بی‌وفا نیستم. کسی برای تن خود بد نمی‌خواهد هنگامی که زمان بسیاری نمی‌ماند. به کاخ خویش بروید و ایمن باشید و جان و روان خود را به ایزد بسپارید.

- پادشاهان دادگر، شعار نمی‌دهند و دروغ نمی‌گویند. هنگامی که می‌گویند کردار بهتر از گفتار است، نخست خود به آن عمل می‌کنند.

پند دادن کی خسرو ایرانیان را (صفحه‌ی ۲۶۵)

۳۱۴

ز دل‌ها همه کینه بیرون کنید به مهر اندرین کشور افسون کنید
که از ما چنین ترسشان در دل است ز خون ریختن گرد کشور گل است
به هر کار چربی بباید نخست نباید از آغاز پیکار جست
همه گنج توران شما را دهم نه زان بر شما بر سپاسی نهم
بکوشید و خوبی به کار آورید چو دیدید سرما بهار آورید
سر بی‌گناهان نباید برید ز خون ریختن دست باید کشید
نه مردی بود خیره آشوفتن[1] به زیر اندر آورده را کوفتن[2]
ز پوشیده رویان بپیچید روی هر آن‌کس که پوشیده دارد به کوی
ز چیز کسان سر بپیچید نیز که دشمن شود دوست از بهر چیز[3]
نیاید جهان‌آفرین را پسند که جویند بر بی‌گناهان گزند
هر آن‌کس که جوید همی رای من نباید که ویران کند جای من
و دیگر که خوانند بیداد و شوم که ویران کند مهتر آباد بوم
وز آن پس بفرمود شاه گشادن در گنج توران سپاه

کینه‌ها را از دل بیرون کنید. با مهر در این کشور افسون کنید. چنان از ما در دلشان ترس است که می‌اندیشند از خون ریختن پیرامون کشور گل می‌شود. در هر کار گشاده‌زبانی بهتر است، نباید بدون سخن گفتن و راهکار پیکار کرد. همه گنج توران را به شما، از بهر سپاس می‌دهم. همواره در راه خوبی کوشش کنید. اگر سرما هست، شما بهار بیاورید. باید از خون ریختن دست بکشید و سر بی‌گناهان را نبرید. بیهوده خشمگین شدن و دربندان را کوفتن، جوانمردانه نیست. از هر پوشیده رویی در هر کوی و برزن چشم بپوشید. از خواسته و مال دیگران بگذرید که مال و خواسته دشمن را دوست می‌کند. آسیب رساندن به بی‌گناهان در برابر یزدان پسندیده نیست. کسی که هم فکر من است، نباید جایگاه مرا ویران کند. دیگر این‌که مردم، مهتری را که بوم آباد را ویران می‌کند بیدادگر و شوم می‌خوانند. سپس شاه فرمان داد در گنج‌ها گشوده شود.

۱- آشوفتن = آشفتن , غضبناک شدن
۲- کوفتن = آسیب رساندن , ضربه زدن
۳ - چیز = مال , خواسته

- کی خسرو در کشوری به قدرت رسیده است که خون پدرش را بی‌گناه بر زمین ریخته‌اند و مادر و خودش را آزار داده‌اند. فرمانش فرمان آزادی و دادگری است. به‌درستی که شایسته‌ی نشستن بر تخت فریدون، از بین برنده‌ی ضحاک است. او از بین برنده‌ی افراسیاب، نیای خود، ضحاک دوران خودش است.

باز آمدن کی خسرو به نزد نیا (صفحه‌ی ۲۷۲)

نشستند چون باد هر دو بر اسب — دمان تا در خان آذرگشسب[1]
برفتند با جامه‌های سپید — پر از ترس دل یک‌به‌یک پر امید
چو آتش بدیدند گریان شدند — چو بر آتش تیز بریان شدند
بدان جایگه زار و گریان دو شاه — به پیش خداوند خورشید و ماه
جهان‌آفرین را همی خواندند — بر آن موبدان گوهر افشاندند
به یک هفته بر پیش یزدان بدند — مپندار کآتش‌پرستان بدند
که آتش بدان گاه محراب بود — پرستنده را دیده پر آب بود
اگر چندت اندیشه گردد دراز — هم از پاک یزدان نه ای بی‌نیاز

کی خسرو نزد نیای خود کاوس کی رفت و هر دو پادشاه سوار بر اسب مانند باد تاختند تا به خان آذرگشسب رسیدند. با جامه‌های سپید بر تن، دل‌های هر کدام پر از ترس و امید. آتش را که دیدند گریان شدند گویی بر آتش تیز و سوزنده بریان می‌شدند. در آن جایگاه، نزد دارنده‌ی خورشید و ماه، زار گریستند. جهان‌آفرین را خواندند و ستودند و بر موبدان، نگه‌دارنده‌های آتش گوهر افشاندند. یک هفته نزد آفریدگار بودند و نیایش کردند. نیندیش که آنان آتش‌پرست بودند. آتش در آن جایگاه محراب بود و دیدگان پرستنده، نگه‌دارنده‌ی آتش پر از آب. هر چقدر بدانی و اندیشه‌ات پویا باشد از یزدان بی‌نیاز نمی‌شوی.

- جشن پیروزی در پیشگاه یزدان، پدر و پسر سیاوش، آن نیک نهاد پاک دین که آرزویش برقرارشدن کیش مهرو راستی به دست یکی از نژاد خودش بود. ایرانیان آتش‌پرست به معنای پرستیدن آتش نبودند. آن‌ها نگه‌دارنده و پرستار آتش بودند چون آن را پاک می‌دانستند.

۱- آذرگشسب = یکی از سه آتش مقدس جهان

گرفتار شدن افراسیاب بر دست هوم از نژاد فریدون (صفحه‌ی ۲۷۲)

یکی غار بود اندر آن برز[1] کوه — بدو سخت نزدیک و دور از گروه
پرستش همی کرده پشمینه پوش — ز غارش یکی ناله آمد به گوش
بر آن ناله‌ی زار بگشاد گوش — که افراسیاب از دل پر خروش
همی گفت که ای برتر از برتری — ز راز دل من تو آگه تری
اگرچند من تیرگی کرده‌ام — به خیره تو را چند آزرده‌ام
همان بنده‌ی پر گناه توام — به بیچارگی در پناه توام
کجات آن همه زور و مردانگی — دلیری و نیروی و فرزانگی
که اکنون بدین تنگ غار اندری — گریزان به سنگین حصار اندری
به ترکی چو این ناله بشنید هوم[2] — پرستش رها کرد و بگذاشت بوم
چنین گفت کین ناله هنگام خواب — نباشد مگر آن افراسیاب

غاری بود در کوهی بلند دور از مردم، نزدیک هوم مرد غارنشین. شبی او در غار مشغول نیایش بود که صدای ناله شنید. گوش‌هایش را تیز کرد، ناله از افراسیاب بود که از دل پرخروشش برمی‌آمد. می‌گفت: «ای برتر از برتری، تو از دل من آگاه‌تری. اگر چه بد کرده‌ام و با گستاخی خود تو را آزرده‌ام، اما بنده‌ی پر گناه توأم و از بیچارگی به تو پناه آورده‌ام.» زیر لب می‌نالید: «کجا شد آن همه زور و مردانگی و دلیری و نیرو و فرزانگی که اکنون به این غار تنگ افتاده‌ای و فراری شده به حصار سنگی درآمده‌ای.» هوم که این ناله‌ی ترکی را شنید پرستش را رها کرد و با خود گفت: «این ناله هنگام خواب تنها می‌تواند از آن افراسیاب باشد.»

- پرستش یزدان و احساس پناه‌جوئی او تنها در زمان بیچارگی و گرفتاری؟ افراسیاب در تمام عمر هیچ پندی از هیچ بزرگی نپذیرفت. نه در کشتن سیاوش و نه در آزار دخترش وهم نه در جنگ‌ها.

۱- برز کوه = البرز کوه
۲ - هوم = دستگیر کننده ی افراسیاب

گریختن افراسیاب از دست هوم (صفحه‌ی ۲۷۳)

بدو گفت هوم این نه آرام توست / جهانی سراسر پر از نام توست
ز شاهان گیتی برادر که کشت / که شد نیز با پاک یزدان درشت
چو اغریرس و نوذر نامدار / سیاوش که بد از کیان یادگار
تو خون سر شهریاران مریز / نه از بیم درغار بی‌بن[1] گریز
بدو گفت کاندر جهان بی‌گناه / که را دانی ای مرد با دستگاه
چنین راند بر سر سپهر بلند / که آمد زمن درد و رنج و گزند
ز فرمان یزدان کسی نگذرد / اگر گردن شیر نر بشکرد
ببخشای بر من که بیچاره‌ام / و گر چند بر خود ستمکاره‌ام
نبیره فریدون فرخ منم / ز بند کمندت همی بگسلم
کجا برد خواهی مرا بسته خوار / نترسی ز یزدان به روز شمار
بدو گفت هوم ای بد بدگمان / همانا فراوان نماندت زمان
سخن‌هات چون درگلستان خو است / ترا هوش بر دست کی‌خسروست

هوم به افراسیاب می‌گوید: «اینجا نمی‌توانی آرام بگیری. جهان سراسر درباره‌ی تو گفتگو می‌کنند. چه کسی با یزدان پاک درشتی کرد؟ برادرش اغریرس و نوذر نامدار را کشت؟ چه کسی سیاوش نام‌آور را که از کیان بود سر برید؟ تو اگر سر شهریاران را نمی‌بریدی، امروز جایگاهت در ته غار نبود.» افراسیاب پاسخ داد: «ای مرد بزرگ در جهان چه کسی را بی‌گناه دیده‌ای؟ کار سپهر بلند این بود که از من، آسیب و درد و رنج به مردم برسد. اگر کسی گردن شیر را هم شکار کند از فرمان یزدان و خواست آفریدگاراست. به من ببخش که بر خود هم ستم کرده‌ام من نبیره‌ی فریدون فرخ هستم بند کمندت را از من بگشای. مرا این چنین دربند و خوار کجا خواهی برد از یزدان در روز رستاخیز نمی‌ترسی؟» هوم گفت: «ای بد اندیش، زمان زیادی نداری. سخن‌هایت چون گیاه هرزه در گلستان است. جان تو در دست کی خسرو است.»

- افراسیاب همه‌ی کارهای زشت خود را از فرمان یزدان و خواست او می‌داند. خداوند جان و خرد. پس خرد و دادگری یزدان چه می‌شود. با این نگرش در جهان سنگ روی سنگ بند نمی‌شود.

۱- بی بن = بی انتها

مردن کی کاوس و بر تخت نشستن کی خسرو (صفحه‌ی ۲۷۵)

چنین است رسم سرای سپنج — نمانی در او جاودانی به رنج
نه دانا گذر یابد از چنگ مرگ — نه جنگاوران زیر خفتان و ترگ
اگر شاه باشی و گر زردهشت[1] — نهالین ز خاک است و بالین ز خشت
به گیتی نماند کسی پایدار — جهان را همین بی وفایی است کار
به شادی نشین و همه کامجوی — اگر کام دل یافتی نامجوی
همه کارهای جهان را در است — مگر مرگ را کان در دیگر است
اگر عمر باشد هزار و دویست — به جز خاک تیره تو را جای نیست
چنان دان که گیتی تو را دشمن است — زمین بستر و گور پیراهن است

این چنین است رسم سرای ناپایدار تا جاودان در آن به رنج نمی‌مانی. نه دانا از چنگال مرگ رهایی می‌یابد نه جنگاور در زیر زره و کلاه‌خود. اگر شاه باشی یا زرتشت بستر از خاک است و بالین از خشت. جهان بی‌وفاست، کسی در جهان پایدار نمی‌ماند. شاد باش و کامجو، پس از آن به دنبال نام نیک باش. برای همه‌ی کارهای جهان دری وجود دارد، تنها مرگ است که در دیگری دارد. اگر هزار و دویست سال عمر کنی، سرانجام خاک تیره جای توست. این را بدان که گیتی دشمن توست. زمین بسترت و گور پیراهن توست.

- فردوسی بزرگ در همه‌ی پندهای آشکار، پیوسته از سرای گذرا و مرگ یاد می‌کند. هر بار با شکلی متفاوت تا فراموش نکنی شکارچی چشم به راه توست و جانت را می‌رباید.

۱- زردهشت = زرتشت

ناامید گشتن کی خسرو از جهان (صفحه‌ی ۲۷۶)

ز بهر پرستش سر و تن بشست / به شمع خرد راه یزدان بجست
بپوشید پس جامه نو سپید / نیایش کنان رفت دل پر امید
بیامد خرامان به جای نماز / همی گفت با داور پاک راز
چنین گفت که ای برتر از جان پاک / برآرنده‌ی آتش و باد و خاک
نگه‌دارو چندی خرد ده مرا / هم اندیشه نیک و بد ده مرا
تو را تا بباشم نیایش کنم / برین نیکوئی‌ها فزایش کنم
بگردان ز من دیو را دستگاه / بدان تا ندارد روانم تباه
روانم بدان جای نیکان رسان / نگه‌دار بر من همین راه و سان

از برای پرستش سر و تن خود را شست و با شمع خرد در جستجوی راه یزدان شد. جامه‌ی سپید نو پوشید و با دل پر امید نیایش کنان نزد داور یکتا رفت و گفت: «ای برتر از جان پاک، ای بر آورنده‌ی آتش و باد و خاک، مرا چندی نگه‌دار و خرد ده تا اندیشه‌ی نیک و بد را بشناسم و تو را نیایش کنم و بر نیکوئی‌ها بیفزایم. دیو را از خان و مان من دور کن تا روانم را تباه نسازد. همین راه را بر من نگه‌دار و با آن روانم را به‌جای نیکان برسان.»

- در این نیایش کی خسرو از یزدان اندکی زمان می‌خواهد. گوئی با تمام نیکی کردن‌ها، نمی‌خواهد مانند مردم و شاهان دیگر از این جهان بگذرد.

اندرز کردن کی خسرو به ایرانیان (صفحه‌ی ۲۷۹)

به آواز گفت آن زمان شهریار — که ای نامداران به روزگار
هر آن‌کس که دارید رأی و خرد — بدانید کین نیک و بد بگذرد
همه رفتنی‌ایم و گیتی سپنج — چرا باید این درد و اندوه و رنج
ز هر دست چیزی فراز آوریم — به دشمن بمانیم و خود بگذریم
نمانده کسی خود به گیتی دراز — که نامد مر او را به رفتن نیاز
بدان گه که خم گرددت یال و پشت — به جز باد پیری نداری به مشت
گرانی درآید تو را در دو گوش — به تن ماندت بر یکی سان نه توش
نه بینی به چشم و نه پوئی به پای — بگویی به بانگ بلند ای خدای
مرا پیش خود بر به زودی نه دیر — که گشتم من از خاک تاریک سیر

کی خسرو آواز داد: «ای نامداران روزگار، ای کسانی که دارای تفکر و خرد هستید بدانید نیک و بد می‌گذرد. همه رفتنی هستیم و این سرا ناپایدار است، این همه درد و رنج و اندوه برای چه؟ هر چه بدست بیاوریم برای دشمن می‌گذاریم و می‌رویم. هیچکس روزگاری دراز در این سرا نمانده که به رفتن نیازش نبوده باشد. هنگامی که پشت و شانه‌ات خم می‌شود، به جزباد پیری چیزی در مشت نداری، گوش‌هایت سنگین می‌شود، بر تنت توش و توانی نمی‌ماند، چشمت نمی‌بیند و نمی‌توانی راه بروی، آنگاه با صدای بلند یزدان را می‌خوانی که مرا زود پیش خودت ببر نه دیر که من از خاک تاریک سیرشده‌ام.»

- گوئی کی خسرو پس از پیروزی‌ها دوست ندارد رنج پیری و کهن‌سالی را تجربه کند. شاید احساس می‌کند کار مهم دیگری ندارد و آنچه که باید را انجام داده است.

گذشتن کنون به که با لشکریم
نباید که بی دستگه بگذریم

کنون گاو ما را به چرم اندرست
که پاداش و بادافره دیگرست

بترسید یک سر ز یزدان پاک
مباشید ایمن بدین تیره خاک

که این روز بر هر کسی بگذرد
زمانه دم ما همی بشمرد

ز هوشنگ رد تا به کاوس شاه
که بودند بافر و تخت و کلاه

جز از نام از ایشان به گیتی نماند
کسی نامه‌ی رفتگان بر نخواند

از ایشان بسی ناسپاسان بدند
به فرجام از این بد هراسان بدند

چو ایشان همان من یکی بنده‌ام
و گر چند با رنج کوشنده‌ام

بکوشیدم و رنج بردم بسی
ندیدم که ایدر بماند کسی

کنون جان‌ودل زین سرای سپنج
بکندم برآوردم از درد و رنج

اکنون که با لشکریم از این جهان بگذریم بهتر است، نباید بی سازمان و دستگاه رفت. سرانجام ما آشکار نیست که پاداش و کیفر دیگر است. از یزدان پاک بترسید و از این خاک تیره ایمن نباشید؛ که زمانه دمادم دم ما را می‌شمارد و نوبت رفتن ما هم می‌رسد. از هوشنگ دلاور تا کاوس شاه که همگی بافر و تاج و کلاه بودند، جز نام از ایشان در جهان نماند. کسی نامه‌ای از رفتگان نخوانده است. بسیاری ناسپاسان که از فرجام بد ترسان بوده‌اند. من هم مانند یکی از آن‌ها بنده و بسته‌ی ایزدم. هرچند با رنج بسیار کوشیده‌ام، کوشیده‌ام و رنج بسیار برده‌ام. ندیدم کسی در این سرا بماند. اکنون از این سرای گذرا دل کنده‌ام و از درد و رنج آسوده‌ام.

- کی خسرو می‌گوید با همه کوششی که کرده است از فرجام بد می‌ترسد و از این سرا دل کنده است. با آن همه کوشش در راه دادگری و راستی، از مرگ در کهن‌سالی گریزان است.

این نگاره ۸ میلیون پوند ارزش گذاری شده است

کنون آنچه جستم همه یافتم   ز تخت کئی روی بر تافتم
هر آن کس که درپیش من رنج برد   چـنان دان که او از پی گنج برد
ز کردار هر کس که دارم سپاس   بگویـم به یـزدان نـیکی شناس
به ایرانیان بخشم این خواسته   سلیح وزر و گنـج آراسـته
هر آن‌کس که هست از شما مهتری   ببخشم بهر مهتری کشوری
همـان بـدره و بـرده و چـارپای   براندیشم آرم شمارش به جای
ببخشـم که من راه را سـاختم   وزیـن تیـرگی دل بپـرداختم
شما دست شادی بخوردن برید   به یک هفته اندر چمید[1] و چرید[2]
بخواهید که تا زین سرای سپنج   گـذر یـابم و دور مـانم ز رنج
چو کی خسرو و این پندها برگرفت   بماندند گردان از او درشگفت

کنون آن چه را می‌جستم یافتم و از تخت پادشاهی روی گرداندم. هر کس نزد من رنج برده بداند که به گنج رسیده. از هر کس که سپاس دارم به یزدان نیکی شناس خواهم گفت. این خواسته و سلاح و زر و گنج آراسته را به ایرانیان می‌بخشم. کشورهای مختلف را به مهتران می‌بخشم. کیسه‌های گنج، برده و چارپایان را می‌شمارم و به آن می‌اندیشم. همه را می‌بخشم که من راه را هموار کردم و دل از تیرگی شستم. شما به شادی مشغول شوید و یک هفته بخرامید و بخورید و بیاشامید. بخواهید که من از رنج دور بمانم و از این سرای ناپایدار بگذرم. خسرو این پندها داد و گردان از او در شگفت شدند.

- کی خسرو راه را هموار کرده، نیازی به گنج و خواسته ندارد. دوست دارد پیش از پیری و ناتوانی تخت و کلاه را به شایسته‌اش بسپرد و درگذرد. این هم نوعی نگرش و نتیجه‌ی آن گزینش اوست. مرگی با شکلی متفاوت که درگیر دردهای کهن‌سالی نشود.

۱- چمید = پرخید , پرسه زد
۲ چرید = چرا کرد

آگاهی یافتن لهراسب از ناپدید شدن کی خسرو (صفحه‌ی ۲۸۳)

چنین است گـیتی فـراز و نشیب		یکی شادمان دیگری با نهیب
ازو شادمـانی و زو مسـتمند		بباید گسست از چه و چون و چند
جهان را چنین است آئین و سان		بگردد همی زان بدین زین بدان
اگر زنـگ دارد ز تلخی سخن		بـبرد ازو زنـگ بـاد کـهن
چو پیـری در آمد ز ناگه به مـرد		جوانـش کـند باده‌ی سـالخورد
به باده درون گوهـر آیـد پدید		که فرزانه گـوهر بـود یا پلـید
که را کوژ[1] شد پشت و بالاش پست		به کیوان برد سر چو شد نیم مست
چو بد دل خورد مرد گردد دلیر		چو روبه خورد گردد او تند شیر
ایا آن که گوهر تو آری پدید		در بسـته را خود تو باشی کلید
چو غمگین خورد شادمانه شود		به رخسـار چون ناردانه[2] شود
چو هر گه که گیرم تو را می به چنگ		بخواهی ز من رامش و نای و چنگ

گیتی پر از فراز و نشیب است. یکی شاد و دیگری در دشواری است. هم با او شادی و هم نیازمند. نباید به چون و چند و چرا بیندیشی. این آئین و روش جهان است. جهان می‌گردد وشادی و اندوه را از آن به این و از این به آن می‌رساند. زنگ سخن تلخ را باد کهنه می‌زداید، مانند پیری که باده‌ی کهنه جوانش می‌کند. از درون باده گوهر پدید می‌آید، پلیدی یا فرزانگی نژاد با خوردن باده آشکار می‌شود. کسی که پشتش خم و تکیده شده است زمانی که نیم مست می‌شود سرش به آسمان می‌رسد. بد دل که باده خورد دلیر می‌گردد و روباه اگر می‌بنوشد می‌شود شیر ژیان. ای آنکه گوهر پدید می‌آوری کلید در بسته خودت هستی. غمگین که باده خورد شاد می‌شود و گونه‌هایش مانند دانه‌ی انار. هر گاه می به چنگت می‌دهم، از من آرامش و نای و چنگ می‌خواهی تا کمی بیاسائی و شادمان باشی.

- مستی و راستی. باده گوهر انسان را می‌نمایاند. کسانی که یک رنگ‌اند و راستکار از خوردن آن باکی ندارند.

---

۱ -کوژ = منحنی, دوتا
۲- ناردانه = دانه ی انار

رسیدن گشتاسب به روم (صفحه‌ی ۲۸۵)

نماند به کس روز سختی و رنج — نه آسانی و شادمانی و گنج
بد و نیک بر ما همی بگذرد — نباشد دژم هر که دارد خرد
به تدبیر ما کی شود نیک و بد — نگیرد تو را دست الا خرد

نه روز سختی و رنج به انسان می‌ماند، نه آسانی و گنج و شادمانی. بد و نیک بر ما می‌گذرد، کسی که خرد دارد اندوهگین نمی‌شود. با تدبیر چگونه می‌توان نیک و بد را فهمید. در این راه تنها خرد دست ما را می‌گیرد.

- خرد پند همیشگی فردوسی بزرگ. خرد آشکارکننده‌ی نیک و بد به انسان.

باز رفتن گشتاسب با زریر به ایران‌زمین و دادن لهراسب تخت ایران او را (صفحه‌ی ۲۹۱)

چنین است گیهان ناپایدار — درو تخم بد تا توانی مکار
یکی روز مرد آرزومند نان — دگر روز بر کشوری مرزبان
همی‌خواهم از دادگر یک خدای — که چندان بمانم به گیتی به‌جای
که این نامه‌ی شهریاران پیش — بپیوندم از خوب گفتار خویش
از آن پس تن نامور خاک راست — سخنگوی جان معدن پاک راست

گیهان ناپایدار است، در آن تا می‌توانی تخم بدی نکار. یک روز انسان آرزومند نان است، روز دیگر دارنده‌ی کشوری است. از خدای دادگر می‌خواهم که در این جهان بمانم تا این کتاب شهریاران پیشین را از گفتار خوب خویش بیارایم. پس از آن تن نامور از آن خاک است و سخنگوی جان درمعدن پاک جای می‌گیرد.

- درودها بر فردوسی بزرگ، جهانیان قطره قطره از دریای بی‌کرانش می‌نوشند و جان می‌گیرند.

جلد سوم

به بلخ رفتن لهراسب و بر تخت نشستن گشتاسب (صفحه‌ی ۲۹۴)

چو گشتاسب برشد[۱] به تخت پدر — که فر پدر داشت بخت پدر
منم گفت یزدان پرستنده شاه — مرا ایزد پاک داد این کلاه
بدان داد ما را کلاه بزرگ — که بیرون کنیم از رمه میش گرگ
سوی راه یزدان بیازیم چنگ — بر آزاده گیتی نداریم تنگ
چو آئین شاهان به جای آوریم — بدان را به دین خدای آوریم

گشتاسب برتخت پادشاهی می‌نشیند. او که مانند پدر هم فر شاهی دارد هم بخت، بر تخت پادشاهی می‌نشیند و می‌گوید: «منم پادشاهی که یزدان‌پرست است. ایزد پاک این تاج شاهی را بر سر من نهاده است. این کلاه بزرگ را به ما بخشید تا گرگ را از رمه‌ی میش بیرون کنیم. سوی راه یزدان دست یابیم و جهان را برای آزادگان تنگ و تاریک نکنیم. اگر آئین پادشاهان را به‌جای آوریم، بدها را سوی راه یزدان برمی‌گردانیم.»

- مانند پادشاهان پیشین، گشتاسب شاه اعلام برنامه می‌کند. بر آن است جهان را جهانی بسازد که آزادگان در آن بیاسایند و نادرست‌ها رو به راه یزدان بیاورند.

۱- برشد = نشست, بالا رفت

نامه نوشتن ارجاسب گشتاسب را (صفحه‌ی ۲۹۵)

سرت سبز بادا تن و جان درست
مبادت کیانی کمرگاه سست

شنیدم کـه راهـی گرفتی تباه
به خود روز روشن بکردی سیاه

بیامد یکـی پیر مـردم فریـب
ترا دل پر از بیم کرد و نهیب

تو او را پذیـرفتی و دینـش را
بیاراسـتی راه و آئیـنش را

تبه کردی آن پهلوی کیش را
چرا ننگریدی پس و پیش را

نوشتم یکی نامه‌ی دوست وار
که هم دوست بودمت هم نیک یار

چو نامه بخوانی سر و تن بشوی
فریبنده را نیز منـمای روی

از ایدون که بپذیری این نیک پند
ز ترکان به جانت نیاید گـزند

بتو بخشم ایـن بی‌کـران گنجها
که آورده‌ام گـرد با رنـجها

ور ایدون که نپذیری این پند من
بسائی [1] گـران آهنین بند من

بیـایم پـس نامه تا یک دو ماه
کنم سر به سر کشورت را تباه

زن و کودکان را بیـارم ز پیش
کنمشان همه بنده در شهر خویش

بگفتم همه گفـتنی سـر به سـر
تو ژرف اندرین پند نامه نگر

ارجاسب، شاه توران نامه‌ای به گشتاسب می‌نویسد: سرت سبز، شاد و تندرست بمان. مبادا کمر پادشاهیت سست شود. شنیدم روز روشن خود را سیاه کرده و آئین جدیدی را پذیرفته‌ای. پیر فریب کاری آمده و دلت را پر از ترس و بیم کرده است. تو او و دینش را پذیرفته‌ای و به راه و آئین او پیوسته ای. کیش کهن پهلوی را تباه کردی. چرا به پیش و پس کار خود فکر نکردی؟ من دوست و یار نیک تو هستم، برای همین نامه‌ای دوستانه برایت می‌نویسم. نامه را که خواندی سرو تن خود را شستشو بده و آن پیر فریب کار را از خود دور کن. اگر پند نیک مرا بپذیری از ترکان به تو آسیب نخواهد رسید و گنجهائی را که با زحمت گردآوری کرده‌ام به تو خواهم بخشید. اگر اندرز مرا نپذیری، بند آهنین و سنگین مرا به دست و پای خود بسته خواهی دید. یک تا دو ماه پس از فرستادن نامه می‌آیم و سراسر کشورت را نابود می‌کنم. زنان و کودکان را نزد خود می‌آورم و در کشور خود برده می‌کنم. هر چه باید را گفتم تا به این پندنامه، ژرف بنگری.

۱- بسائی = لمس کنی , ببندی

- باز هم تورانیان و یافتن بهانه‌ای برای جنگ و بهانه پذیرفتن آئین زرتشت. دین ارجاسب چگونه راه و روشی است که باید با خون آبیاری شود؟ پرسشی که تاکنون بی‌پاسخ مانده و ادامه دارد. بدون دیدن زرتشت و شناختن آئینش، او را فریب کار می‌خواند. مغزهای بسته، نوی و آبادانی را محکوم می‌کنند چون اندیشیدن از خردمندی است و خرد در مغزهای بسته جایی ندارد.

آگاهی یافتن اسفندیار از کشته شدن زریر (صفحه‌ی ۳۰۰)

نـگر تا چـه گویـم نکو بشـنوید / بـه دیـن خـدای جـهان بگـروید
بدانید شاهان که روزیست این / که بد دین پدید آید از پاک دین[۱]
نگر تا نترسید از مرگ و چیز / که کـس بی زمانه[۲] نمردست نیز
دل از جنگ غمگین مدارید هیچ / کـه ناگـه زمانه بـسازد بسیـج
و گر کشت خواهد همی روزگار / چـه نیـکوتر از مـرگ در کارزار

به آنچه می‌گویم گوش فرا دهید. همه دین خدای جهان را بپذیرید. ای شاهان، بدانید امروز روزی است که بد دین از پاک دین سوا می‌شود. از مرگ و هیچ‌چیز دیگر بیم نداشته باشید. هیچ‌کس تا زمانش فرا نرسد نمی‌میرد. از جنگ، هیچ اندوه به دل راه ندهید که به هنگام، زمانه همه‌چیز را بر وفق مراد می‌سازد. اگر روزگار ما سر آمده باشد و کشته شویم، چه چیز نیکوتر از مرگ در کارزار.

- ایرانیان مرگ را رسیدن به روزگار بهی می‌دانند. مرگی که در راه دادگری و آبادانی و راستی باشد. جدا شدن پاک دینان و بد روشان، بارها و بارها در تاریخ تکرار می‌شود از زمان فریدون با برپائی درفش کاویان تاکنون و تا همیشه. روزی فرامی‌رسد که باید بدانی کجا ایستاده‌ای.

---

۱ -پاک دین = درتکار, پاک روش
۲- بی زمانه = پیش از این که زمانش برسد

بخشایش یافتن ترکان از اسفندیار (صفحه‌ی ۳۰۱)

چو ترکان بدیدند کارجاسب رفت / همی آمد از هر سوئی تیغ تفت[1]
همه سرکشان خود پیاده شدند / به پیش گو اسفندیار آمدند
به زاری بگفتند کای شهریار / بده بندگان را به جان زینهار
به دین اندر آئیم و پرسش کنیم / همه آذران[2] را پرستش[3] کنیم
چو آواز بشنید اسفندیار / به جان و به تن دادشان زینهار
بدان لشکر فرخ آواز داد / گو پیلتن شاه خسرو نژاد
بدارید دست از گرفتن کنون / مبندید کس را مریزید خون
متازید و این کشتگان مسپرید[4] / بگردید و آن خستگان بشمرید
مگیریدشان بهر جان زریر[5] / بر اسبان جنگی مپایید دیر

پس از رفتن ارجاسب، پادشاه توران، هنگامی که ترکان خود را زیر شمشیرهای جانکاه دیدند، همگی از اسب پیاده شده و نزد اسفندیار پهلوان رفتند. زاری کرده و زینهار خواستند. گفتند: «به آئین زرتشت در می‌آئیم و پرستار آتش می‌شویم.» اسفندیار سخنان آن‌ها را شنید و تن و جانشان را درامان نگاه داشت. پهلوان دلاور، شاهزاده فرمان داد: «از هماکنون نه کسی را دربند کنید و نه خون کسی را بریزید. بر کشتگان نتازید، زخمی‌ها را بیابید. از جنگ دست بکشید و برای زریر جانشان را نگیرید.»

- در جنگ‌های ایران و توران همواره، پهلوانان ایران پس از زینهار خواستن به دادگری رفتار کرده و از کشتاردست کشیده‌اند؛ زیرا هدف از جنگیدن آنان هیچ‌گاه برای قدرت طلبی و کشورگشائی نبوده. زمانی که نشانه‌های بدی از بین می‌رفته و یا از جنگ دست می‌کشیدند، دلیلی برای ادامه‌ی جنگ نمی‌یافتند.

۱ -تیغ تفت = شمشیر تیز
۲- آذران = آتش ها
۳ -پرستش = پرستاری, نگهداری
٤ -مسپرید = زیر پا نگذارید
٥ -زریر = برادر گشتاسب

باز آمدن گشتاسب به بلخ (صفحه‌ی ۳۰۲)

به ایران‌زمین باز کردند روی — همه چیره دل گشته و رزمجوی
مر آن خستگان را ببردند نیز — نهشتند[1] از آن خسته و کشته چیز
به ایران زمین باز بردندشان — بـه دانـا پزشکان سـپردندشان
چو شاه جهان باز شد باز جای — به پـور مهین داد فرخ همای
سپه را به نستور[2] فرخنده داد — عجم[3] را چنین بود آئین و داد

سپه به‌سوی ایران بازگشت، رزمنده و پیروز. کشته‌ها و زخمی‌ها را با خود بردند. زخمی‌ها را به پزشکان زبردست سپردند. شاه جهان بر تخت نشست، به پسر بزرگ فر و شکوه بخشید و لشکر را به دست نستور دلاور، برادر زریر سپرد. این آئین و دادگری ایرانیان بود.

- برگرداندن زخمی‌ها و درمان آن‌ها، داد و دهش، دادگری و بخشش روش ایرانیان بود.

---

۱ -نهشتند = رها نکردند, نگذاشتند
۲ - نستور = پسر زریر
۳ - عجم = غیر عرب, پارس

بدگوئی کردن گرزم از اسفندیار (صفحه‌ی ۳۰۲)

یکی سرکشی بود نامش گرزم[1] — گوی نامبردار فرسوده رزم[2]
به دل کین همی داشت ز اسفندیار — ندانم چه شان بود آغاز کار
فراز آمد از شاهزاده سخن — نگر تا بد آهو چه افکند بن
چو از راز داران شنیدم سخن — نیامد مرا این گمانی درست
جهان دار گفت این سخن چیست باز — خداوند این راز که وین چه راز
گرزم بد آهوش گفت از خرد — نباید جز آن چیز کاندر خورد
ندارم من از شاه خود بازپند — و گر چه نیاید مر او را پسند
بدان کای جهان دار اسفندیار — بسیجد همی رزم را روی کار
بر آن است کاکنون ببندد تو را — به شاهی همی بد پسندد ترا
تو را چون به چنگ آورید و ببست — کند مر جهان را همه زیردست
من آنچه شنیدم بگفتمت راست — تو به دان کنون رأی و فرمان تراست

گرزم سرکشی نامدار، جنگاوری با تجربه بود. نمی‌دانم به چه دلیل از آغاز به اسفندیار کینه داشت. گفتگو از شاهزاده بود، ببین این بداندیش چگونه دسیسه‌ای چید. گفت از رازداران سخنی شنیده‌ام که مرا به فکر واداشته. گشتاسب پرسید این راز چیست و گوینده‌ی آن کیست؟ گرزم بد سرشت گفت که هر گفته‌ای را باید با خرد سنجید. من پند خود را از شاه نهان نمی‌کنم اگر چه مورد پسند شاه نباشد. ای جهان دار، این را بدان که اسفندیار در اندیشه‌ی رزم با شاه است. پس از به چنگ در آوردن و به بند کشیدن تو، جهان را یکسر زیر فرمان خود می‌برد. آنچه را شنیدم راست و تمام گفتم، تو بهتر می‌دانی تصمیم با توست. هر چه فرمان بدهی انجام می‌شود.

- رفتاری که از گرزم سر می‌زند مانند رفتار گرسیوز تورانی درباره‌ی سیاوش است. تاریخ تکرار می‌شود. تو گوئی انسان‌های بدمنشی هستند که نیک منشی انسان‌های درستکار و خوب آئین را تاب نمی‌آورند. آز و رشک چشم خردشان را ناکار می‌کند. به‌جای همکیش بودن و گسترش آبادانی و نیکی، تخم بدی می‌پراکنند. درود بر روان پاک فردوسی بزرگ که این دشمن نیکوئی‌ها، آز و رشک را این چنین به نمایش می‌کشد و ما را از سرانجامش آگاه می‌سازد.

---

۱ - گرزم = پهلوان ایرانی در زمان گشتاسب
۲ - فرسوده رزم = جنگجوی مجرب

چو با شاه ایران گرزم این براند
گو نامبردار خیره بماند

چنین گفت هرگز که دید این شگفت
دژم گشت و ز پور کینه گرفت

بخواند آن جهاندیده جاماسب را
که دستور بد شاه گشتاسب را

بدو گفت رو نزد اسفندیار
مر او را بخوان زود و نزد من آر

بدو گو که برخیز و پیش من آی
چو نامه بخوانی زمانی مپای

کنون این زمان من تو را بایدا
که بی تو مرا کار برنایدا

نوشتن یکی نامه‌ی استوار
که ای نامور فرخ اسفندیار

فرستادم این پیر جاماسب را
که او پیش دیدست لهراسب را

چو او را ببینی میان را ببند
ابا او بیا برستور نوند

و گر خود بپائی زمانی مپای
اگر خفته‌ای زود برجه[1] ز جای

خردمند شد نامه‌ی شاه برد
گرازنده[2] کوه و بیابان سپرد

شاه ایران با شنیدن سخنان گرزم شگفت‌زده شد و گفت چه کسی تا به حال چنین سخنانی شنیده است؟ اندوهگین شد و کینه‌ی پسر را به دل گرفت. جاماسب، وزیر خود را فراخواند و به او گفت: «به‌سوی اسفندیار برو و او را فوری نزد من بیاور. بگو نامه‌ام را که خواندی بی‌درنگ برخیز و پیش من بیا. اکنون به تو نیاز است و کار من بدون تو پیش نمی‌رود.»

متن نامه این بود: ای نام‌آور اسفندیار، جاماسب را نزد تو فرستادم که پیش از این لهراسب را دیده است. او را که دیدی راهی شو و با اسب تند رو نزد من بیا. اگر خواب بودی تند و تیز از جای برخیز و اگر بیداری آنی درنگ نکن.

- برخلاف نامه‌ی شاهان ایران که با نام ایزد و ستایش او آغاز می‌شد، در متن نامه تنها فرمان تندوتیز شاه بود و در آن از مهر و دوستی خبری نبود.

۱- برجه = از جا بر خیز, بپر
۲- گرازنده = راه رونده, خرامنده

آمدن جاماسب نزد اسفندیار (صفحه‌ی ۳۰۳)

بپرسید ازو فرخ اسفندیار   که چون است شاهنشه نامدار
خردمند گفتا درست است و شاد   سرش را ببوسید و نامه بداد
درست از همه کارش آگاه کرد   که مر شاه را دیو[۱] گمراه کرد
خردمند را گفت اسفندیار   چه بینی مرا اندرین روزگار
از ایدونکه با تو بیایم به در   نه نیکو کند کار با من پدر
ندانم همی خویشتن را گناه   چه گوئی تو ای پیر داننده راه
ور ایدونکه نایم[۲] به فرمانبری   برون برده باشم سر از کهتری
یکی چاره‌ساز ای خردمند پیر   نباید چنین ماند بر خیر خیر
خردمند گفت ای شه پهلوان   به دانندگی پیر و بر تن جوان
تو دانی که خشم پدر بر پسر   به از خوب مهر پسر بر پدر
ببایدت رفتن که این است روی   که هرچ او کند پادشاهست اوی

پهلوان اسفندیار پرسید: «شاهنشاه نامدار چگونه است؟» خردمند سرش را بوسید و نامه را به او داد و گفت خوب است. سپس از گمراه شدن شاه به دست بداندیش او را آگاه کرد. اسفندیار گفت: «هماکنون می‌گوئی چه کنم؟ اگر با تو نزد پدر بیایم رفتارش با من نیک نخواهد بود. تو ای پیر خردمند و آگاه می‌دانی که من گناهی نکرده‌ام. اگر با تو نیایم سر از فرمان او پیچیده‌ام. ای پیر آگاه چاره‌ای بیندیش، در این کار نباید دست روی دست گذاشت. خردمند گفت ای شاه جهان که به تن جوانی و به آگاهی پیر، می‌دانی که خشم پدر بر پسر بهتر از مهر پسر بر پدر است. باید نزد او برویم که هرگونه رفتار کند پادشاه اوست.»

- تند وتیزی گشتاسب نیز مانند شتاب افراسیاب، برآمده از آز و تشنه‌ی تاج‌وتخت بودن است. چه دردی است رشک که بر جان انسان که می‌افتد مهر فرزند را هم از دل بیرون می‌کند.

---

۱ -دیو = انسان بد اندیش
۲ -نایم = نیایم

بند کردن گشتاسب اسفندیار را (صفحه‌ی ۳۰۳)

چو آگاه شد شاه کامد پسر / کلاه کئی بر نهاده به سر
همه موبدان را به کرسی نشاند / پس آن خسرو تیغ زن را بخواند
بیامد گو دست کرده دراز / به پیش اندر آمد ببردش نماز
شه خسروان گفت با موبدان / بدان راد مردان و اسپهبدان[1]
چه گوئید گفتا که آزاده‌ای / به سختی همه پرورد زاده‌ای
بسی رنج بیند گران‌مایه مرد / سواری کند آزموده نبرد
جهان را کند یکسره زیر پی / بباشد سزاوار دیهیم کی[2]
چو پیروز گردد کشد یال و شاخ / پدر پیر گشته نشسته به کاخ
پسر را جهان و درفش و سپاه / پدر را یکی تاج زرین و گاه
نباشد بدان نیز همداستان / شنید از شما کس چنین داستان
ز بهر یکی تاج و افسر پسر / تن باب را دور خواهد ز سر
چه گوئید پیران که با این پسر / چه نیکو بود کار کردن پدر

شاه که از آمدن اسفندیار آگاه شد، کلاه پادشاهی بر سر گذاشت، موبدان را کنار خود نشاند و سپس پادشاه شمشیر زن را فراخواند. اسفندیار دست بر سینه نزد شاه آمد و او را نیایش کرد. گشتاسب رو به موبدان و ردان و سپهبدان کرد و گفت: «جوانی را به سختی پرورش می‌دهی تا آزاده‌ای می‌شود، آن گران مایه بسیار رنج می‌بیند و آئین رزم و سواری می‌آموزد. تا جایی که یکسره جهان را زیر پا می‌سپارد و سزاوار تاج‌وتخت شاهی می‌شود. هنگامی که برومند می‌شود پدر پیر گشته و در کاخ نشسته است. او به این داشته خود بسنده نمی‌کند. کدام یک از شما شنیده‌اید که پسری برای تاج‌وتخت پادشاهی تن پدرش را دور از سر بخواهد؟ شما بگویید من با این پسر چگونه رفتار کنم؟»

- گشتاسب تردید نمی‌کند حرف‌هایی که درباره‌ی اسفندیار شنیده دروغ باشد. چرا؟ مغز بسته چرا گو نمی‌شود. در چارچوب فکرش تاج‌وتخت است و قدرت و بس. او نمی‌اندیشد که اگر اسفندیار به فکر تاج‌وتخت و کشتن پدر بود پس اینجا دست به سینه چه می‌کند.

---

۱ -اسپهبدان = سپهبدان
۲- دیهیم کی = تاج شاهی

گزینانش[1] گفتند کای شهریار — نیاید خـود این هرگز اندر شمار
پــدر زنــده و پور جویای گاه — ازین خام تر نیز کاری مخواه
جهان دار گـفتا که اینت پسر — که آهـنگ دارد به جــان پدر
کز این پس من او را به چوبی زنم — که عبرت[2] بگیرند ازو بر زنم
ببندم چنان کش سزاوارو بس — به بندی که کس را نبسته ست کس
پسر گفت کای شاه آزاد خوی — مــرا مــرگ تو کی بــود آرزوی
ندانم گناهی من ای شهریار — که کردستم اندر همه روزگار
بــه جــان تو ای خسرو کامران — کجا[3] بردم این خود به دل در گمان
و لیکن تو شاهی و فرمان تراست — ترا ام من و بند و زندان تراست
کنون بند فرمای و خواهی بکش — مرا دل درست است و آهسته هش[4]
شه خسروان گفت بند آورید — مر او را ببندید و زین مگذرید

ردان و موبدان گفتند ای شهریار، چطور ممکن است پدر زنده باشد و پسر به دنبال تخت پادشاهی. شاه گفت: «این پسر که آهنگ جان مرا کرده. کنون او را با چوبی چنان بزنم که موجب عبرت دیگران شود. آن چنان او را به بند می‌کشم که تاکنون کسی را نبسته باشند.» اسفندیار گفت: «ای پادشاه آزاده سرشت، کی آرزوی مرگ تو را داشتم؟ ای شهریار نمی‌دانم در همه‌ی عمرم چه کرده‌ام و گناهم چیست. ای پادشاه پیروز، چگونه می‌توانم چنین اندیشه‌ای در دل داشته باشم؟ اما شاه تویی و فرمانروا تو. این من و این بند تو. می‌خواهی فرمان کشتن بده یا دربند کن. دلم بی‌کینه است و جانم در کف.» شاه شاهان فرمان داد بند بیاورید و او را ببندید. دست از این کار نکشید.

- تسلیم شدن بی‌چون و چرای اسفندیار هم تلنگری به خرد شاه گشتاسب نمی‌زند که بیندیشد.

---

۱ -گزینانش = برگزیدگانش
۲- عبرت = پند، اندرز
۳- کجا = که
٤ -آهسته هش = بردبار، با تامل

رفتن گشتاسب به زابلستان و لشکر آراستن ارجاسب بار دیگر (صفحه‌ی ۳۰۴)

۳۲۶

پس آگاهی آمد به سالار چین
که ماه از کمان آمد اندر کمین

برآشفت خسرو به اسفندیار
سوی گنبدان دژ فرستاد خوار

خود از بلخ زی زابلستان کشید
به مهمانی پور دستان کشید

به زابل نشسته است مهمان زال
بدین روزگاران در آمد دو سال

به بلخ اندرون جز که لهراسب شاه
نمانده است از ایرانیان و سپاه

مگر هفتصد مرد آتش‌پرست[1]
همه پیش آذر[2] برآورده دست

جز ایشان به بلخ اندرون نیست کس
از آن نامداران همین است و بس

مگر پاسبانان کاخ همای
هلا[3] زود برخیز و چندین مپای

پسرش آن گران‌مایه اسفندیار
به بند گران اندر است استوار

کنون است هنگام کین خواستن
بباید بسیجید و آراستن

سالار چین آگاه شد که بخت او بیدار شده. شاه گشتاسب بر اسفندیار خشم گرفته و او را خوار، در دژ گنبدان به بند کشیده است. خود از بلخ به زابلستان رفته و مهمان پور دستان شده. دو سال است که به مهمانی زال رفته. هماکنون در بلخ تنها لهراسب شاه مانده است، از ایرانیان و سپاه کسی نیست به جز هفت صد مرد که نگه‌دارنده‌ی آتش و همگی نزد آتش هستند. جز این‌ها هیچ نامداری در بلخ نیست، مگر پاسبانان کاخ شاه. درنگ نکن و از جا برخیز. اسفندیار آن گران‌مایه فرزندش دربند است. اکنون هنگام کینه جستن است. باید آماده‌ی جنگ شویم.

- باز هم فرصت‌طلبی تورانیان، هنگامی که شگرد دشمن را دیده و می‌شناسیم، چرا باید محیط را برایش آماده کنیم تا بتواند به شاه و مردم آسیب برساند. پهلوان زورمند ایران دربند، گشتاسب شاه دو سال است کشور را رها کرده و به مهمانی رفته. کدام لشکر و نامدار با دشمن بجنگد؟ فردوسی بزرگ بارها و بارها از خرد گفته و از این‌که آز چشم خرد را کور می‌کند. گشتاسب به خیال خود دشمن تاج‌وتخت، اسفندیار نامدار، فرزندش را به بند کشیده و خود به سور و میهمانی مشغول است. او در انتظار پاسخ آز خود نیست.

۱ -آتش پرست = نگهدارنده ی آتش
۲ -آذر = آتش
۳- هلا = ای , الا

انجام شدن گفتار دقیقی و بازآمدن فردوسی به گفتار خود، به ستایش سلطان محمود ونکوهش سخن دقیقی(صفحه ی ۳۰۴)

۳۳۷*

کنون ای سخنگوی بیدار مرد / یکی سوی گفتار خود بازگرد
دقیقی رسانید اینجا سخن / زمانه برآورد عمرش به بن
ربودش روان از سرای سپنج / از آن پس که بنمود بسیار رنج
به گیتی نمانده است ازو یادگار / مگر این سخن‌های ناپایدار
نماند او که بردی به سر نامه[1] را / براند بر او سر به سر خامه[2] را
ز فردوسی اکنون سخن یاد گیر / سخن‌های پاکیزه و دلپذیر
چو این نامه افتاد در دست من / به ماهی گراینده شد شست من
نگه کردم این نظم و سست آمدم / بسی بیت ناتندرست آمدم
من این را نوشتم که تا شهریار / بداند سخن گفتن نابکا
دو گوهر بد این با دو گوهر فروش / کنون شاه دارد به گفتار گوش
سخن چون بدین گونه بایدت گفت / مگوی و مکن رنج با طبع جفت
چو بند روان بینی و رنج تن / به کانی که گوهر نیابی مکن
چو طبعی نداری چو آب روان / مبر دست زی نامه‌ی خسروان
دهان گر بماند ز خوردن تهی / از آن به که ناساز خوانی نهی[2]
یکی نامه دیدم پر از داستان / سخن‌های آن پر منش راستان
فسانه کهن بود و منثور بود / طبایع[4] ز پیوند او دور بود
نبردی به پیوند او کس گمان / پر اندیشه گشت این دل شادمان
گذشته بر او سالیان دو هزار / گر ایدون که برتر نیاید شمار
گرفتم به گوینده بر آفرین / که پیوند را راه داد اندرین
اگر چه نپیوست جز اندکی / ز بزم و ز رزم از هزاران یکی

---

۱ - نامه = کتاب
۲ -خامه = قلم
۳ - ناساز خوانی نهی = سفره ی ناساز بگسترانی
٤ -طبایع = استعداد, طبع روان, گشاده زبانی

هم او بود گوینده را راه بر
که شاهی نشانید بر گاه بر
همی‌یافت از مهتران ارج و گنج
ز خوی بد خویش بودیش رنج
ستاینـــده‌ی شـــهریاران بدی
به مدح* افسر نامداران بدی
به نقل اندرون سست گشتش سخن
از او نو نشد روزگار کهن
من این نامه فرخ گرفتم به فال
همی رنج بردم به بسیار سال
ندیدم ســـرافراز بخشـــنده‌ای
به گاه کـــیان بر درخشـــنده‌ای
همم این سخن بر دل آسان نبود
جز از خامشی هیچ درمان نبود
یکی باغ دیدم سراسر درخت
نشـــستنگه مـــردم نیک‌بخت
به‌جایی نبود ایچ پیدا درش
جز از نام شاهی نبود افسرش
که انـــدر خور باغ بایستمی[1]
اگر تنگ بودی نشایستمی
سخن را نگه داشتم سال بیست
بدان تا سزاوار این گنج کیست

اکنون ای سخنگو و ای مرد بیدار به گفتار خود باز گرد. دقیقی سخن را به اینجا رسانید و عمرش به سر آمد. پس از رنج فراوانی که دید، سرای ناپایدار جانش را ربود. از او جز این سخنان ناتمام یادگاری نماند. او نماند تا قلم خود را به کار گیرد و کتاب را به پایان برساند. اکنون از فردوسی سخنان نیکو و دلپذیر یاد بگیر. کتاب به دست من افتاد، چون ماهی که به قلاب می‌افتد. پس از آن به سروده‌ها دقت کردم، به چشمم سست آمد و چندین بیت نادرست. این را گفتم که شهریار سخن نادرست را بشناسد. دو گوهر است با دو گوهر فروش، شاه باید به گفتار گوش کند و بشناسد.

هنگامی که طبعی چون آب روان نداری رو به نوشتن کتاب‌های شهریاران نیاور. بهتراست به‌جای آن که سفرهٔ ناسازی را بگسترانی، دهانت را از خوردن باز داری. کتابی دیدم به نثر، پر از داستان و سخنان رسا از راستان و درست کاران، پر از افسانه‌های کهن که طبع روانی نداشت. کسی به روان نوشتن و به نظم درآوردن آن فکر نکرده بود. دلم شاد شد و به فکر افتادم که این کار را انجام دهم. عمر این کتاب دو هزار سال بود اگر بیشتر نبوده باشد. آفرین گفتم بر گوینده که آن را سرودینه کرد و به نظم درآورد. هرچند که از هزاران رزم و بزم یکی را هم سرودینه نکرد، هزار بیت از شصت هزار، اما گوینده‌ای بود که راه را نشان داد و شاه را بر تخت نشاند. از مهتران، گنج و ارجمندی دریافت کرد. او از خوی بد خود در رنج بود. هم او ستاینده‌ی شهریاران بود و مدح آنان را می‌گفت؛ اما قلمش سست بود و بی‌جان، نتوانست روزگار کهن را نو کند، داستان‌های کهن را به روز کند. من این کتاب فرخنده و شایسته را به دست گرفتم، سال‌های بسیار رنج بردم. بخشنده‌ای سرافراز ندیدم و هم کسی که بر تخت کیان بدرخشد. این سخن ساده‌ای نبود. چاره‌ای جز خاموشی و سکوت

۱ -بایستمی = مرا بایسته است که

نداشتم. باغی می‌دیدم پر از درخت که جایگاه مردم نیک‌بخت بود. درش پیدا نبود اما بر سرش تاج شاهی بود. باید در خور آن باغ می‌بودم، اگر کوچک و کم دانش می‌بودم شایستگی ورود به آن باغ سخن را نداشتم. بیست سال این سخن و فرهنگ را نگهدار بودم تا ببینم چه کسی شایستگی آن را دارد.

- فردوسی هنگامی که به کتاب پادشاهان دست یافت تنها هزار بیت سروده شده بود. درحالی‌که شاهنامه بیش از شصت هزار بیت است. او سروده‌های خود را بهتر و روان‌تر می‌داند، چرا نگوید؟ این سخنان استاد سخن را به گونه‌هایی متفاوت بررسی کرده و در مورد آن دیدگاه خود را بیان داشته‌اند که در اینجا نمی‌گنجد. در کارهای گروهی نویسندگی، به مشکل یکسان‌سازی برخورد می‌کنیم. نوشته نباید به‌گونه‌ای باشد که خواننده آن را چند دست ببیند. البته این تنها یک نمونه است. نخست این‌که فردوسی بزرگ هزار بیت از دقیقی را در دست داشت. شاهنامه در حدود شصت هزار سرود است. دوم این‌که فردوسی همسان‌سازی نمی‌کند. او سخنوری تواناست و می‌داند که چه در دست دارد و چگونه باید آن را زنده کند. سوم، چرا نباید از سخنوری خود بگوید و از برتر بودن سروده‌هایش. در فرهنگ ایرانی آن چه من آموختم ابراز توانائی‌های خود است. از آن گذشته این سروده در خور نگرش است.

که اندر خور باغ بایستمی   اگر تنگ بودی نشایستمی

فردوسی بزرگ برای ما باغی به جاگذاشته است که تا جهان بر پاست، جویندگان خرد و راستی از آن بهره ببرند. گلها و گیاهان و زیبایی های این باغ در هر زمان رنگ و بوی دوره‌ی خود را می‌گیرد و این شاهکار فردوسی است. هزاران درود بر روان پاکش.

هزیمت شدن گشتاسب از ارجاسب (صفحه‌ی ۳۰۶)

بدو گفت جاماسب کای شهریار سخن بشنو از من یکی گوش دار
به فرمان تو فرخ اسفندیار همی بند ساید به بد روزگار
اگر شاه بگشاید او را زبند نماند بر این کوهسار بلند
بر آن لشکر آنگه شود کامگار که بگشاید از بند اسفندیار
بدو گفت گشتاسب کای راستگوی که هم راستگوئی و هم چاره جوی
به تندی چو او را به بند گران ببستم به مسمار آهنگران
هم آنگاه من زان پشیمان شدم دلم خسته شد سوی درمان شدم
که او را ببستم در آن بارگاه به گفتار بدخواه و او بی گناه
گر او را ببینم در این روز کین بدو بخشم این تاج و تخت و نگین

گشتاسب از ارجاسب شکست‌خورده و به‌ناچار در بالای کوه مانده است. جاماسب وزیر گشتاسب به او گفت سخنی می‌گویم گوش کن. به‌فرمان تو اسفندیار نامدار دربند است و به بد روزگار می‌گذراند. اگر شاه او را از بند برهاند بر این کوهسار بلند نمی‌ماند. زمانی بر لشکر پیروز می‌شوی که اسفندیار را از بند برهانی. گشتاسب به او گفت راست می‌گویی، تو هم راستگوئی و هم چاره‌جو. همان‌گاه که او را با شتاب با زنجیرهای گران و سنگین آهنگران به بند کشیدم، پشیمان شدم و دل‌خسته. از همان زمان به دنبال چاره بودم. من نباید او را بی‌گناه، به گفتار بدخواهان در آن بارگاه به بند می‌کشیدم. اگر او را در این روز دادخواهی ببینم، تاج‌وتخت را به او می‌بخشم.

- پس از به بند کشیدن اسفندیار گشتاسب دو سال نزد زال بود و به مهمانی. این نشانه‌ی دل‌خسته بودن و پشیمان بودن از دربند کشیدن فرزند و شاهزاده‌ی درستکار ایران نیست. گفته‌ی او تنها بیانگر نیاز او به پیروز شدن است. چرا که اگر نامدار دیگری به زور و بازوی اسفندیار داشت او را دربند نگه می‌داشت. آزمندان همواره در پی توجیه کردن کارهای ناپسند خود هستند.

رسیدن اسفندیار بر کوه نزد گشتاسب (صفحه‌ی ۳۰۸)

برآمد بر آن کوه خارا فراز — چو روی پدر دید بردش نماز
پدر داغ دل بود بر جای جست — ببوسید و بسترد[1] رویش به دست
به او گفت یزدان سپاس ای جوان — که دیدم تو را شاد و روشن‌روان
ز من بر دل‌آزار و تندی مدار — به کین خواستن هیچ کندی مدار
گرزم آن بداندیش و بدخوی مرد — دل من ز فرزند من تیره کرد
پذیرفتم از کردگار جهان — شناسنده‌ی آشکار و نهان
که گر من شوم شاد و پیروز بخت — سپارم تو را کشور و تاج‌وتخت
چنین پاسخ آوردش اسفندیار — که خشنود بادا ز من شهریار
مرا آن بود تخت و گنج و کلاه — که خشنود باشد جهان دار شاه

جاماسب وزیر گشتاسب اسفندیار را از بند آزاد کرد. اسفندیار بر فراز کوه نزد پدر رفت و تا او را دید نیایشش کرد. پدر که در دلش داغ و درد داشت از جا پرید و او را بوسید و دستی به صورش کشید. گفت: «سپاس یزدان را ای جوان که تو را شاد با دلی پاک می‌بینم. در دل از من آزردگی و تندی و خشم نداشته باش و کنون در دادخواهی از دشمن درنگ نکن. گرزم آن مرد بداندیش و بدسرشت، دل مرا نسبت به تو تیره کرد. اگر در این جنگ شاد شوم و بختم پیروز شود، کشور و تاج‌وتخت را به تو می‌سپارم.» اسفندیار پاسخ داد: «شهریار از من راضی باشد، خوشنودی شاه جهان، همان گنج و تاج‌وتخت من است.»

- اسفندیار پس از رهایی از بند پدر، برای آزادی او و نامداران و پیروزی در جنگ توران، نزد پدر می‌رود. پدر از او دلجوئی کرده و می‌گوید پس از پیروزی تخت و تاج و کشور از آن توست. اسفندیار خوشنودی شاه را خواهان است. کاری که درست است باید انجام گیرد و دشمن از کشور رانده شود. جای هیچ‌گونه سخن دیگری نیست. این رسم و آئین ایرانیان است.

---

۱ -بسترد = پاک کرد

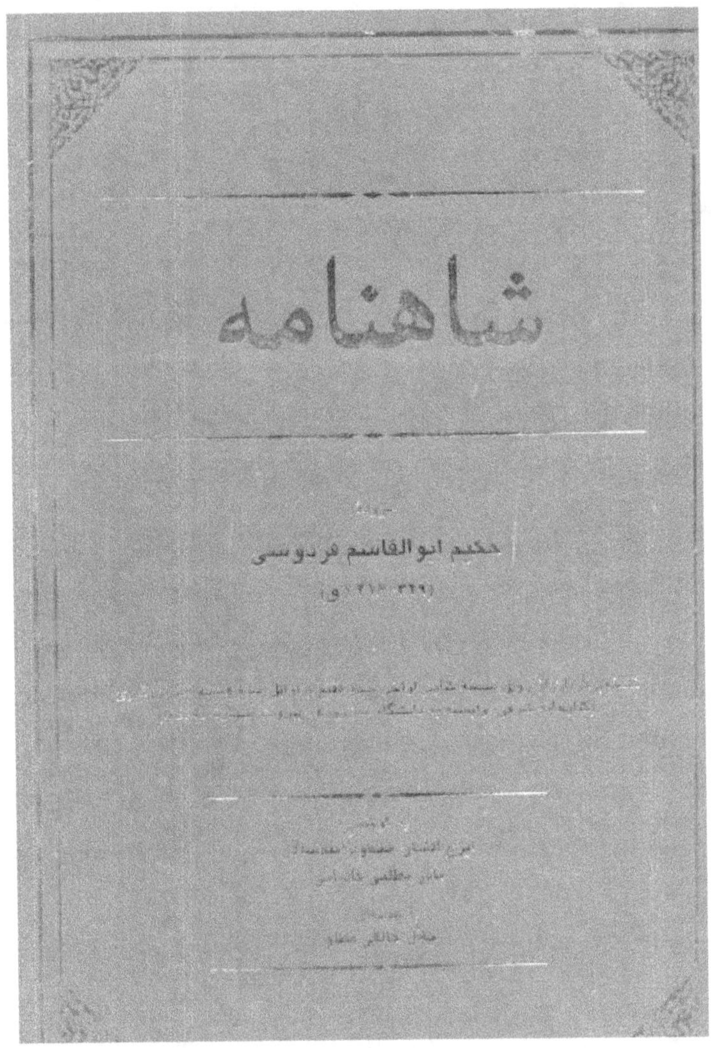

شاهنامه

حکیم ابوالقاسم فردوسی

شاهنامه نسخه‌ی بیروت سنت جوزف

خوان نخستین کشتن اسفندیار دو گرگ را (صفحه‌ی ۳۱۰)

همی گفت کای داور دادگر — تو دادی مرا زور و فر و هنر
تو کردی ددان را بدین خاک جای — تو باشی به هر نیکی ای رهنمای
چو آمد سپاه و بشوتن[1] فراز — بدیدند یل را به جای نماز[2]
بماندند زان کار گردان شگفت — سپه یک سر اندیشه اندر گرفت
که این گرگ خوانیم یا پیل مست — که جاوید باد این دل و تیغ و دست
بی او فر و اورنگ[3] شاهی مباد — بزرگی و بزم و سپاهی مباد

اسفندیار پس از کشتن گرگ‌ها در خوان نخست، به نیایش پروردگار می‌نشیند. می‌گوید که‌ای داور دادگر تو به من زور و شکوه و جنگاوری دادی. تو ددان را آفریدی و بر زمین جا دادی. تو ما را به نیکی‌ها راهنمایی. سپاه و بشوتن، برادر اسفندیار آمدند و پهلوان را در حال نیایش دیدند. از چرخ گردان شگفت ماندند و سپاه در اندیشه فرو رفت که این یل، گرگ است یا پیل جنگنده. دل و شمشیر و دستش جاودان باد. تخت پادشاهی بدون فر او نباشد و سپاه بدون بزرگی و بزم و سورش نباشد.

- پادشاه در ایران تنها یک نام نیست. شاه باید فر ایزدی و فر شاهی داشته باشد. تاکنون آنچه دیدیم و خواندیم این فر و بزرگی در اسفندیار وجود دارد.

۱- بشوتن = پشوتن، برادر اسفندیار
۲ - نماز = نیایش
۳ - اورنگ = تخت شاهی

آغاز داستان (صفحه‌ی ۳۱۸)

بدو گفت شاه‌ای پسندیده مرد سخن گوی و از راه دانش مگرد
ورا در جهان هوش بر دست کیست کز آن دود ما را بباید گریست
بدو گفت جاماسب کای شهریار بر او بر بگرید همی روزگار
ورا هوش در زابلستان بود به چنگ یل پور دستان بود
به جاماسب گفت آنگهی شهریار که این کار را خوار مایه مدار
اگر من سر تخت شاهنشهی سپارم بدو گنج و تاج مهی
نبیند بر و بوم زابلستان نداند کس او را به کابلستان
شود ایمن از گردش روزگار بود اختر نیکش آموزگار
چنین داد پاسخ ستاره شمر[1] که از چرخ گردان که‌یابد گذر

شاه به جاماسب می‌گوید ای مرد نیک، راست و درست سخن بگو. جان اسفندیار در جهان به دست چی کسی گرفته می‌شود که خاندان ما باید بر آن بگرید. جاماسب گفت ای شهریار، روزگار بر او خواهد گریست. جان او در زابلستان به دست رستم دستان، پسر زال گرفته خواهد شد. پادشاه به جاماسب گفت: «این‌گونه فکر نکن. اگر من تخت شاهنشاهی و گنج و تاج بزرگی را به او بسپارم، او روی زابلستان را نخواهد دید و کسی او را در کابلستان نمی‌شناسد. از گردش روزگار ایمن می‌ماند و بخت نیک همراهش می‌شود.» ستاره شمار پاسخ می‌دهد: «چه کسی می‌تواند از سرنوشت خود بگریزد؟»

- در رفتار با پدر دیدیم که اسفندیار افزون‌خواه نیست. در جنگ‌هایش دیدیم که خونریز هم نیست. چه پیش می‌آید که اسفندیار روبروی رستم، یلی که او نیز مانند اسفندیار دادگر و با زیب و فر است قرار می‌گیرد؟ نقش جاماسب در این رویارویی چیست؟

۱- ستاره شمر = منجم , ستاره شناس

خواستن اسفندیار پادشاهی را از پدر (صفحه‌ی ۳۱۹)

چو جاماسب آمد مرا بسته دید ... و زان بستگی‌ها مرا خسته دید
مرا گفت کز خون چندین سران ... سرافراز با گرزهای گران
در آن رزمگه خسته تنها به تیر ... همان خواهران را که بردند اسیر
نسوزد دلت بر چنین کارها ... بدین درد و تیمار و آزارها
غل و بند بر هم شکستم همه ... دوان آمدم پیش شاه رمه
از ایشان بکشتم فزون از شمار ... به پیروزی دولت شهریار
گر از هفت‌خوان اندر آرم سخن ... همانا که هرگز نیاید به بن
همی گفتی ار باز بینم ترا ... ز روشن روان برگزینم ترا
سپارم ترا افسر و تخت عاج ... که هستی به مردی سزاوار تاج
مرا از بزرگان همی شرم خاست ... که گویند گنج و سپاهت کجاست
بهانه کنون چیست من بر چه ام ... پر از رنج پویان ز بهر که ام
شهان گفته‌ی خود به‌جای آورند ... ز عهد و ز پیمان خود نگذرند
پسر را بنه تاج اکنون به سر ... چنان چون نهادت به سر بر پدر

اسفندیار می‌گوید که جاماسب که آمد و مرا زخمی دربند دید به من گفت: «بسیاری از سران و دلاوران زخمی شده وخونشان بر زمین ریخته، خواهرانت را به اسارت برده‌اند. دلت از این همه درد و آزار نمی‌سوزد؟» زنجیر و بندها را در هم شکسته و دوان نزد شاه جهان آمدم. بسیاری از آن‌ها را کشتم و دولت شهریار را به پیروزی رساندم. اگر بخواهم از هفت‌خوان خود برایت بگویم، سخن به انتها نمی‌رسد. همانا گفتی اگر دوباره ببینمت تو را برای سرشت نیکت برمی‌گزینم و تخت عاج و تاج شاهی را به تو می‌سپارم که شایسته‌ی تاج‌وتختی. از بزرگان شرمم می‌شود هنگامی که می‌پرسند گنج و سپاهت کجاست. اکنون بهانه چیست؟ من کجا ایستاده‌ام؟ این همه رنج برای چه برده‌ام؟ پادشاهان، پیمان‌شکنی نمی‌کنند و از عهد و پیمان خود نمی‌گذرند. اکنون تاج شاهی بر سر پسر بگذار همان‌گونه که پدر بر سر تو گذاشت.

- اسفندیار خواهان تاج‌وتخت شاهی می‌شود. نخست این‌که پیمان پدر بود و دوم خود گشتاسب هم به همین روش از لهراسب، پدرش به شاهی رسیده بود. اسفندیار شایسته‌ی تخت و تاج است. باید دید گشتاسب به پیمانش وفادار است یا خیر و هم واکنش اسفندیار در برابر اراده‌ی شاه را.

پاسخ دادن گشتاسب اسفندیار را (صفحه‌ی ۳۱۹)

به فرزند پاسخ چنین داد شاه — که از راستی بگذری نیست راه
ازین بیش کردی که گفتی تو کار — که یار تو بادا جهان کردگار
نبینم کنون دشمنی در جهان — نه در آشکارا نه اندر نهان
به گیتی نداری کسی را همال[1] — مگر پر هنر نامور پور زال
بپیچد ز رأی و ز فرمان من — سر اندر نیارد به پیمان من
سوی سیستان رفت باید کنون — به کار آوری جنگ و رنگ و فسون
برهنه کنی تیغ و کوپال را — به بند آوری رستم زال را
که چون این سخن‌ها به جا آوری — ز من نشنوی زان سپس داوری
سپارم تو را تخت و گنج و سپاه — نشانمت با تاج در پیشگاه

شاه گشتاسب به فرزندش اسفندیار چنین پاسخ داد: «از حق نگذریم همه‌ی سخنان تو درست است. بیش از این‌ها که گفتی گام برداشته‌ای، خداوند جهان یار تو باشد. اکنون در پنهان و آشکار دشمنی در جهان نمی‌بینم. در جهان کسی همتای تو نیست مگر نام‌آور و جنگاور، پسر زال. او از فرمان من سر می‌پیچد و به پیمان من وفادار نیست. اکنون باید جنگنده، با افسون و نیرنگ به‌سوی سیستان بروی و با شمشیر برهنه و گرز رستم را به بند بکشی. اگر این کار را انجام دهی سخن دیگری نمی‌ماند و من تخت و تاج و گنج و سپاه را به تو می‌سپارم. بر تخت می‌نشانمت وتاج بر سرت می‌گذارم.»

- جاماسب گفته بود که جان اسفندیار به دست رستم گرفته می‌شود. گشتاسب اسفندیار را به قتلگاه می‌فرستد. برای او دور کردنش از تخت و تاج اهمیت دارد نه جان فرزند. پیش از این هیچ گفتگویی در شاهنامه درباره‌ی دشمنی بین گشتاسب و زال و رستم نخوانده‌ایم.

۱- همال = همتا , شریک

چنین پاسخ آوردش اسفندیار
که ای پر هنر نامور شهریار

همی دور مانی ز رسـم کهن
بر اندازه بایـد که رانـی سـخن

تو با شاه چین جوی جنگ و نبرد
وزآن نامداران بـرانگیز گرد

چه جوئی به نزدیکی مرد پیر
که کاوس خواندی ورا شیر گیر

همی خواندندش خداوند رخش
جهانگیر و شیراوژن[1] و تاج‌بخش

اگر عهد شاهان نباشد درست
نباید ز گشتاسب منشور جست

چنـین داد پاسخ به اسفندیار
که ای پـور گردنـکش نامدار

اگر تخت خواهی همی با کلاه
ره سیستان گیر و برکش سپاه

چو آنجا شوی دست رستم ببند
بیارش به بازو فکنده کمند

اسفندیار به پدر چنین پاسخ می‌دهد: «ای نام‌آور پادشاه جنگاور، از آئین کهن دورمانده‌ای سخن سنجیده بگو. اگر جنگجوئی، به دنبال نبرد با شاه چین باش و لشکر آن‌ها را با خاک یکسان کن. چرا در پی جنگ با مرد پیری هستی که کاوس او را شیر گیر نامید؟ او را دارنده‌ی رخش جهانگیر، شیر اوژن و تاج‌بخش خواند؟ اگر پیمان شاهان درست نباشد، فرمان و حکم گشتاسب چه ارزشی دارد؟ پدر می‌گوید: «ای پسر گردنکش و نامدار، اگر تخت و تاج می‌خواهی سپاه را راهی کن و به سیستان برو. رستم را به بند بکش و بازویش را با کمند ببند.»

- فرمان پدر همان است. با شنیدن سخنان اسفندیار پا پس نمی‌کشد. می‌گویند آدم خواب را می‌شود بیدار کرد، اما کسی که خود را به خواب زده هرگز. دشواری گشتاسب تاج‌وتخت است و بس. باید دید اسفندیار دچار آز می‌شود یا فریب پدر نمی‌تواند آتش رشک را در دلش بیدار کند.

۱- شیر اوژن = شیر افکن , بسیار شجاع

سپهبد بروها[1] پر از چین بکرد
به شاه جهان گفت کزدین مگرد

ترا نیست دستان و رستم به کار
همی چاره جوئی ز اسفندیار

دریغ آیدت تخت شاهی همی
ز گیتی مرا دور خواهی همی

ترا باد این تاج و تخت مهان
مرا گوشه‌ای بس بود در جهان

و لیکن ترا من یکی بنده‌ام
به فرمان و رایت سرافکنده‌ام

بدو گفت گشتاسب تندی مکن
بزرگی بیابی نژندی مکن

ز لشکر گزین کن فراوان سوار
جهان دیدگان از در کارزار

چنین پاسخ آوردش اسفندیار
که لشکر نیاید مرا خود به کار

گر ایدون که آید زمانم فراز
به لشکر ندارد جهان دار باز

ز پیش پدر بازگشت او به تاب
هم از بهر تاج و هم از گفت باب

سپهبد اسفندیار ابروها را در هم کشید و به شاه جهان گفت: «از راه درست و راست خارج نشو. مشکل تو زال و رستم نیست، دشواری تو اسفندیار است. تو مرا از جهان دور می‌خواهی و تخت شاهی را از من دریغ می‌داری. این تخت و تاج بزرگی برای تو باشد، مرا گوشه‌ای از جهان کافی است؛ اما بنده و بسته‌ی تو هستم و سر به‌فرمان توام». گشتاسب به او می‌گوید که خشمگین و اندوهگین نباش. تو به بزرگی دست می‌یابی. سواران بسیاری از جهان دیدگان در کارزار برگزین. اسفندیار پاسخ می‌دهد: «لشکر به کار من نمی‌آید. اگر زمانم فرا رسیده باشد، جهان دار با لشکر برم نمی‌گرداند.» با ناراحتی از پیش پدر بازمی‌گردد. اندوهگین هم از گفته‌ی پدر و هم از نبخشیدن پدر تاج‌وتخت را.

- از گفته‌های اسفندیار پیداست که دست پدر را خوانده، اما آیا به گفته‌ی خود که گوشه‌ای از جهان مرا کافی است، عمل می‌کند؟ باید دید گزینش او دراین‌باره چیست.

---

۱ - بروها = ابروها

پند دادن کتایون اسفندیار را (صفحه‌ی ۳۲۰)

کتایون خورشید رخ پر ز خشم | به نزد پسر شد پر از آب چشم
چنین گفت با فرخ اسفندیار | که ای از یلان جهان یادگار
ز بهمن[1] شنیدم که از گلستان | همی رفت خواهی به زابلستان
ببندی همی رستم زال را | خداوند شمشیر و کوپال را
ز گیتی همی پند مادر نیوش[2] | به بد تیز مشتاب و بربد مکوش
سواری که باشد به نیروی پیل | به پیکار خوار آیدش رود نیل
بدرد جگرگاه دیو سپید | ز شمشیر او گم کند راه شید[3]
به کین سیاوش ز افراسیاب | ز خون کرد گیتی چو دریای آب
از آن گرد چندان که گویم سخن | هنرهاش هرگز نیاید به بن
مده از پی تاج سر را به باد | که با تاج خود کس ز مادر نزاد
پدر بگذرد تاج‌وتختش تراست | همان یاره و گاه عاجش تراست
جز از سیستان در جهان جای هست | جوانی مکن تیز منمای دست
تو رزم تهمتن به بازی مدار | مخور با تن و جان خود زینهار

کتایون زیبا مادر اسفندیار، خشمگین و گریان نزد پسر آمد و گفت: «ای یادگار پهلوانان جهان، از بهمن شنیدم می‌خواهی به زابلستان بروی و رستم زال، خداوند شمشیر و گرز را به بند بکشی. در جهان پند مادرت را بشنو و در راه بد شتاب و کوشش نکن. سواری که نیروی پیل دارد و در پیکار رود نیل را خوار می‌شمارد، جگرگاه دیو سپید را می‌درد و از تیغ شمشیرش خورشید راه گم می‌کند، به کینه‌ی سیاوش از افراسیاب، جهان را چون دریای خون می‌کند، پهلوانی که هر چه از جنگاوریش بگویم سخن به انتها نمی‌رسد را چگونه به بند خواهی کشید؟ سرت را برای تاج به باد نده. هیچ‌کس با تاج از مادر زاده نشده. پدر که از دنیا برود تاج‌وتخت عاج و گوشوارش از آن تو خواهد شد. در جهان جایی دیگر جز سیستان هست. جوانی نکن و خشمگین نباش و شتاب نکن. رزم با تهمتن را به بازی نگیر و تن و جان خود را مراقب باش.»

۱- بهمن = پسر اسفندیار , اردشیر
۲- نیوش = بشنو , گوش کن
۳- شید= خرشید , هور

- گزینش اسفندیار جنگ با رستم شد. او دشمنی با رستم ندارد تنها تاج و تخت می‌خواهد. انتخاب او مانند ایرج پسر فریدون برای تاج و تخت در برابر برادرانش سلم و تور نیست. دل ایرج تهی از آز است. اسفندیار زیب و فر شاهی دارد. پدر او را در شرایطی قرار می‌دهد که باید گزینش کند. انتخاب او از روی رشک شد. او خود از دلاوری‌های رستم می‌گفت چگونه می‌خواهد او را به بند بکشد و به چه دلیل؟

چنین پاسخ آوردش اسفندیار　　که ای مهربان این سخن یاد دار
همان است رستم که دانی همی　　هنرهاش چون زند[۱] خوانی همی
نکوکارتر زو به ایران کسی　　نـیاید پـدیدار بجـویی بـسی
مر او را ببستن نباشد سزا　　چنین بد نه خوب آید از پادشا
و لیـکن نبـاید شکـستن دلم　　که چون بشکنی دل ز تـن بگسلم
چگونه کشم سر ز فرمان شاه　　چگونه گذارم چنین پیشگاه
مرا گر به زابل سر آید زمان　　بدان سـو کشد گردش آسمان
چو رستم سر آرد به‌فرمان من　　ز من نشنود سرد هرگز سخن

اسفندیار به مادر چنین پاسخ می‌دهد: «ای مهربان این را بدان، رستم همان است که می‌گویی و هنرها و جنگ‌آوری‌هایش را شرح می‌دهی. هرچقدر در ایران بجویی از او نیکوکارتر نمی‌یابی. سزاوار نیست که او را به بند بکشم چنین رفتار بدی شایسته‌ی پادشاه خوب نیست؛ اما تو نباید دل مرا بشکنی. اگر دلم را بشکنی دل از تن می‌درانم. چگونه می‌توانم از فرمان شاه سرپیچی کنم. اگر عمرمن در زابل به سر می‌آید، گردش آسمان مرا به آن سو می‌کشاند. اگر رستم سر به‌فرمان من آورد، هر گز از من سخن سرد نخواهد شنید.»

- اسفندیار گمان می‌کند بدون نبرد و خونریزی رستم را به بند می‌کشد و نزد پادشاه می‌آورد. رستم یل و تهمتن بی همتا را، او رستم را نشناخته است.

۱- زند = تفسیر اوستا

همی‌گفت بدرود باش ای پسر | که بی تو جهان را بد آید به سر
که او سر نیارد به پیمان تو | نه هرگز درآید به‌فرمان تو
تو گوئی همانا که پندش دهم | به افسونگری پای بندش دهم
هر آن‌کس که یک روز زاید به پیش | خردمندی او را بود نیز بیش
ز مادر سخن در پذیر و مرو | به رأی و خرد پند مادر شنو
و گر زین نشان کام تو رفتن است | همه کام بدگوهر اهرمن است

مادر گفت: «تندرست بمان ای پسر که به جهان بی تو بد می‌رسد. او سر به‌فرمان تو خم نمی‌کند و پیمان تو را نمی‌پذیرد. تو می‌گویی پندش می‌دهم و با افسونگری بند به پایش می‌نهم. هر کسی حتی اگر یک روز زودتر از تو زاده شده باشد به همان اندازه از تو خردمندتر است. از مادر بشنو، سخنم را بپذیر و نرو. با رأی و خرد پند مرا بشنو. اگر کام و آرزوی تو به رفتن است، این را بدان که این آرزو اهریمنی و بدگوهر است.»

- کتایون مادر اسفندیار اندرزی چنین خردمندانه می‌دهد. افسوس که آز که از درآید خرد می‌رود. می‌گوید رستم فرمان تو را نمی‌پذیرد. او می‌داند یک دانه پهلوان ایران پای در بند نمی‌کشد و ترس از کسی جز یزدان ندارد.

لشکر آوردن اسفندیار به زابل (صفحه‌ی ۳۲۰)

به یاران چنین گفت کز رأی شاه بپیچیدم و دور گشتم ز راه
مرا گفت بر کار رستم بسیج ز بند و ز خواری میاسای هیچ
نکردم نرفتم به راه پدر که آن شیر دل مرد پرخاشخر
بسی رنج دارد به جای سران جهان راست کرد او به گرز گران
همه شهر ایران بدو زنده‌اند اگر شهریارند و گر بنده‌اند
فرستاده‌ای باید اکنون دلیر خردمند و با دانش و یادگیر
سواری که باشد ورا فر و زیب نگیرد ورا رستم اندر فریب
رود سوی رستم به پیغمبری بگوید همه هر چه شد داوری
گر ایدون که آید به نزدیک ما کند روشن این جان تاریک ما
به خوبی دهد دست بند مرا به دانش ببندد گزند مرا
نخواهم من او را به جز نیکوئی اگر دور دارد سر از بدخوئی
پشوتن بدو گفت کاینست راه بدین باش و آزار مردان مخواه

اسفندیار به لشکریان می‌گوید: «از رأی شاه بازگشته‌ام و از راهش دور. به من گفت به جنگ رستم برو و در این راه خواری و بند کم نگذار. به راه پدر نرفتم زیرا آن مرد جنگ‌جو و شیر دل به‌جای سران کشور رنج بسیار برده و جهان را با گرز سنگین از بدی دور داشته. همه کشور ایران، شهریاران و زیردستان به او زنده‌اند. اکنون باید فرستاده‌ای خردمند و آگاه که باهوش هم باشد به پیامبری نزد رستم برود و هر چه پیش‌آمده به او بگوید. اگر خودش نزد ما بیاید جان تاریک ما را روشن می‌سازد. دستش را به بند من بدهد و با خردمندی جانش را از آسیب برهاند. اگر سر از بدخوئی بردارد، من جز نیکوئی برای او نمی‌خواهم. پشوتن برادر اسفندیار به او گفت راهش همین است. آزار مردان را نخواه.»

- رستم پهلوانی است که با اختیار دست‌های خود را دربند قرار دهد؟ یکدانه پهلوانی که همه‌ی عمر خود را در راه دادگری و بزرگی گام برداشته چگونه و به چه دلیل و به چه جرمی دست‌های خود را به بند برساند؟ به جرم نبردهای جوانمردانه و دادگرانه؟ به جرم نجات مردم از دست دیوهای بداندیش؟ دریغ و افسوس از اسفندیار.

پیغام دادن بهمن رستم را (صفحه‌ی ۳۲۱)

چنین گفت بهمن که این رستم است — و یـا آفـتاب سپیده‌دم است
به گیتی کسی مرد ازین سان ندید — نـه از نامـداران پیشین شنید
بترسم که با او یل اسفندیار — نتابد بپیچد سر از کارزار
یکـی رای باید کنون کرد ساز — که او در نشیب است و من در فراز
من او را به یک سنگ بی‌جان کنم — دل زال و رودابه پیچـان[1] کنم
یکی سنگ زآن کوه خارا بکند — فروهـشت از آن کوهسار بلند

بهمن پسر اسفندیار رستم را در حال شکار می‌بیند. با خود می‌اندیشد که این رستم است یا آفتاب سپیده‌دم. در جهان کسی، مردی این چنین ندیده و از نامداران پیشین نشنیده. می‌ترسم اسفندیار در برابر او تاب نیاورد. اکنون باید چاره‌ای بیندیشم که او در نشیب است و من بر فراز کوه. با سنگی او را بی‌جان می‌کنم و دل رودابه و زال را اندوهگین. سنگی بزرگ از آن کوه برکند و به پایین غلتاند.

- بهمن با دیدن رستم نگران جان اسفندیار می‌شود و با حیله می‌خواهد او را از سر راه پدر بردارد. کاری ناجوانمردانه.

۱- پیچان = در پیچ و تاب , دلتنگ و زار

۳۵۱

ز نخجیرگاهش زواره[۱] بدید | هم آواز آن سنگ خارا شنید
خروشید کای پهلو نامدار | یکی سنگ غلتان شد از کوهسار
نجنبید رستم نه بنهاد گور | زواره همی‌کرد از آن‌گونه شور
همی‌بود تا سنگ نزدیک شد | ز گردش همه کوه تاریک شد
بزد پاشنه سنگ انداخت دور | زواره برو آفرین کرد و پور
غمی شد دل بهمن از کار اوی | چو دید آن بزرگی و دیدار اوی
همی‌گفت اگر فرخ اسفندیار | کند با چنین نامور کارزار
تن خویش در جنگ رسوا کند | همان به که با او مدارا کند
نشست از بر باره‌ی باد پای | پراندیشه[۲] از کوه شد باز جای

زواره برادر رستم صدای سنگ خارا را شنید و آن را دید. فریاد زد که‌ای پهلوان سنگی غلتان می‌آید. رستم نه تکان خورد و نه گور را بر زمین گذاشت. زواره ترسیده بود که سنگ نزدیک و از گرد و خاک آن کوه تاریک شد. رستم به‌راحتی با پاشنه سنگ را دور کرد. زواره و پسرش بر او آفرین کردند. بهمن که آن بزرگی و چهره‌ی او را دید اندوهگین شد. با خود گفت اگر اسفندیار با چنین ناموری کارزار کند جان خویش را در جنگ از دست می‌دهد. بهتر که با او مدارا کند. بر اسب تیز پا نشست و نگران از کوه پایین آمد.

- زورمندی و شجاعت رستم، بهمن اردشیر، پسر اسفندیار را شگفت‌زده کرد. با خود اندیشید بهتر است پدر با او مدارا کند.

۱- زواره = برادر رستم
۲- پر اندیشه = نگران , اندیشمند

پاسخ دادن رستم بهمن را (صفحه‌ی ۳۲۲)

چو بشنید رستم ز بهمن سخن — پر اندیشه شد مغز مرد کهن
چنین گفت آری شنیدم پیام — دلم شد به دیدار تو شادکام
هر آن‌کس که دارد روانش خرد — سرمایه‌ی[1] کارها بنگرد
بباشیم بر داد و یزدان پرست — نگیریم دست بدی را به دست
اگر جان تو بسپرد راه آز — شود کار بی‌سود بر تو دراز
چو مهتر سراید سخن سخته به — ز گفتار بد کام پردخته به
به مردی و فرهنگ و رای و خرد — همی بر نیاکان خود بگذرد
به پیش تو آیم همی بی سپاه — ز تو بشنوم آن چه فرمود شاه
بیارم برت عهد شاهان داد — ز کی خسرو آغاز تا کی قباد
کنون ای تهمتن تو در کار من — نگه کن به گفتار و کردار من

رستم سخنان بهمن را شنید، سر مرد پیر پر از اندوه شد و گفت: «پیامت را شنیدم و دلم به دیدار تو شادمان شد. کسی که جانش خرد دارد، به هر کاری که انجام می‌دهد خوب می‌نگرد. بهتر است یزدان‌پرست باشیم، دست به بدی نبریم و دادگر باشیم. اگر آز بر جانت بنشیند، کارهای بی‌سود بسیاری انجام خواهی داد. وقتی مهتری سخن می‌گوید بهتر است کلام درست بگوید و از گفتار بد بپرهیزد. به اراده و مردانگی و خرد و فرهنگ نیاکان خود بنگرد. من بی سپاه پیش تو می‌آیم تا فرمان شاه را بشنوم. از دادگری شاهان از کی خسرو تا کی قباد برایت بگویم. اکنون ای پهلوان تو در کارو گفتار و کردار من نگاه کن.»

- رستم پهلوان در پیامش، اسفندیار را به دادگری و خردورزی دعوت می‌کند و دو نکته را به او یادآور می‌شود. یک اینکه به دوران کهن و آئین و کیش پادشاهان بنگرد. دوم از خودش می‌گوید توجه او را به کارهایی که کرده و کارنامه‌ی درخشانش جلب می‌کند.

۱- سر مایه = سر چشمه , علت

۲۵۳

کز آن نیکویی‌ها که من کرده‌ام / همان رنج و سختی که من برده‌ام
چو پاداش آن رنج بند آیدم / هم از شاه ایران گزند آیدم
گر از من گناهی بیاید پدید / کز آن بد سر من بباید برید
سخن‌های ناخوش ز من دور دار / به بدها دل دیو رنجور دار
مگوی آنچه هرگز نگفته است کس / به مردی مکن باد را در قفس
ندیدست کس بند بر پای من / نه بگرفت شیر ژیان جای من
تو آن کن که از پادشاهی سزاست / مدار آز را دیو بر دست راست
به هرزه[1] ز دل دور کن خشم و کین / جهان را به چشم جوانی مبین
گرامی کن این خانه‌ی ما به سور / مباش از پرستنده‌ی خویش دور
چنان چون بدم کهتر کی قباد / کنون از تو دارم دل و مغز شاد
همه هرچه گفتم کنون یاد دار / بگو پیش پرمایه اسفندیار

«به کارهای نیکی که کرده‌ام به رنج‌ها و سختی ها که برده‌ام. اگر پاداش این رنج‌ها بند باشد، از شاه به من گزند رسیده است. اگر از من گناهی سر زده سر مرا باید برید. سخن‌های ناخوش از من دور بدار و دل بداندیشان را با آن سخنان در رنج بیفکن نه مرا. حرفی که کسی تاکنون نگفته نزن، با مردی و زور باد را در قفس نکن. شیر ژیان جای مرا نگرفته و کسی بند به پای من ندیده تو کاری کن که از پادشاه شایسته است، دیو آز را دست راست خود منشان. خشم و کین بیهوده را از دل بیرون کن وجهان را به چشم جوانی نبین. از من، پرستنده‌ی خویش دوری نکن و میهمان خانه‌ی من باش. همان‌گونه که زیر دست قباد بودم اکنون هم دلم و مغزم به تو شاد است.» همه هر چه گفتم را به خاطر بسپار و به اسفندیار گران‌مایه بگو.

- این سخنان رستم در جواب اسفندیار است. پر از داد و پند. او خود را کهتر، زیردست او می‌خواند و او را به میهمانی فرا می‌خواند تا شاید دوستی باعث شود از دربند کشیدن او منصرف شود. او کسی نیست که به بند کشیده شود. اسفندیار خام و جوان است اما مردی نیک است. او در دل خیال خام می‌پروراند. آیا رشک و آز می‌گذارد که اسفندیار رستم واقعی را ببیند و بفهمد؟

---

۱ - هرزه = بیهوده , بی فایده

بازگشتن بهمن (صفحه‌ی ۳۲۳)

تهمتن زمانی به ره دربماند | زواره فرامرز را پیش خواند
کز ایدر به نزدیک دستان شوید | به نزد مه زابلستان شوید
که نزدیک ما پور شاه آمدست | پر از کینه و رزم خواه آمدست
گوی نامدارست و شاهی دلیر | نیندیشد از جنگ یک دست شیر
شوم پیش او گر پذیرد نوید | به نیکی بود هرکسی را امید
اگر نیکوئی بینم اندر سرش | ز یاقوت و زر بر نهم افسرش
و گر بازگرداندم نا امید | نباشد مرا روز با او سپید
زواره بدو گفت مندیش ازین | نجوید کسی رزم کش نیست کین
ندانم به گیتی یکی شهریار | به رأی و به مردی چو اسفندیار
نیاید ز مرد خرد کار بد | ندید او ز ما هیچ کردار بد

تهمتن زمانی در راه می‌ماند سپس زواره برادرش و فرامرز پسرش را فرا می‌خواند. می‌گوید که از اینجا نزد زال و رودابه بروید و بگویید پسر شاه، اسفندیار پر از کینه و رزم خواه نزد ما آمده است. او پهلوانی نامدار و شاهی دلیر است. از جنگیدن با دسته‌ای از شیران هراس به دل راه نمی‌دهد. پیش او می‌روم شاید پیام نیک مرا بشنود، در وجودم همه امید به نیکی هست. اگر در سرش اندیشه‌ی نیک ببینم بر تاجش یاقوت و زر می‌نهم و اگر ناامید بازم گرداند، روز روشنی با او ندارم. زواره گفت این‌گونه فکر نکن، کسی که کینه ندارد در پی نبرد نیست. در جهان شهریاری به مردی و اراده‌ی اسفندیار نمی‌شناسم. مرد خردمند دست به کار بد نمی‌زند. او از ما هیچ کردار بدی ندیده است.

- از شهریاری چون اسفندیار انتظار بدرفتاری و رفتار نابخردانه ندارند. او را به‌خوبی می‌شناسند. رشک، ویژگی‌های خوب و نغز انسان را دگرگون می‌کند.

چو بهمن بیامد به پرده سرای — همی بود پیش پدر بر به پای
بپرسید از و فرخ اسفندیار — که پاسخ چه دادت گو نامدار
چو بشنید بنشست پیش پدر — بگفت آنچه بشنید ازو در به در
بدو گفت چون رستم پیل تن — نبینم کسی نیز در انجمن
دل شیر دارد تن ژنده پیل — نهنگان برآرد ز دریای نیل
بیامد کنون تا لب هیرمند — نه جوشن نه خود و نه گرز و کمند
ز بهمن برآشفت اسفندیار — ورا بر سر انجمن کرد خوار
بدو گفت کز مردم سرفراز — نزیبد که با زن نشیند به راز
تو گردن کشان را کجا دیده‌ای — که آواز روباه نشنیده‌ای
که رستم همی پیل جنگی کنی — دل نامور انجمن بشکنی

بهمن به پرده سرا آمد و نزد پدر ایستاد. اسفندیار فرخنده از او پرسید که پاسخ پهلوان نامدار چه بود؟ بهمن پیش پدر نشست و آنچه شنیده بود بی کموکاست گفت و ادامه داد: «کسی چون رستم پیلتن در گروه نمی‌بینم. تنش مانند پیل خروشنده و دلش مانند شیر است. او نهنگان را از رود نیل بیرون می‌کشد. اکنون بدون زره و خود و گرز و کمند به لب هیرمند آمده.» اسفندیار بر بهمن برآشفت و او را در گروه خوار کرد. گفت: «زیبنده نیست که دلاور با زن به درد و دل بنشیند. تو آواز روباه نشنیده‌ای، گردنکشان را کجا دیده‌ای؟ رستم را پیل جنگی می‌نامی و دل گروه را می‌شکنی.»

- به‌جای توجه به سخنان و پیام آشتی‌جویانه‌ی رستم، اسفندیار بر بهمن می‌خروشد که چرا ویژگی‌های رستم را برمی‌شمرد. اگر این رشک نیست پس چیست؟

رسیدن رستم و اسفندیار به یکدیگر (صفحه‌ی ۳۲۳)

۲۵۶

چو بشنید گفتارش اسفندیار / فرود آمد از باره‌ی شاهوار
تن پیلتن را به بر در گرفت / فراوان بر او آفرین برگرفت
سزاوار باشد ستودن ترا / یلان جهان خاک بودن ترا
بدو گفت رستم که ای پهلوان / جهان دار و بیدار و روشن‌روان
یکی آرزو خواهم از نامدار / که باشم بدان آرزو کامگار
که آیی خرامان سوی خان من / به دیدار روشن کنی جان من
چنین پاسخ آوردش اسفندیار / که‌ای از یلان جهان یادگار
تو آن کن که بریابی از روزگار / بر آن رو که فرمان دهد شهریار
تو خود بند بر پای نه بی‌درنگ / نباشد ز بند شهنشاه ننگ
ترا چون برم بسته نزدیک شاه / سراسر بدو بازگردد گناه
از این بستنت من روان خسته‌ام / به پیش تو اندر کمر بسته‌ام
نمانم که تا شب بمانی به بند / نه بر جانت آید ز چیزی گزند
از آن پس چو من تاج بر سر نهم / جهان را به دست تو اندر نهم
نه نزدیک دادار باشد گناه / نه شرم آیدم نیز از روی شاه

اسفندیار سخنان رستم را شنید، از اسب شاهوار پایین آمد و رستم را در آغوش گرفت. بسیار بر او آفرین کرد و گفت: «یلان جهان در پیش تو خاک‌اند و تو سزاوار ستایشی.» رستم به او گفت: «ای پهلوان، جهان دار و ای پاک‌سرشت، آرزویی دارم که امید دارم تو آن را برآورده کنی. به خانه‌ام بیایی و جانم را با دیدارت روشن کنی.» اسفندیار پاسخ داد که‌ای از پهلوانان جهان یادگار، تو کاری کن که بافرمان بردن از شهریار باید انجام دهی. تو خود با دست خود بی‌درنگ بند بر پایت ببند زیرا دربند شاه بودن ننگ نیست. هنگامی که تو را دست بسته نزد شاه ببرم، گناه به او بازمی‌گردد. جان من از به بند کشیدن تو رنجور است. من نزد تو کمر بسته‌ام. نمی‌گذارم تا شب دربند بمانی و یا بر جانت آسیب برسد. تاج که بر سر گذاشتم جهان را در دستان تو می‌نهم. نه نزد یزدان گناه می‌کنم و نه پیش شاه شرمگین می‌شوم.

- اسفندیار خود می‌داند که به بند کشیدن رستم کاری زشت است، اما تخت و تاج می‌خواهد. او می‌اندیشد با این پیشنهاد هم تاج شاهی می‌یابد و هم رستم را از دست نمی‌دهد.

۲۵۷

بدو گفت رستم که ای نامدار
همی جستم از داور کردگار

که خرم کنم دل به دیدار تو
شوم شادمانه ز گفتار تو

دو گردن فرازیم پیر و جوان
خردمند و بیدار دو پهلوان

بترسم که چشمم بد آید همی
سر از خواب خوش بر گراید همی

همی یابد اندر میان دیو راه
دلت کژ کند از پی تاج و گاه

یکی ننگ باشد مرا زین سخن
که تا جاودان آن نگردد کهن

که چون تو سپهبد نژادی سری
سرافراز شیری و کند آوری

نیایی زمانی تو در خوان من
نباشی بر این مرز مهمان من

گر این کینه از مغز بیرون کنی
بکوشی و بر دیو افسون کنی

ز من هرچه خواهی تو فرمان کنم
ز دیدارت آرامش جان کنم

مگر بند کز بند عاری بود
شکستی بود زشت کاری بود

نبیند مرا زنده با بند کس
که روشن روانم به این است و بس

مرا سر نهان گر شود زیر سنگ
از آن به که نامم بر آید به ننگ

رستم به او گفت: «ای نامدار! از داور کردگار خواستم که دل به دیدنت شاد کنم و از تو حرف‌هایی بشنوم که شادمانم کند. دو پهلوانیم من پیر و تو جوان. هر دو خردمند و بیدار و دلاور. می‌ترسم چشم بد آید و از خواب خوش سر برگردانیم. دیو بداندیش از راه رسیده و برای تاج‌وتخت دلت را به کژی و ناراستی رهنمون شود. برای من این سخن ننگی است که تا جاودان کهنه نمی‌شود که همچون تو شاهزاده، دلاوری دلیر و سرافرازی زورمند به این مرز بیایی و مهمان من نشوی. اگر این کینه از مغز بیرون کنی، کوشش کنی و دیو آز را از بین ببری، از دیدارت به آرامش می‌رسم و هر چه بخواهی در فرمانت هستم، مگر بند؛ که بند ننگ است، کار زشتی است و شکست است. کسی مرا زنده دربند نبیند که این سرشت پاک من است و بس. اگر سرم زیر سنگ نهان شود بهتر است از این‌که نامم را به ننگ ببرند.»

- در گفتار رستم پیلتن، فروتنی و پهلوانی موج می‌زند تا دل اسفندیار را نرم کند و رویدادی تلخ پیش نیاید. از سوی دیگر با قاطعیت می‌گوید که هرگز تن به بند نمی‌دهد. او پهلوان است. جز این انتظار دیگری نمی‌رود.

بــه پاسخ چنین گفت اسفندیار — که ای از گوان جهان یادگار
همه راست گفتی نگفتی دروغ — زکژی نگیرند مردان فروغ
گر اکنون بیایم سوی خوان تو — بوم[۱] شاد و پیروز مــهمان تو
چو گردن بپیچی ز فرمان شاه — مــرا تابــش روز گردد تــباه
همی بی‌گمان با تو جنگ آورم — به پرخاش خوی پلــنگ آورم
فرامــش کنم مهــر نان‌ونمک — ز پاکی نــژاد اندر آرم به شک
و گر سر بپیچم ز فرمان شاه — بدان گیتی آتش بود جایگاه
ترا آرزوگر چنــین آمدست — یک امروز با می‌بساییم دست
که داند که فردا چه شاید بدن — به این داستان‌ها نشاید زدن

اسفندیار پاسخ می‌دهد: «ای از پهلوانان جهان یادگار! هر چه گفتی راست است، مردان از دروغ و ناراستی به روشنایی نمی‌رسند. اگر به خانه‌ی تو بیایم و شاد و پیروز مهمان تو باشم، از فرمان شاه که سرپیچی کنی روزم تباه می‌شود. بی‌تردید مانند پلنگی خروشان با تو به جنگ خواهم پرداخت. نان‌ونمک را فراموش می‌کنم آنگاه در پاکی نژادم تردید خواهد بود، اگر از فرمان شاه سرپیچی کنم در سرای باقی آتش بهره‌ی من است. اگر آرزویت این است امروز را می بنوشیم، کسی چه می‌داند فردا چه پیش خواهد آمد.»

- رستم و اسفندیار، دو پهلوان که هیچ یک مایل به نبرد نیستند. اسفندیار می‌گوید اگر میهمانت شوم نمی‌توانم نان‌ونمک تو را بخورم اما با تو وارد نبرد شوم. این جوانمردانه نیست. از فرمان شاه هم نمی‌توانم گذشت. اسفندیار پیمان‌شکنی پدر را دیده است. چگونه اطمینان دارد که حتی با بردن رستم دربند که امری ناممکن است، پدر به او تاج‌وتخت می‌بخشد؟

۱- بوم = باشم

بدو گفت رستم که ایدون کنم   شوم جامه‌ی راه بیرون کنم
به هنگام خوردن مرا باز خوان   تو با دوده‌ی خویش بنشین به خوان
وز آن جایگه رخش را برنشست   دل خسته را اندر اندیشه بست
بیامد دوان تا به ایوان رسید   رخ زال سام نریمان بدید
بدو گفت کای مهتر نامدار   رسیدم به نزدیک اسفندیار
سواریش دیدم چو سرو سهی   خردمند با زیب و بافرهی
تو گفتی که شاه آفریدون گرد   بزرگی و دانائی او را سپرد

رستم پذیرفت و گفت می‌روم جامه‌ی راه از تن بیرون می‌کنم. تو با خاندان خویش بر سفره بنشین و مرا فرا بخوان. سوار بر رخش شد و با دلی زخمی و نگران رفت. دوان به ایوان رسید و رخ زال، پور سام نریمان را دید. به او گفت نزد اسفندیار رفتم، سواری دیدم چون سرو سهی، مرد خردمندی بافر و زیبنده. گوئی فریدون، بزرگی و دانائی خود را به او سپرده.

- رویارویی دو پهلوان ایران‌زمین. داستان‌های شاهنامه پر از درس و اندرز است. رستم، پهلوان یک‌دانه، دست از دادگری نمی‌کشد در داستان رستم و سهراب دیدیم. آنچه او می‌خواهد و انجام می‌دهد فرمان یزدان است. هرگز زیر بار حرف زور نمی‌رود. جایی که باید گزینش کند فرمان یزدان، داد برتر از هر فرمانی است.

شکاری که نازکتر آن برگزید
که بی شیر مهمان همی خون مزید
چو آن کودک خرد پرمایه گشت
بر آن کوه بر روزگاری گذشت
بدین گونه تا روزگار دراز
برآورد داننده بگشاد راز
یکی مرد شد چون یکی زاد سرو
نشانش پراگنده شد در جهان
بد و نیک هرگز نماند نهان
بسام نریمان رسید آگهی
ز آن نیک پی پور با فرهی

منبع:

شاهنامه فردوسی/ حکیم ابولقاسم فردوسی: متن کامل /چهار فصل/ تصحیح و مقابله **از محمد جعفر محجوب / انتشارات امیر کبیر۱۳۵۰**

نگاره های بکار رفته در کتاب از شاهنامه های کهن

شاهنامه امیر کبیر یکی از سه شاهنامه بسیار نفیسی است که در ایران پیش از انقلاب به چاپ رسیده است و به جرات همتایی ندارد. تصحیح و مقابله کتاب توسط محمد جعفر محجوب صورت گرفته است و متن داخل کتاب را جواد شریفی انجام داده است و محمد بهرامی نقاش چهره روی جلد و مینیاتورها و نقاشی داخل شاهنامه امیر کبیر را خلق کرده است.همینطور علی اصغر معصومی تصویرهای سیاه قلم شاهنامه را کشیده است.

همانطور که از نام کتاب مشخص است شاهنامه امیر کبیر ناشر این اثر جاودان انتشارات امیر کبیر است . که چاپ این کتاب گل کارنامه انتشارات امیر کبیر و خود شخص عبدالرحیم جعفری (موسس و مدیر انتشارات امیر کبیر) که در کتاب خاطرات نیز به این مهم اشاره کامل نموده است(در کتاب خاطرات عبدالرحیم جعفری)

شاهنامه امیر کبیر حدود هفده سال زمان برد که این اثر ارزشمند امده چاپ گردد.

برای دسترسی به جلد دوم کتاب گلچینی از پندهای شاهنامه می توانید بار کد زیر را اسکن کنید

Kidsocado Publishing House
خانه انتشارات کیدزوکادو
ونکوور، کانادا

تلفن : ۸۶۵۴ ۶۳۳ (۸۳۳) ۱+
واتس آپ: ۷۲۴۸ ۳۳۳ (۲۳۶) ۱ +
ایمیل: info@kidsocado.com
وبسایت انتشارات: https://kidsocadopublishinghouse.com
وبسایت فروشگاه: https://kphclub.com